GANGKOU ANQUAN YANJIU
LUNWENJI

港口安全研究
论文集
（2010～2015）

交通运输部水运科学研究院 / 组织编写
孙国庆　张　霞 / 主编

人民交通出版社股份有限公司
China Communications Press Co.,Ltd.

内 容 提 要

本书汇集了2010～2015年间，交通运输部水运科学研究院港口安全研究科研工作者在国际国内学术会议、相关期刊上发表的40篇论文，内容涵盖水运安全、港口设施保安、突发事件应急、港口企业安全生产标准化以及港口职业卫生等领域。

本书研究成果可供业内人士参考借鉴。

图书在版编目（CIP）数据

港口安全研究论文集：2010～2015／孙国庆，张霞主编．—北京：人民交通出版社股份有限公司，2015.6

ISBN 978-7-114-12299-6

Ⅰ.①港… Ⅱ.①孙… ②张… Ⅲ.①港口－安全管理－文集 Ⅳ.①U698.5-53

中国版本图书馆CIP数据核字（2015）第117690号

书　　名：港口安全研究论文集（2010～2015）
著 作 者：孙国庆　张　霞
责任编辑：李　农　张　鑫　潘艳霞
出版发行：人民交通出版社股份有限公司
地　　址：（100011）北京市朝阳区安定门外外馆斜街3号
网　　址：http://www.ccpress.com.cn
销售电话：（010）59757973
总 经 销：人民交通出版社股份有限公司发行部
经　　销：各地新华书店
印　　刷：北京市密东印刷有限公司
开　　本：787×1092　1/16
印　　张：16.25
字　　数：395千
版　　次：2015年6月　第1版
印　　次：2015年6月　第1次印刷
书　　号：ISBN 978-7-114-12299-6
定　　价：68.00元
（有印刷、装订质量问题的图书，由本公司负责调换）

《港口安全研究论文集（2010～2015）》

编写委员会

主　编：孙国庆　张　霞

副主编：李　筠　刘敏燕　卓　冰　占小跳

编　委：（按姓氏笔画排序）

于　音　田晓洁　刘智刚　吕广宇　许一平
李亚斌　李　涛　李学东　吴维平　吴华玲
杨　扬　陈枳君　何龙军　周亚飞　俞维纫
俞　沅　赵　平　赵　云　侯志强　胡玉昌
郭　健　顾慧丽　徐宏伟　徐连胜　高　原
耿杰哲　夏　庆　唐海齐　梁　熠　尉　雁
崔　迪　谢天生　傅　玲　程霄楠　曾亚梅
曾春雷　鲍金玲　褚家成　褚冠全　蔡　靖

序　　言

交通是国民经济发展的先行官,港口航运业在国民经济发展和对外贸易中发挥着不可替代的作用,港航安全始终是国家关注的重点。安全生产事关人民群众生命财产安全,事关改革发展稳定大局,事关党和政府形象声誉。习近平总书记指出,发展决不能以牺牲人的生命为代价,这必须作为一条不可逾越的红线。

改革开放三十多年来,我国经济快速发展,港口航运业突飞猛进,沿海主要港口吞吐量从2005年的29.3亿t发展到2014年的80.3亿t,连续13年处于世界第一的水平。港航大发展,安全是保障。伴随着港航发展的一路高歌,港口航运业安全生产得到很大提升,船舶大型化、港口专业化、码头自动化程度不断提高,安全技术和安全管理持续改进,平安交通、平安港航的内涵更加丰富。为提升港口企业安全生产管理水平,交通运输部水运科学研究院交运中心自1985年成立以来,长期致力于港口安全研究,在水运安全、港口设施保安、突发事件应急、港口企业安全生产标准化以及港口职业卫生领域突破了一个又一个技术难题,成果丰硕,为平安交通建设作出了积极贡献。

文以载道。正值水运院从事港航安全研究三十年之际,院交运中心将近五年来科研工作者在国际国内学术会议、相关期刊上发表的论文汇编成集,让研究成果与业内人士共享。借此论文集衷心答谢多年来交通运输部相关司局、各港航管理部门以及各港口企业给予我们的大力支持与帮助!

交通运输部水运科学研究院院长　李扬

2015年5月18日

目　　录

港航安全研究的发展与展望

孙国庆　卓　冰　占小跳　刘敏燕　褚家成

摘　要　本文在回顾港航安全发展的基础上，针对港航安全研究阶段性发展特性分析及取得的成就，提出了安全研究的发展与展望。

关键词　港航　安全研究　发展　展望

1　港航安全发展的回顾

交通运输行业是国民经济重要组成部分，在国民经济发展中发挥着重要作用。港口航运业作为交通运输行业的重要环节，在国民经济发展和对外贸易中发挥着不可替代的作用，港航安全始终是国家关注的重点。

改革开放三丨多年来，随着我国经济的快速发展，港口航运业安全水平得到了很大的提升，港口专业化、船舶大型化、港口机械专业化、自动化程度不断提高，安全技术和安全管理不断发展，港航安全研究的内涵和外延均发生了很大的变化，港口作业的方式由传统的以人力为主的作业变为机械化、自动化作业方式为主，人机接触机会大幅度减少，作业环境更安全，安全管理方式也从原有的被动式防范变为主动式防御，从粗放式安全管理向精细化、标准化安全管理转变。港航安全研究也从如何预防与控制生产中的突发性事故向规划、建设、施工、生产的全过程标准化安全管理发展，安全管理的重点转向对大型机械设备、危险品火灾爆炸等重大事故的预防和控制。

2　港航安全研究的发展

港航安全研究是港航安全的重要技术支撑。以 1985 年交通部成立水运所劳动安全卫生研究室为标志，开启了港航安全研究工作。三十年来，港航安全研究经历了三个基本的发展阶段：

2.1　第一阶段：1985～1997 年初始发展阶段

交通部于 1985 年发文批准在交通部水运科学研究所成立劳动安全卫生研究室，1997 年劳动安全卫生研究室与环境保护研究室合并成立安全环保工程部。这一阶段的安全研究工作侧重于以解决港口装卸与船舶运输中尘毒危害和粉尘防爆为主要目标的研究，陆续开展了港口煤炭码头综合防尘技术研究、石油储运油气毒理与防治技术研究、港口散粮粉尘防爆技术研究和港口建设项目职业安全卫生评价工作。主要研究领域包括：

(1)港口煤炭码头综合防尘技术研究

为交通运输行业制定了《港口装卸作业煤粉尘浓度控制指标》、《港口粉尘浓度测定方法》、《港口矿石粉尘浓度控制指标及测试方法》等行业标准及《港口煤尘防治规定》，为我国港口散货码头的防尘设计和管理提供了设计和法规依据。

开展了煤码头防尘工程技术措施综合评价,全面摸清了国内煤码头装卸过程的煤尘污染状况、煤尘防治技术现状及其效果,建立了一套适合于各种规模煤码头的优化防尘工程技术措施。

通过高效的润湿型化学抑尘剂的研制和应用,有效地解决了疏水性强的煤炭粉尘喷洒水降尘效果差的难点。

开展了煤码头防风网防尘技术应用研究,为防风网设计提供了技术依据,在堆场防尘工程中得到广泛应用。

(2)石油储运油气毒理与防治技术研究

制定了《油轮、油码头防油气中毒规定》,开展了《原油油气职业卫生标准研究》,为行业管理提供了依据。

开展了油轮、油码头防油雾气中毒工程技术措施综合评价,提出了油轮、油码头防污染技术措施方案。

开展了原油油气毒理和安全卫生浓度研究,提出了原油装卸储运作业油气卫生浓度标准建议值。

开发了油码头、油轮油气净化防护装置,先后在原广州海运局、大连海运集团公司、南京油运公司等油轮上应用,在南京港油码头工作室进行油气净化处理,净化效率达99%,明显地改善了劳动条件。

(3)港口散粮粉尘防爆技术研究

制定了《港口散粮筒仓系统装卸设备安全规程》。

开展了对港口粮食筒仓粉尘防爆技术的研究,提出了散粮筒仓防爆设计思路。

开展了散粮筒仓谷物粉尘特性研究,探索粮食粉尘爆炸机理,为散粮筒仓防爆技术的研究提供科学依据。

开展了散粮装卸粉尘防爆技术研究,首次研制出适用于港口散粮筒仓系统的专用泄压装置和自动抑爆装置。

(4)开展港口职业安全卫生评价

为保证港口建设项目落实安全设施"三同时",交通部率先在全国开展港口建设项目职业安全卫生评价工作,交通部水运科学研究所劳卫室积极探讨,建立了职业安全卫生评价的框架体系,先后研究应用了格雷欧姆工伤事故评价法、火灾爆炸指数评价法、火灾负荷评价法,陆续在港口开展了港口安全评价工作,为港口安全设计提供了较好的设计依据,为全面提升港口建设的安全水平做出了突出的贡献。为此获得了交通部人劳司和劳动部职锅局颁发的全国第一个也是唯一的职业安全卫生评价资格证书。

2.2 第二阶段:1998~2004年技术积累阶段

这一阶段是港航安全技术积累阶段,主要以港口安全评价技术、港口重大危险事故预防与控制、港口安全管理体系、港口重大危险源等为主要研究领域,以创建港口工程安全卫生检测中心为手段,进行了长期的技术和人才储备,形成了港口安全预评价、港口安全验收评价、港口危险货物作业安全评价、港口应急预案制定、港口危险货物区域综合评价为主要业务的技术积累阶段。主要研究领域包括:

(1)重大危险事故预防与控制研究

开展了港口重大危险源控制研究、油品储罐火灾爆炸事故模型研究,建立了港口危险物质数据库、毒物泄漏与扩散模型、储罐火灾爆炸模型等事故后果定量计算模型,对全面提高港口安全综合预控能力,具有积极的指导作用。

开展了区域性火灾爆炸和毒物泄漏扩散危险总体评价研究,从总平面布局、生产工艺、消防设施的安全性等多方面评估区域性危险的可能性及其危害及相互影响的程度,提出预防重大事故的对策措施,为区域性危险货物安全管理提供了技术支持。

开展了港口台风灾害风险评价模型研究,确立港口台风灾害风险与各相关灾害因子之间的定量关系,建立了评价模型。

开展了港口重大危险源安全监管系统研究,运用 GIS 技术,实现了港口重大危险源集中区域安全监管的技术要求,在南京港获得较好运用。

(2)港口安全评价技术的发展

为适应安全评价技术要求,北京交运安全卫生技术咨询中心致力于安全评价方法的创新与发展,先后开发和运用了池火灾事故伤害评价法、蒸气云爆炸事故危险评价法、BLEVE 蒸气爆炸伤害评价法、毒物泄漏扩散模型、石油输送管道风险评价法等,使安全评价技术得到大幅提升,对工程危险程度的评估更加准确,对工程安全设施的设计指导更加明确。其中福建 LNG 接收站和输气干线项目安全预评价(接收站部分)和大连 LNG 项目安全预评价分别获交通部优秀水运工程咨询成果二等奖。

通过对建设项目的安全评价工作,保证了港口建设项目"三同时"的有效落实,保障了港口危险货物港口作业安全,推进了港口安全管理整体水平的提高,对于从本质上预防事故,保障港口安全生产发挥了积极的作用。

1999 年获得了原国家经贸委颁发的首批建设项目(工程)劳动安全卫生预评价单位甲级资质证书,2003 年获得国家安全生产监督管理总局颁发的甲级安全评价资质。

(3)港口安全管理体系研究

针对港口安全管理转型的要求,开展了港口安全管理体系研究,建立了适合港口安全管理实际的指标体系,为港口安全管理规范化发展提供了基础。

(4)港口工程安全卫生检测中心的建设

1999 年 成立北京港口劳动安全卫生工程试验检测中心。1999 年组织了首届全国港口劳动安全卫生检测培训班。2001 年获得国家计量认证证书,具备了港口工程安全检测的能力。

2.3 第三阶段:2005 ~ 2015 年快速发展阶段

这一阶段是港航安全研究快速发展的十年,研究人员最多达到 70 多人,主要以港航安全、港口设施保安、应急技术、危险货物安全、港口安全评价、环境影响评价、职业卫生评价、港口安全标准化咨询等业务为核心,多业务领域齐头并进,业务量快速增长。主要研究领域包括:

(1)港航安全技术研究

开展了港航安全政策法规研究,协助部水运局制定了《港口危险货物安全管理规定》、《港口危险货物重大危险源监督管理办法》,制定了交通行业标准《港口建设项目安全预评价规范》、《港口建设项目安全验收评价规范》、《港口危险货物安全现状评价导则》,国家标准《危险货物品名表》、《危险货物分类和品名编号》等。

开展了港口危险货物安全监管机制研究、港口企业安全标准化考评标准研究,完成标准19项。

开展了平安港口评估指标体系研究,构建了评估指标体系。

开展了交通运输安全生产重特大事故成因专题研究。

开展了港口石化罐区安全风险控制研究。

开展了石化港区局域联动应急机制研究。

开展了港口危险货物重大危险源管理模式研究等。

(2)水路运输安全技术研究

开展了水路运输安全风险管理体系研究。

开展了客滚船和精选矿粉船舶安全运输技术研究。

开展了烟花爆竹集装箱内河运输安全技术研发与应用示范。

开展了 LNG 内河运输安全风险评估和基于风险管理的安全保障技术研究。

开展了内河危险品运输风险评估技术研究。

开展了长江危险化学品运输安全保障体系建设研究。

开展了长江黄金水道安全风险防控及能力提升关键技术研究。

(3)港口设施保安与反恐

协助交通运输部水运局制定了《港口设施保安规则》;制定了《港口设施保安评估导则》和《港口设施保安计划制订导则》;建立了港口设施保安评估和保安计划编制的框架体系;开展了交通运输行业反恐怖防范标准研究、公路水路交通运输反恐怖防范研究;开展了港口设施保安规范化管理研究、港口设施保安标志标准研究和港口设施保安费政策研究等。

(4)应急技术研究

为交通运输部出台《交通运输突发事件应急管理规定》等相关政策提供了技术支撑,完成了《国家水路公路交通突发事件应急预案》,参与了交通运输部水路交通突发事件应急预案、港口危险货物突发事件应急预案、"十二五"水路交通突发事件应急体系建设规划;开展了石油化工码头及库区灾害事故应急救援系统研究、港口突发事件应急预案的研究,完成了秦皇岛港口突发事件应急预案、山东省水路突发事件应急预案、广州港口突发事件应急预案、湛江市港口突发事件应急预案、宁波市港口突发事件应急预案等多项应急预案的编制。

(5)职业卫生研究

建立了交通行业职业卫生实验室,通过了国家计量认证;开展了港口职业病危害现状分析与发展状况研究,获得了职业卫生技术服务机构乙级资质,开展港口职业病危害评价,完成港口建设项目职业病危害评价 50 多项。

3 港航安全研究的展望

港航安全研究发展的阶段性特征要求我们必须以新的思维方式主动适应港航发展的新需求,应重点从以下几个方面开展工作:

(1)以危险货物安全为重点发展高端安全服务技术。

重视危险货物作业过程的风险,研究切实解决港口危险货物管理的难点和技术,培养高端安全技术人才,形成一支能为港航企业提供高端的安全技术咨询和常态化安全指导的队伍。

(2)倡导风险管理理念,树立风险管理意识,以安全生产标准化建设为契机,实现安全管理全程的精细化、规范化、标准化。

(3)探索港口安全大数据库建设,重视安全检测技术与互联网的结合,为港口安全管理提供可靠的技术支撑。

港口危险货物安全监管问题探讨

孙国庆

《危险化学品安全管理条例》(国务院令第591号)于2011年12月1日实施,新条例中赋予了交通运输主管部门对港口装卸、储存、水路运输危险化学品安全监管的职责,对安全监管提出了更高的要求。港口危险货物的安全监管责任重大,如何适应新的要求,履行监管责任,成为交通运输主管部门面临的重要课题。

1 港口危险货物安全管理现状

"十一五"期间,随着我国经济的快速增长,我国港口建设也处于快速发展时期,货物吞吐量不断增长,到2010年底全国港口货物吞吐量达72亿t。港口码头泊位总量持续增加,泊位大型化、专业化程度不断提高。截至2010年底,全国港口拥有生产用码头泊位31 634个,其中万吨级及以上泊位1 661个,在903个专业化泊位中,原油泊位69个,成品油泊位109个,液体化工泊位113个,危险品码头数量约占全部万吨级以上码头总数的32%,同时还有大量的非专业化泊位从事危险货物装卸作业,总体分析我国危险货物吞吐量以年均近20%的速度增加。2010年,部属海事系统共监管进出港危险货物9.39亿t,其中,包装危险货物4 223万t,散装危险货物8.9亿t。

随着港口大型化、专业化、危险货物的快速增长,我国港口安全管理难度加大,危险货物快速增长带来的风险加剧。新《危险化学品安全管理条例》实施以前,港口危险货物安全管理的重点在码头,仅有较少的罐区纳入港口安全管理范围,交通运输部在危险货物管理方面出台了一系列法规规章,对危险货物港口作业的认可进行了严格的准入,各级港口行政管理部门和港口企业认真落实"安全第一,预防为主、综合治理"的安全生产方针,坚持把实现"安全发展"作为安全工作的第一要务,坚持把"以人为本"作为工作的出发点和着力点,在安全文化建设、安全生产法规体制建设、安全生产责任体系建设等方面狠下功夫,港口行政管理部门建立了较完善的安全管理机制,培养了一支过硬的安全管理队伍,保证了港口生产安全有序。港口企业强化了安全管理责任主体意识,实现了"横向到边,竖向到底"的有效管理模式,大多数港口企业形成了适合自己特点的安全管理的模式,港口安全生产形势保持了稳定,港口危险货物安全管理有序。

2 面对新形势,港口安全监管出现新难点

新修订的《危险化学品安全管理条例》已于2011年3月2日公布,自2011年12月1日起施行。新条例授权港口行政管理部门进行港口建设项目的安全条件审查,明确了交通运输(港口)主管部门为港区范围内装卸、储存设施的安全监管主体责任,增加了港口安全监管的风险和难度,对港口行政管理部门安全监管和港口企业的安全管理提出新的要求,面临新

的问题和新的挑战。

2.1 港口危险货物监管的配套法规急待补充和完善

根据新《危险化学品安全管理条例》，港口危险品安全监管职责转移到各级交通运输（港口）主管部门，涉及安全监管、安全条件审查、重大危险源管理、安全设施专项验收等工作，过去一直由安全生产监督管理部门负责，特别是危险品储存设施大多由安全生产监督管理部门负责，港口行政管理部门管得较少。面临新的监管要求，新的适合港口安全监管实际的法规体系急待建立，时间紧、任务重、难度大是面临的主要问题。

2.2 安全监管的理念急需接轨

港口行政管理部门原来管理的重点是港口码头及其附属生产设施，从 2002 年港口体制改革、港口行政管理部门的建立，经过近十年的探索，港口行政管理部门在法规制度建设、人才队伍建设、安全管理模式、危险货物专业认可、港口设施保安等方面进行了卓有成效的工作，已经基本形成了一整套行之有效的安全管理模式，培养了一批能够适应港口安全管理实际的人才队伍，较好地履行起港口安全管理的职能，保证了港口安全生产的有序进行。但是，新的监管职责提出了新的要求，增加了港口行政管理人员原来并不很熟悉的监管内容，管理的方式不再是对港口设施的安全管理，而是深入到港口建设工程的全过程的监管，管理对象、监管内容、监管方式都有较大的不同。因此，安全监管的理念急需适应新的监管要求。

2.3 安全监管机制亟待建立

新的形势下，原有的管理机制不再适应新的监管要求，面对大量增加的储运设施，以及安全条件审查、安全设施设计审查、安全专项验收等安全许可等工作，监管的内容、监管的方式都发生了较大的变化，危险品码头、库区的设立安全条件审查、安全设施安全设计审查、安全专项验收等新内容成为港口行政管理部门必须面临的新课题，管什么、如何管成为港口行政管理部门必须回答和解决的首要问题。

2.4 监管队伍和监管专业人才缺位较多

随着职责的增加和监管范围的扩大，与之相匹配的监管队伍、人才机构难以满足监管的要求。监管内容的复杂增加了安全监管的风险，对监管人员提出了更高的技术和知识要求，同时监管对象的增加加大了安全监管的难度。特别是已经熟悉港口安全管理程序的安全管理人员面对新的监管目标、新的监管内容，无论知识结构还是管理经验都有一定的差距，了解危险品建设项目安全设计相关知识的人才相对缺乏。没有足够懂得危险品安全设施设计的专业人才，缺少足够多的合格监管人员，港口危险货物安全监管将难以落到实处，因此更新知识结构、加强业务培训以及引进危险品管理技术人才成为监管工作的前提条件。

2.5 安全监管职责交接与衔接存在现实困难

涉及港区内大量危险品经营储存企业、与生产相关的危险品储存企业等监管责任界定需要交通运输（港口）主管部门和安全生产监督管理部门的协商解决，涉及新危化条例实施过渡期间的安全监管职责交接问题直接关系到日后安全监管的顺畅与效果，职责不清、交接不畅将会带来监管缺位，造成互相推诿，互不负责，留下事故隐患。

2.6 港口储存企业情况不明，存在安全监管盲点

危险品储存企业原由安全生产监督管理部门监管，港口行政管理部门基本不管，部分港

口企业自有储存设施的安全管理以企业为主管理。面对大量增加的危险品储存企业,港口行政管理部门对其储存量、储存介质、储存条件、储存场所知之甚少,是否存在隐患、何处存在隐患、安全隐患的危险程度如何更是了解甚少,在此条件下接手监管可能导致无从下手,出现监管盲点。因此,港口行政管理部门面临的主要任务是尽快开展港口危险化学品储存设施的普查,掌握危险化学品的分布、储存介质、设施状况及其管理现状,有针对性地开展安全监管工作。

2.7 监管对象参差不齐增加了监管难度

港区内储存企业众多,经济成分复杂,部分责任主体模糊,设施安全状况不一,安全设施条件千差万别,安全管理水平参差不齐,部分关联企业相互依存,全面了解企业的实际管理状况需要较长的过程,确定安全监管的方式需要较长的时间。因此,安全监管的难度较大。

3 危险货物安全监管工作的基本任务

3.1 加快制度建设

依法行政的关键是制度建设,完善的制度是安全监管的依据。

制定与新条例配套的行业法规及其配套规定成为交通运输行业顺利行使港口危险货物安全监管职能的关键。为适应《危险化学品安全管理条例》的新要求,我部正在加紧修订《港口危险货物安全管理规定》,同时按照行业安全监管要求制定相关配套的法规和标准规范,尽快建立并完善港口建设项目的安全审查制度和港口危险货物库区重大危险源监管制度。

目前包括《港口危险货物建设项目安全条件审查管理办法》、《水路危险货物运输从业人员管理规定》、《港口重大危险源管理办法》等六项规定和《港口建设项目安全预评价导则》、《港口建设项目安全验收评价导则》、《港口危险货物作业安全评价导则》等行业标准正在制定过程中,这些法规、规定、标准的制定和实施将为港口危险货物安全监管创造良好的法律、制度和技术保障。

3.2 转变监管理念,提高依法行政水平

交通运输(港口)主管部门和各级港口行政管理部门作为港口危险货物安全监管的主体,负有对港口危险货物从设立安全审查、安全设施设计审查、安全设施专项验收及日常安全监管等全过程安全监管的职责学习、领会和认真贯彻《危险化学品安全管理条例》及交通运输部关于港口危险货物安全管理的有关法规规章是各级港口现状管理部门目前面临的迫切任务,也是明确危险货物安全监管内容、职责、方式上并进行有效监管的重要途径。随着《港口危险货物安全管理规定》及其配套法规的颁布实施,各级港口行政管理部门在组织学习、培训、队伍建设等负面需要进行大量的基础性工作,尽快熟悉新法规的要求,从根本上提高对危险货物安全监管职责的认识。

3.3 加强监管队伍建设,提高监管和执法能力

港口危险货物安全监管工作专业性很强,任务繁重,应尽快组织开展新条例和相关法规、标准规范培训工作,加快监管队伍建设和人才培养,提高执法队伍素质,履行好监管

职责。

一是加强队伍思想作风建设。要按照“敬畏生命、科学监管、风清气正、力学笃行”的基本要求,做到依法行政,规范执法。

二是加强队伍业务素质建设。港口行政管理部门应从监管队伍建设、专业人才引进、专业培训入手,配备足够的力量和专业人员,尽快进入角色,提高监管实效。

三是要加强执法能力建设。港口行政管理部门应根据实际、落实责任、突出重点、规范执法,把企业建立健全安全生产责任制、严格执行安全生产规章制度、建立安全投入制度、建立隐患排查治理机制、重大危险源监控、安全标准化管理、应急工作等情况作为执法检查的重点,督促企业建立和不断完善安全生产机制。

四是港口企业要强化培训工作。港口企业要充分利用各种渠道,积极开展教育培训工作,尤其是港口企业的主要负责人和管理人员应自觉参加法律法规和相关知识的培训,提高对危险货物的特性及其危害性的认识,提高安全管理水平和业务能力。

3.4　强化源头监管

各级港口行政管理部门要根据职责分工,认真履行职责,做好港口建设项目的安全条件审查。根据港口建设项目特点,建立一整套全新的港口危险货物建设项目的立项审查制度,明确港口建设项目安全条件审查的内容、程序,严把港口建设项目安全条件审查关,实现港口安全管理关口前移,切实抓好源头的监管。

3.5　做好安全监管职责交接工作

港口行政管理部门要认真做好与安全生产监督管理部门的安全监管职责交接工作,明确监管范围,确定监管对象,尽快摸清监管区域内的港口企业现状,为实施有效监管创造条件。同时,对于交接过程中新增加的危险化学品储存企业认真做好危险货物换证工作,保持危险货物从业资格的严肃性和持续性。

3.6　加强重大危险源监控

港口企业应建立重大危险源档案,定期开展危险源识别、检查、评估工作,加强对重大危险源的监控,按照有关规定做好重大危险源备案工作和应急预案制定、演练等。

港口行政管理部门应掌握辖区内重大危险源分布,建立港口重大危险源申报登记制度,逐步建设港口重大危险源数据库、重大危险源评估和分级管理制度、重大危险源灾害事故应急体系,并做好应急资源配置和应急队伍建设,制订应急预案,实施动态监督管理。

3.7　摸清企业状况,做到安全监管有的放矢

对于新增加的储存企业,港口行政管理部门要尽快摸清情况,了解企业安全设施现状和安全管理实际,有针对性地提出安全隐患的整改要求,督促企业完善安全设施,提高安全技术水平和安全管理水平,达到有效监管的目的。

3.8　明确责任主体,夯实安全监管基础

企业是安全生产的责任主体,要切实履行企业安全生产第一责任人的职责,建立安全生产的考核制度和考核指标体系,健全安全生产责任制度,完善安全管理制度和操作规程,落实机构设置和人员配备,加强业务培训和教育,提高全员安全意识和事故防范能力,

真正做到重心下移,关口前移,建立危险货物港口企业安全生产标准化体系,施行安全生产标准化。

4 结语

新的形势、新的课题、新的任务、新的挑战摆在各级港口行政管理部门和港口企业的面前,我们必须以对人民高度负责的态度,承担起我们的职责,严于监管,科学执法,为保障港口安全生产的稳定而不断努力!

我国危险货物运输标准体系与国际接轨的研究和探讨

吴维平　顾慧丽　褚家成　陈正才

摘　要　本文通过对国际危险货物和化学品运输标准体系、我国一系列危险货物基础标准与该体系的联系和渊源进行探讨，结合国内危险货物和危险化学品标准体系和管理情况，提出我国危险货物运输标准体系在与国际接轨的过程中应该注意的一些重要原则和基本问题。

关键词　危险货物　标准体系　接轨　研究

1　引言

我国危险货物运输标准体系与国际接轨是全球经济一体化发展的必然，也是我们目前一项重要的研究课题，国标《危险货物分类和品名编号》(GB 6944—2005)[1]、《危险货物品名表》(GB 12268—2005)[2]颁布实施后，该项工作更为紧迫。研究我国危险货物运输标准体系与国际接轨，必须认真研究我国危险货物和危险化学品标准体系，该系统的形成、完善、与国际规定的相互关联等；研究不同时期国际危险货物和化学品运输管理标准体系和相关规定的内容、要求和适用对象，特别是联合国《关于危险货物运输的建议书—规章范本》(简称《建议书》)[3]、《全球化学品统一分类和标签制度(GHS)》[4]等重要规章。本文通过对上述问题的初步研究和探讨，结合我国危险货物和危险化学品标准体系和管理情况，提出我国危险货物运输标准体系在与国际接轨的过程中应该注意的一些重要原则和基本问题。

2　简要回顾——我国危险货物运输标准体系与法轨管理

2.1　前20年回顾及面临的新问题

建立危险货物和危险化学品运输标准体系并对其进行规范化管理，我们进行了数十年的工作，花费了近两代人心血。我国首个危险货物综合标准《危险货物分类和品名编号》(GB 6944—86)颁布实施以来，国内陆续颁布了《危险货物品名表》(GB 12268—1990)等数十个相关的危险货物或危险化学品的基础标准和行业标准，构建了一个完整的危险货物和危险化学品运输管理的标准体系，使我国危险货物和危险化学品的运输、储存、生产、经营、使用和处置等活动逐步进入规范化管理轨道[5-6]。在GB 6944—86、GB 12268—90的基础上，我国制定了很多基础标准，加入WTO后，由于这些标准制定年代相对久远，多数标准与国际标准的最新内容要求存在较大差异，在与国际接轨的原则要求下，标准体系和相应标准面临修订和更新，我们必须对联合国危险货物和危险化学品标准体系、相关规定和要求进行深入的研究和探讨，按国际规定的最新内容和要求，更新我国危险货物和危险化学品运输标准体系和系列标准，为我国危险货物和危险化学品管理的法制化、规范化和与国际接轨奠定坚实的基础。

2.2 标准与建议书版本的联系——我国危险货物及危险化学品的基础标准

20世纪80年代以来,我国陆续颁布了几十个危险货物或危险化学品的基础标准或行业标准,构建了一个完整的危险货物和危险化学品运输管理的标准体系,这些标准基本上都以不同时期《建议书》和相关国际规定的基本内容和要求为参照,以不同的侧重内容将国际规定和要求纳入我国我国危险货物和危险化学品管理的各个环节。由于历史的原因,很多关键性的环节如危险货物编号等一直没有同国际接轨,由于《建议书》和相关国际规定不断地更新,一些标准颁布实施不到几年便无法适应国际上的新要求,国内不同时期颁布的主要危险货物基础标准与《建议书》版本内容的关系见表1。

表1 不同时期颁布的国家标准与《建议书》版本的关系

危险货物运输和危险化学品国家标准	参照的《建议书》内容和主要编制依据	《建议书》修订版次
《危险货物分类与品名编号》(GB 6944—86)	第2部分:分类	第6修订版
《危险货物命名原则》(GB 7694—87)	第2部分:分类	第6修订版
《危险货物品名表》(GB 12268—90)	第3部分:危险货物一览表	第6修订版
《常用危险化学品的分类及标志》(GB 13690—92)	第5部分:托运程序(GB 190、GB 6944—86)	第6修订版
《公路、水路危险货物运输包装基本要求和性能试验》(JT 0017—88)	第2部分:分类 第3部分:危险货物一览表	第6修订版
《危险货物包装标志》(GB 190—90)	第5部分:托运程序 GB 190、GB 6944—86	第6修订版
《危险货物运输包装通用技术条件》(GB 12463—90)	第3部分:危险货物一览表 GB 190、GB 6944—86	第6修订版
《剧毒物品分级、分类与品名编号》(GA 57—93)	第2部分:分类 GB 6944—86、GB 12268—90	第7修订版
《剧毒物品品名表》(GA 58—93)	第2部分:分类 GB 6944—86、GB 12268—90	第7修订版
《危险货物运输包装类别划分原则》(GB/T 15098—94)	第3部分:危险货物一览表 GB 190、GB 6944—86	第8修订版
《化学品安全标签编写规定》(GB 15258—1999)	第2部分和第5部分 GB 13690—1992、GB 6944—86	第10修订版
《化学品安全技术说明书编写规定》(GB 16483—2000)	第2部分:分类第3部分:危险货物一览表 GB 6944—86、GB 13690—92、GB/T 15098—94	第11修订版
《危险货物分类与品名编号》(GB 6944—2005)	第2部分:分类	第13修订版
《危险货物品名表》(GB 12268—2005)	第3部分:危险货物一览表	第13修订版

2.3　与基础标准相关联的法规条例和管理体系

对于危险货物和危险化学品的控制管理,国家和相关部委颁布了一系列的法规条例,执法主体为国家相关的管理部门。危险货物运输管理主要涉及公安部、交通部、铁道部、民航总局,化学品管理涉及十多个部委和相关行业。其相关内容见表2～表4。

表2　法规条例及控制环节

控制环节	法规条例	制定部门
1 生产许可	危险化学物品的生产许可证 医药品、麻醉品和兽药、农药	安全生产监督管理局 国家质量技术监督局 国家药品监督管理局
2 登记制度	危险化学物品实施登记注册制度	公安部 安全生产监督管理局
3 储存、运输控制	《化学危险物品安全管理条例》 《铁路危险货物运输规则》 《水路危险货物运输规则》 《公路危险货物运输规则》 《汽车危险货物运输规则》 《汽车危险货物运输、装卸作业规程》 《船舶装载危险货物监督管理规则》	国务院 铁道部 交通部
4 进、出口控制	《进口货物许可制度暂行条例》 《关于对进出口农药实施登记证明管理的通知》 《化学品首次进口及有毒化学品进出口环境管理规定》	外贸部 国家环保总局 卫生部

表3　政府部门职责及控制环节

环　节	政府部门	职责范围
1 生产和使用	国家石油和化学工业局	石油和化学工业生产管理
	农业部	农药、兽药和肥料管理
2 经营管理	对外贸易经济合作部	进出口贸易管理
	国家海关总署	进出口出入境管理
	卫生部	职业环境卫生、食品及日用化学品卫生管理
	国家安全生产监督管理总局	工业安全与职业安全管理
3 运输管理	交通部	公路和船舶运输管理
	铁道部	铁路运输管理
	民航总局	航空运输管理
4 治安管理	公安部	消防、爆炸和剧毒物品治安管理
5 监督管理	国家质量技术监督局	产品质量管理、危险化学品
	国家药品监督管理局	药品管理
	国家环保总局	化学品和有害废物的环境管理

表4　政府管理机构及主要职责范围

政府部门	进口	出口	生产	储存	运输	销售	使用	处置
公安部			√	√	√	√	√	√
国家安全生产监督管理总局			√	√	√	√	√	√
国家环保总局	√	√		√			√	√
交通部				√	√			
铁道部				√	√			
民航总局				√	√			
经济贸易委员会			√	√	√	√	√	√
国家石油和化学工业局	√		√	√			√	√
对外贸易经济合作部	√	√						
卫生部	√		√			√	√	
农业部			√	√			√	√
国家药品监督管理局	√	√	√	√	√	√	√	√
国家轻工业局			√	√				√
国家质量技术监督局			√			√		
海关总署	√	√						

2.4　我国危险货物—危险化学品法规标准体系

随我国危险货物和危险化学品技术标准的建立和完善,国家先后颁布了《中华人民共和国环境保护法》、《中华人民共和国海洋环境保护法》、《中华人民共和国水污染防治法》、《中华人民共和国消防法》、《中华人民共和国安全生产法》等重要法律,这些法律对规范危险化学品和危险货物运输、储存、生产、经营、使用和处置提出了明确的规定和要求。根据国家基本法律要求,国务院和相关部委制定了专门的法规,用于规范危险货物和危险化学品运输、储存、生产、经营、使用和处置。国务院1984年发布《中华人民共和国民用爆炸物品管理条例》,该条例适用于民用爆炸物品的生产、储存、销售、购买、运输、使用及其管理。交通部1993年发布实施了《道路危险货物管理规定》。公安部1994年发布了《易燃易爆化学物品消防安全监督管理办法》。铁道部1995年发布了《中华人民共和国铁道部危险货物运输规则》,适用于危险化学品的包装和运输。交通部1996年发布《中华人民共和国交通部水路危险货物运输规则》,适用于包装危险化学物品的国内水路运输。2000年后,在《危险化学品安全管理条例》、《化学危险物品安全管理条例实施细则》实施过程中,国家安全生产监督管理局又相继发布了《危险化学品登记管理办法》、《危险化学品经营许可证管理办法》、《危险化学品包装物、容器定点生产管理办法》及其实施意见等。

危险货物和危险化学品运输管理的技术基础是相应的国家标准和行业标准,国内早期最主要的标准有:

(1)《危险货物分类与品名编号》(GB 6944—86)适用于危险货物运输中类、项的划分和品名的编号,已被GB 6944—2005替代;

(2)《危险货物品名表》(GB 12268—90) 包括9大类近5000多种危险化学物品品名，已被GB 12268—2005替代；

(3)《危险货物运输包装类别划分原则》(GB/T 15089—94) 规定了各类危险货物运输包装类别的基本原则，将危险货物按其危险程度划分为Ⅰ类、Ⅱ类和Ⅲ类包装3个级别；

(4)《剧毒物品分级、分类与品名编号》(GA 57—93)按照化学类别和毒性的大小，将剧毒品分为A级有机剧毒品、B级有机剧毒品、A级无机剧毒品和B级无机剧毒品；

(5)《剧毒物品品名表》(GA 58—93)列出剧毒化学物品500多种的名称及编号；

(6)《危险化学品安全标签编写要则》(GB/T 15258—94)规定了安全标签应包括的内容和信息，以及编写格式，对标签的印刷和使用作了说明；

(7)《危险货物命名原则》(GB 7694—87) 规定了危险化学品货物的命名原则；

(8)《危险货物包装标志》(GB 190—90)规定了危险货物包装图示标志的种类、名称、尺寸及颜色等，颁布了21种危险标志。

(9)《职业性接触毒物危害程度分级》(GB 5044—85)，将作业中接触原料、成品、半成品、中间体、反应副产品和杂质等化学毒物，经呼吸道，皮肤或口进入人体对健康产生危害的程度划分为:极度、高度、中度和轻度危害4级；

(10)《常用化学危险物品贮存通则》(GB 15603—1995)，根据各类危险化学品的特性，提出了储存方式，出入库管理及废弃物处理等方面的要求；

(11)《危险货物运输包装通用技术条件》(GB 12463—90)规定了危险货物运输时的包装技术要求；

(12)《常用危险化学品分类及标志》(GB 13690—92)规定了危险化学品的分类及其标志；

(13)《化学品安全技术说明书编写规定》(GB 16483—1996)，主要内容是关于MSDS16(物质安全数据单 Material Safety Data Sheet)的技术规定；

(14)《汽车运输货运规则》(JT 3130—88)；

(15)《公路、水路危险货物运输包装基本要求和性能试验》(JT 0017—88)；

(16)《汽车危险货物运输、装卸作业规程》(JT 3145—88)；等。

2005年，全国危险化学品管理标准化技术委员会新审查通过49项危险化学品管理强制性国家标准，包括:《水运危险货物包装检验安全规范—总则》、《 水运危险货物包装检验安全规范—性能检验》、《水运危险货物包装检验安全规范—使用鉴定》、《 铁路运输危险货物包装检验安全规范—总则》、《铁路运输危险货物包装检验安全规范—性能检验》、《铁路运输危险货物包装检验安全规范—使用鉴定》、《公路运输危险货物包装检验安全规范—总则》、《公路运输危险货物包装检验安全规范—性能检验》、《公路运输危险货物包装检验安全规范—使用鉴定》、《空运危险货物包装检验安全规范—通则》等。

这些法规、条例、标准形成了一个基本完善的危险货物和化学品标准管理体系。

3 国际要求——《联合国危险货物运输建议书》及相关规定

3.1 联合国《关于危险货物运输的建议书—规章范本》

《关于危险货物运输的建议书》由联合国经济及社会理事会危险货物运输专家委员会编

写的,1956年首次出版(2年更新一次),内容包括:建议书的性质、目的和意义;制定危险货物运输规章的原则;危险货物的分类和各类危险货物的定义;托运程序;应急反应;遵章保证;放射性物质的运输等。同《建议书》相关联,各相关国际组织分别制定了《国际海运危规》、《国际铁路危规》、《国际空运危规》、《国际公路危规》并同步进行修订,建议书是最早和最权威国际规定,用于指导各国危险货物和危险化学品运输管理。

1996年12月第十九届会议,联合国经济及社会理事会危险货物运输专家委员会通过了《危险货物运输规章范本》(简称《规章范本》)第一版,并列入《关于危险货物运输的建议书》第十修订版作为附件。《规章范本》包括:一般规定、定义、培训和安全;危险货物分类和类项判据;危险货物一览表;类属和未另作规定的正式运输名称一览表;危险货物编号和术语汇编等。在第二十届(1998年12月)和第二十一届会议(2000年12月)上,委员会通过了对《规章范本》内容的重要修改和新的规定,其中包括对具体物质、气体和物品的包装规范和罐体规范,以及有关放射性物质运输的附加规定等。

联合国经济及社会理事会1999年10月第1999/65号决议扩大了专家委员会的任务范围,包括进对不同管理制度下化学品分类和标签制度进行全球统一考虑,如运输;工作场所的安全;对消费者的保护;环境保护等。委员会经过重组,改名为“危险货物运输问题和全球化学品统一分类标签制度问题专家委员会”,下设“危险货物运输问题专家小组委员会”和“全球化学品统一分类和标签制度GHS问题专家小组委员会”,由此派生出化学品统一分类和标签制度(简称GHS)。

2002年12月通过了对《建议书—规章范本》的一系列修改,特别是收入了一些新的规定(如危险货物运输的安全问题、危害水生环境物质和吸入毒性物质的分类、冷冻液化气的包装规范、固体物质的散装货箱运输等)和对原有规定的修改(如危险货物一览表、感染性物质、医疗废弃物和经过基因修改的微生物的运输等)。继续保持了与国际原子能机构密切合作,并对有关放射性物质运输规定作了修改,使之与原子能机构2003年修订的《放射性物质安全运输条例》保持一致。上述修订内容纳入《建议书》第十三修订版。

从1956年首次出版《建议书》到《建议书—规章范本》(第4修订版)历时50年,联合国危险货物运输管理步入高度技术规范化轨道,其重要的指导性文件有:《关于危险货物运输的建议书》(共出版修改13次,最后版本第13修订版);《危险货物运输规章范本》(共出版修改4次,最后版本第4修订版);《关于危险货物运输的建议书—试验和标准手册》(共出版修改4次,第4修订版)。

3.2 全球化学品统一分类和标签制度(GHS)

GHS源于全球化学品分类和标签统一的问题,由全球统一化学分类制度协调小组主持,负责技术联络中心是国际劳工组织,经济合作与发展组织和联合国经济及社会理事会危险货物运输问题专家小组委员会。2001年后工作移交“危险货物运输和全球化学品统一分类和标签制度专家委员会”。该小组委员会的第一项任务是将GHS制度提供给全球使用和适用,意在作为全球执行GHS的初始基础。

2002年9月在约翰内斯堡通过的《行动计划》第22(c)段中,可持续发展问题世界首脑会议鼓励各国尽早执行新的全球统一制度以期让该制度到2008年全面运转。2004年2月24日生效的《鹿特丹公约》和2004年3月17日生效的《斯德哥尔摩公约》都需要协调国际化学品分类标签体系，以减少贸易中的技术壁垒。要整合各个国家和区域不同甚至相矛盾的法规，首先必须制定和实施 GHS 体系。

GHS 以联合国经济及社会理事会危险货物运输问题专家委员会的《建议书》工作为基础，用于定义和分类化学品、交流标签和安全数据信息，适用于工人、消费者、运输工人和急救人员，目的是为建立全球综合性的化学安全项目提供重点框架。GHS 按物理危险、健康/环境危害分为两大类 26 小类。物理危险包括：爆炸物、易燃气体、易燃气溶胶、氧化气体、高压气体、易燃液体、易燃固体、自反应化学品、发火液体、发火固体、自热化学品、遇水放出易燃气体的化学品、氧化性液体、氧化性固体、有机过氧化物、金属腐蚀剂等 16 项；健康/环境危害包括：急性毒性、皮肤腐蚀/刺激、严重眼损伤/眼刺激、呼吸或皮肤敏化作用、生殖细胞致突变性、致癌性、生殖毒性、特定目标器官系统毒性—单次接触、特定目标器官系统毒性—重复接触、危害水生环境等 10 项。其意义和实践在于：统一分类和标签，涵盖了化学品相关的国际组织的前期工作，统一化学品的危害定义和标准。GHS 为所有国家提供一个危险化学品分类和标签的框架，确保世界进出口化学品时所提供的资料连贯、一致，这些资料将为世界化学物无害化管理提供依据。GHS 经历了一个漫长而艰难的过程，已经完成的工作目前仍需要进一步讨论和协商。

2008 年后 GHS 将在各成员国正式生效，GHS 制度使我国危险货物和危险化学品的运输和管理同国际接轨的过程更加复杂化。《建议书》侧重解决危险货物和危险化学品运输问题，GHS 的主要任务是对不同管理制度下化学品分类和标签制度进行全球统一考虑，并将《建议书》危险类别 9 类 20 项细化变为两大类 26 项，以适用于化学品的生产、经营、使用和处置的各个环节，特别是工作场所的安全、消费者保护、环境保护等。

《建议书》GHS 基本内容的比较见表 5 ~ 表 7。

表 5 《建议书》、GHS 基本内容的比较

《建议书》	GHS
适用危险货物运输	适用化学品管理各环节
建议书规定的标志	GHS 规定的标志
9 类 20 项	两大类 26 项
有危险货物品名表和具体条目	尚未制定
联合国编号	未知（暂用联合国编号）

表 6 《建议书》、GHS 危险类别的比较与对应关系

《建议书》	GHS
第 1 类　爆炸品	第 1-1 类　爆炸品
第 2 类　气体 第 2.1 项　易燃气体 第 2.2 项　非易燃无毒气体 第 2.3 项　毒性气体	第 1-2 类　易燃气体 第 1-3 类　易燃气溶胶 第 1-4 类　氧化气体 第 1-5 类　高压气体
第 2.3 项　毒性气体	未专列，归入健康和环境危险大类中分解多项
第 3 类　易燃液体	第 1-6 类　易燃液体

续上表

《建议书》	GHS
第4类　易燃固体、易于自燃的物质、遇水放出易燃气体的物质 第4类分为3项: 第4.1项　易燃固体 第4.2项　易于自燃的物质 第4.3项　遇水放出易燃气体的物质	第1-7类　易燃固体 第1-8类　自反应化学品 第1-9类　发火液体 第1-10类　发火固体 第1-11类　自热化学品 第1-12类　遇水放出易燃气体的化学品
第5类　氧化性物质和有机过氧化物 第5.1项　氧化性物质 第5.2项　有机过氧化物	第1-13类　氧化性液体 第1-14类　氧化性固体 第1-15类　有机过氧化物
第6类　毒性物质和感染性物质 第6类分为两项: 第6.1项　毒性物质 第6.2项　感染性物质	第2-1类　急性毒性 第2-5类　生殖细胞致突变性 第2-6类　致癌性(两个危险类等级) 第2-7类　生殖毒性 第2-8类　特定目标器官系统毒性—单次接触 第2-9类　特定目标器官系统毒性—重复接触
第7类　放射性物质	未专列,归入健康和环境危险大类中分解
第8类　腐蚀性物质 不细分	第1-16类　金属腐蚀剂(物理) 第2-2类　皮肤腐蚀/刺激(健康和环境危险) 第2-3类　严重眼损伤/眼刺激(健康和环境危险) 第2-4类　呼吸或皮肤敏化作用(健康和环境危险)
第8类　腐蚀性物质　判据	第1-16类　金属腐蚀剂 第2-3类　严重眼损伤/眼刺激 第2-4类　呼吸或皮肤敏化作用(两个危险类级别)
第9类　杂项危险物质和物品 a)危害环境物质;b)高温物质;c)经过基因修改的微生物或组织	第2-10类　危害水生环境(3个急性级别4个慢性级别)

表7　《建议书》、GHS关于爆炸品分类判据的比较

《建议书》	GHS
第1类　爆炸品分为6项	第1-1类　爆炸品分为六项
第1.1项　有整体爆炸危险的物质和物品	1.1项　有整体爆炸危险的物质、混合物和物品(整体爆炸是指几乎瞬间影响到几乎全部载荷的爆炸)
第1.2项　有进射危险,但无整体爆炸危险的物质和物品	1.2项　有进射危险但无爆炸危险的物质、混合物和物品
第1.3项　有燃烧危险并有局部爆炸危险或局部进射危险或这两种危险都有,但无整体爆炸危险的物质和物品	1.3项　有燃烧危险和轻微爆炸危险或轻微迸射危险或同时兼有这两种危险,但没有整体爆炸危险的物质、混合物和物品

续上表

《建议书》	GHS
第 1.4 项　不呈现重大危险的物质和物品 本项包括运输中万一点燃或引发时仅出现小危险的物质和物品；其影响主要限于包件本身，并预计射出的碎片不大、射程也不远，外部火烧不会引起包件内全部内装物的瞬间爆炸	1.4 项　不呈现重大危险的物质、混合物和物品 在点燃或引爆时仅产生小危险的物质、混合物和物品。其影响范围主要限于包装，射出的碎片预计不大，射程也不远。外部火烧不会引起包件内几乎全部物品的瞬间爆炸
第 1.5 项　有整体爆炸危险的非常不敏感物质 本项包括有整体爆炸危险性、但非常不敏感以致在正常运输条件下引发或由燃烧转为爆炸的可能性很小的物质	1.5 项　有整体爆炸危险的非常不敏感的物质或混合物 诠释：这些物质和混合物有整体爆炸危险，但非常不敏感以致在正常情况下引发或由燃烧转为爆炸的可能性非常小
第 1.6 项　无整体爆炸危险的极端不敏感物品 本项包括仅含有极端不敏感起爆物质、并且其意外引发爆炸或传播的概率可忽略不计的物品	1.6 项　没有整体爆炸危险的极其不敏感的物品 诠释：这些物品只含有极其不敏感的起爆物质或混合物，而且其意外引爆或传播的概率微乎其微

3.3　其他相关的重要国际公约和规定

(1)联合国《关于危险货物运输的建议书—标准与试验手册》(第 4 修订版)

联合国《关于危险货物运输的建议书—标准与试验手册》(简称《试验和标准手册》)的目的是介绍联合国对某些类别危险货物的分类方法，并阐述被认为最有助于主管当局获得所需资料以便对待运输的物质和物品做出适当分类的试验方法和程序。《试验和标准手册》应与《规章范本》一起使用。

(2)《国际海运危险货物规则》(IMDG)

《国际海运危险货物规则》依据并为实施《1974 年国际海上人命安全公约》(SOLARS)和《经 1978 年议定书修正的 1973 年国际防止船舶造成污染公约》(MAPROL 73/78)制定的，对保障船舶安全载运危险货物、防止海洋污染具有重要作用，是与海运危险货物有关的单位和个人必须遵守的准则。该规则的目标是为了增加危险货物运输的安全，使危险货物自由的不受限制的运输，其内容和修改与《建议书》相关联。

(3)《国际空运危险货物规则》(ICAO TI)

《国际空运危险货物规则》是由国际民航组织制定的用于《国际民航公约》中附件 18 所述危险货物运输的广泛规则。该规则通过建立必要的措施来确保空运危险货物的安全，并提供了一种保护航空器和所载物质最低风险的安全水平。对于放射性材料的运输国际空运危规是基于联合国《关于危险货物运输的建议书》和国际原子能委员会规章进行的。国际民航组织的危险货物专家小组负责定期更新《国际民航公约》附件 18 中的危险货物，及更新危险货物航空安全运输的技术指导书。

(4)《国际铁路危险货物运输规则》(RID)

《国际铁路危险货物运输规则》(RID)是国际铁路运输协定(CORIF)附录 B 关于国际货物铁路运输合同统一规则(CIM)的附件 1，它是国际铁路运输危险货物的统一规则。该规则对铁路运输危险货物的分类、性质、包装规格、要求、检验及其他一系列问题做了详细规定。

4 危险货物运输标准体系与国际接轨存在的问题及解决途径

4.1 标准体系的交叉和行业标准的交叉

我国危险货物运输和危险化学品管理体系以危险货物运输和危险化学品基础标准和行业标准为技术支持，以国家相关法律和法规条例为执法依据，以公安部、国家安全生产监督总局、国家环保总局、交通部、铁道部、民航总局等国家管理机构为执法主体。国家危险货物运输和危险化学品标准体系是其最根本的技术基础，为了满足危险货物运输和危险化学品管理的法规管理体系的需要，国内科技人员进行了大量艰苦的努力，在不同时期颁布实施的基础标准和行业标准为该体系的有效运转提供强大的技术支持，也由于历史原因，留下不少的问题有待解决，其中较为突出的是标准体系的交叉和行业标准的交叉。

联合国“化学品分类和标志全球协调系统(GHS)”的实施要求，使我国危险货物和危险化学品的运输和管理同国际接轨的过程更加复杂化。在这以前，我国一系列危险货物运输和危险化学品管理的国家标准和行业标准基本上按建议书的强制内容和要求所制定，联合国推行 GHS 以后，建议书和 GHS 两个系列同时对我们进行强制要求，历史形成的原因，我国标准体系和一些旧标准存在不少的局限性，标准之间相互引用、危险货物和危险化学品的概念相互混淆。在建议书和 GHS 的内容相互交叉的复杂情况下，使得老问题未解决、新问题又出现，甚至一部分老标准在修订更新过程中无所适从，很容易产生原则性的错误，使标准编制步入误区。

标准体系交叉和行业标准交叉是客观存在的事实，我们必须准确地理解和把握国际规定的实质内容和原则要求。GHS 建立在《建议书》多年的研究成果之上，与建议书在内容上存在很多交叉，但二者应用的范围和针对的问题不一样。《建议书》强调的是运输过程危险货物的管理，GHS 针对的是化学品在运输、储存、生产、经营、使用和处置中的安全管理和控制。化学品的管理必须遵循 GHS 的原则要求，危险货物在运输环节最权威的法规标准是《建议书》，两者产品的包装标志不一样、分类方法不一样，化学品进入运输环节必须同时满足《建议书》和 GHS 的规定和要求，如运输标志内包装采用 GHS 规定、外包装满足建议书的规定要求，等等。

加入 WTO 和 GHS 的推行对我国已渐完善的危险货物和危险化学品标准体系是一个严峻的考验，要很好地同国际接轨，使我国危险货物和危险化学品管理规范地纳入国际轨道，我们必须对联合国危险货物和危险化学品标准体系、相关规定和要求进行深入的研究和探讨，准确把握国际规定的实质要求和适用范围，确定合适的标准系列与其接轨。

4.2 标准内容滞后，编号体系不接轨

我国危险货物或危险化学品的基础标准或行业标准基本上源于不同时期《联合国危险货物运输建议书》及相关规定的内容和要求(见表 1)，我国首个危险货物综合标准 GB 6944—86 危险货物分类和基础标准 GB 12268—1990 危险货物品名表等为这些标准确定了总体框架。GB 6944—86 和 GB 12268—1990 的编制依据是《建议书》第 6 版，其中采用 CN 号作为国内危险货物的编号体系。该编号体系具有很好的科学性和完整性，为我国危险货物标准体系的形成建立了不朽的功勋，但是该编号体系与《建议书》的联合国编号产生冲突，

多年得不到联合国相关部门的认可,在与国际接轨的原则性要求下,经反复的研究和大范围征求相关行业专家的意见,国家标准 GB 6944—2005 和 GB 12268—2005 不得不放弃沿用多年的编号体系——CN 号,采用联合国编号——UN 号,这样满足了与国际标准接轨的要求,但不可避免地会对我国的相关标准和体系造成短时的冲击。

在 GB 6944—2005 和 GB 12268—2005 修订前的很多标准,如《危险货物命名原则》(GB 7694—87)、《危险货物包装标志》(GB 190—90)、《常用危险化学品的分类及标志》(GB 57—92)、《危险货物运输包装类别划分原则》(GB/T 15089—94)、《剧毒物品品名表》(GA58—93)《危险化学品安全标签编写要则》(GB/T 15258—94)等基础标准,基本上以 GB 6944—86和 GB 12268—90 确定的原则和早期建议书的内容为依据所制定,都不约而同地采用了 CN 编号体系,无疑这些标准随时间的推移在内容上已不适应建议书的要求,CN 编号体系与国际规定相左,在 GB 6944—2005 和 GB 12268—2005 修订完成和颁布实施后,一系列老标准亟待更新。

4.3 行业保护问题

我国危险货物运输管理涉及公安部、铁道部、交通部、国家安全生产监督总局等多个职能部门,除国家标准外,相关部门都制定有行业标准、相关法规或管理条例,国内标准多年沿用 CN 编号体系,要完全适应联合国编号体系,肯定存在很多不适。GB 6944—2005 和 GB 12268—2005 编制过程中,就危险货物编号与国际接轨问题,历时 2 年,大范围协调会多次,为大家所接受的最后方案是采用联合国编号与国际接轨,在《危险货物品名表》(GB 12268—2005)中暂时保留"CN"以适应国内相关行业的过渡,国内相关标准修订和更新也会面临同样的问题。

要在一个较短的时期内适应联合国建议书、GHS 的最新规定和要求,使我国危险货物运输和相关行业面临严峻挑战。国内标准的更新、与联合国建议书、GHS 的最新规定和要求接轨是大势所趋,符合我国及相关行业的长远利益,也有益于促进我国危险货物和危险化学品管理体系的规范化发展。我们必须站在国际化的高度,以长远的眼光和全局观念考虑问题,这样才能克服地方和行业的保护主义,加快我国危险货物运输管理体系与国际的接轨。

5 几个关键性问题和探讨

5.1 修订相关标准与国际接轨的原则不能动摇

标准制定中最为重要的问题是与国际的接轨,国家标准化管理委员会原则上要求各类标准在制定、修订标准的过程中优先采用国际标准。在采标的具体过程中,可以根据情况选择等同采用、修改采用、一致性非等同采用,但对于综合性的、涉及一系列基础标准的原则性标准,同国际接轨的基本原则不能动摇。

国内早期一些重要标准依据不同时期《建议书》的内容和要求制定,其主要内容多和国际接轨,但忽略了一个原则问题,采用双轨编号系统,导致了很多基础标准与国际规定的差异,为后来的接轨工作造成困难。多年沿用编号双轨体系,CN 编号不少行业已经适应,加大了我们同国际接轨的难度。国家标准 GB 6944—2005 和 GB 12268—2005 修订完成后,确定了在我国危险货物标准系列中采用 UN 编号这一重大原则,这是与国际接轨的必归之路。

多年来,我国颁布了很多危险货物和危险品的基础标准和行业标准,来自不同的行业,依据不同的国际规定,针对不同的行业领域,在不同程度上存在这样或那样的问题,我国加入WTO后,在全球一体化的要求下,必须同国际接轨。从国际经济一体化的发展趋势出发,从"严"要求,完善我国危险货物运输的法规、标准体系。

5.2　加大新标准宣贯力度使相关行业在过渡期尽快适应

2005年,新修订的国家标准GB 6944—2005和GB 12268—2005颁布实施,全国危险化学品管理标准化技术委员会新审查通过49项危险化学品管理强制性国家标准,这些标准基本上是在确定了在我国危险货物标准与国际接轨的基本原则下研究制定的,适用于我国危险货物和化学品运输和管理的各个环节。标准的内容一是同国际接轨,纳入了国际危险化学品运输管理的最新规定和要求;另一方面,考虑到历史形成的原因,一些行业难以一步到位,马上适应新标准和规定的要求,在不违背同国际接轨的基本原则的前提下,为这些行业的过渡和适应留有余地。如新修订的国家标准GB 12268—2005在备注中临时保留的CN号,在以后的修订中将会取消等;国家和相关行业应该加大这些新标准的宣贯力度,使相关行业充分学习新标准的实质内容和要求,把握过渡期机会,快速适应新标准要求,在全球一体化的进程中享有技术进步的好处。

5.3　研究国际规定的实质内容和适用对象解决标准体系和标准间的交叉

关于危险货物运输的国际规定有IMDG、ICAO TI、RID等。IMDG、ICAO TI、RID涉及不同的运输领域,其内容广泛、相互交叉,但有共同的特点,即从不同的角度反映不同时期联合国《建议书》的相关内容和要求。GHS制度的引入,将危险货物运输和化学品各个环节的管理纳入不同的体系,内容和体系相互交叉增加了我国危险货物标准体系同国际接轨的难度。

20年来,我国颁布的标准很多,涉及多个部门和行业,来源于不同的国际规定和要求,内容交叉、行业交叉,给标准的执行和更新带来不少的困惑。我国加入WTO后,更新这些标准与国际接轨成为一项非常艰巨的工作,联合国GHS制度引入后,问题更加复杂。其复杂性在于:

(1)GHS与联合国《建议书》内容的交叉;

(2)IMDG、ICAO TI、RID内容的交叉;

(3)国内危险货物运输和危险化学品基础标准源自很多不同的国际规定;

(4)国内危险货物与化学品基础标准存在交叉和概念的混淆;

(5)国内危险货物与化学品基础标准的适用范围不清晰;等等。

解决我国危险货物和危险化学品标准体系同国际接轨的问题,必须对联合国危险货物和危险化学品标准体系和实质内容和进行深入的研究和探讨,其中《联合国危险货物运输建议书》和"化学品分类和标志全球协调系统(GHS)"的产生背景、制定思路和其适用范围将是研究的核心和关键。

GHS制度引入以后,要研究我国危险货物标准体系存在的问题,修订更新相关的基础标准,完成与国际接轨的要求,关键问题在于:

(1)研究IMDG、ICAO TI、RID内容要求和适用范围;

(2)研究 IMDG、ICAO TI、RID 与《建议书》的内在联系；

(3)研究《建议书》的实质内容、适用范围、不同版本提出的新规定和要求；

(4)研究 GHS 的产生背景和其与建议书的内在联系；

(5)研究 GHS 的实质内容、适用范围和对象。

只有在上述研究的基础上，才能发现我国危险货物运输标准体系同国际规定间的真正差异，确定修订标准应该接轨的体系和适用的领域，满足国际规定的实质性要求，避免标准修订中的原则性错误和误区。

5.4 清理、淘汰重复多余的标准

加入 WTO 后，很多标准都已不再适用或已经淘汰，我们应该根据国家的要求，认真清理，从根本上解决国家标准之间，行业标准与国家标准之间存在的交叉、重复、矛盾的问题以及国家标准适用性差、老化的问题。在国家标准清理的基础上，对各部委、各行业的行业标准进行全面的清理。清理应该注意以下原则：

(1)适用性差、老化的国家标准应全部淘汰；

(2)重要的基础标准和综合性标准进行更新处理；

(3)内容交叉、行业交叉的标准修订时合并处理；

(4)与国际规定相矛盾的基础性标准要重点处理，尽快修订；

(5)能直接引用的国际规定，不重复制定标准；

(6)坚持少而精的原则。

5.5 新认定的危险货物条目和需清除淘汰的危险货物条目

国家的一系列基础标准，如《危险货物分类与品名编号》(GB 6944—86)、《危险货物品名表》(GB 12268—90)颁布实施的 20 多年中，在指导我国危险货物运输、储存、生产和管理，以及与国际接轨等方面发挥了重要的指导作用。随着经济贸易快速发展，新化工产品大量涌现，危险货物的种类和数量不断增加，危险货物的贸易量和运输量成倍增长，国内化工产品的布局和种类发生了很大变化，要认真清理一些不再适用的旧标准，使我国危险货物运输标准体系在接轨的过程中最大程度吸收消化国际最新研究成果，保护国内相关行业在全球经济一体化过程中的合法利益，在对一些旧标准的清理更新和新标准制定中，要认真研究下述问题：

(1)新化工产品大量涌现，危险货物的种类和数量不断增加情况下经联合国相关机构和组织新认定的危险货物和危险物品；

(2)GHS 制度的引入，按新的国际危险化学品分类和判据，将要归入危险货物类别的物品；

(3)原国家危险货物品名表中纳入的未经联合国相关机构和组织认定的危险货物和危险物品；

(4)由于历史条件和技术条件的限制，原国家危险货物品名表和相关标准危险货物名录中的不合理成分；

(5)国家相关行业特有的、在上述规定之外的具有某种危险特性的货物和物品；等等。

在制定和修订国家危险货物或化学品国家基础标准和行业标准，同国际接轨的过程中，

我们必须认真对待和处理上述问题,按国际相关规定的要求,分析研究国际规定对危险货物和危险化学品的分类原则和分类程序、准确定义和判据等,在相关标准中及时纳入国际机构和组织新认定的危险货物条目,剔除原国家危险货物品名表和相关标准危险货物名录中的不合理成分,慎重研究处理一些未被国际组织和相关规定认定的危险货物、危险物品和国家相关行业特有的、具有某种危险特性的货物和物品。国家新颁布的《危险货物品名表》(GB 12268—2005)在编制过程中,对上述问题进行了一些尝试和研究,为我国一些基础标准的修订积累了一些经验。该标准对国家危险货物品名表中危险货物条目的认定和处理原则,应该为我国相关标准的制定和修订所借鉴。

6 结语

解决我国危险货物标准体系同国际接轨的问题,必须对联合国危险货物和危险化学品标准体系和实质内容进行深入的研究和探讨。我国危险货物运输标准体系同国际接轨,要解决很多问题,包括标准体系的交叉和行业标准的交叉问题,老标准内容滞后、亟待更新的问题,行业性保护问题等等;存在的问题很多,我们必须清醒认识与国际接轨是必归之路,与国际接轨符合国家的长远利益;修订相关标准与国际接轨的原则不能动摇;要加大新标准宣贯力度,使国内相关行业在过渡期内尽快适应;要研究国际规定的实质内容和适用对象,解决标准体系和标准间的交叉问题;在基础标准中要及时纳入新认定的危险货物条目,清除和淘汰不合理的条目和标准内容,保护国家和行业的利益不受损失。

参考文献

[1] 国家质量监督检验检疫总局. GB6944—2005　危险货物分类与品名编号,2005.11.1.

[2] 国家质量监督检验检疫总局. GB 12268—2005　危险货物品名表,2005.11.1.

[3] 关于危险货物运输的建议书—规章范本(第十三修订版),2004.

[4] 全球化学品统一分类和标签制度(GHS),2005.

[5] 交通部水运科学研究院.《危险货物分类与品名编号》(GB 6944—2005)编制说明,2005.3.1.

[6] 交通部水运科学研究院.《危险货物品名表》(GB 12268—2005)编制说明,2005.3.1.

易流态化固体散装货物吸水性分类研究及其应用

刘敏燕　何龙军　陈枳君　尉　雁　曾春雷

2010 年 9 月 30 日 ~12 月 19 日，中国沿海水域附近连续发生 6 起载运易流态化固体散装货物（简称易流态化货物）船舶沉船事故，在业内引起巨大反响和震惊。21 世纪前 10 年，全球红土镍矿因含水率超过 32% 而发生海难事故的船舶不少于 30 艘[1-3]，我国载运易流态化货物沉船事故至少达 23 起。事故发生的内因是货物含水率超过其适运水分极限（TML）[4-5]，运输过程中货物"流动"导致重心偏离而沉船。

国际海事组织（IMO）颁布的《国际海运固体散装货物规则》[6]（简称 IMSBC 规则）已于 2011 年 1 月 1 日起在全球强制实施，高岭土、红土镍矿未列入易流态化货物。2011 年 11 月，交通运输部出台的〔2011〕交水发 638 号《水路运输易流态化固体散装货物安全管理规定》[7]，针对高岭土、红土镍矿水运事故频发的现状，将其列入易流态化货物，有效遏制事故高发的态势。2013 年 6 月，IMO 海上安全委员会（MSC）第 92 届会议修正 IMSBC 规则，在修正案[8]明细表中加入红土镍矿，并于 2015 年 1 月 1 日起强制实施。

IMSBC 规则中给出易流态化货物 TML 检测的 3 种方法：流盘法、插入度法和葡式樊式法。国内常用前两种方法[9-10]。流盘法"适用于最大粒度为 1mm 的精矿或其他颗粒物质，最大粒度达到 7mm 时也可选用，颗粒大于此限的物质不适用。对黏土比例较高的同类物质的测试结果也不理想"。插入度法"一般适用于精矿、类似物质以及最大粒度为 25mm 的煤"。既不完全根据货种，又不完全根据粒度，依据不唯一。

为明确不同种类易流态化货物适用的测定方法，进而确定适用于红土镍矿、高岭土的测定方法，有必要研究一种有利于区别易流态化货物液化特性的分类方法。

1　相关概念

1.1　与易流态化货物相关的概念

（1）易流态化货物指本身含有部分细颗粒和一定量水分，当其含水率超过 TML 时可能形成自由液面或固液两相流动层的固体散装货物。

（2）TML 是易流态化货物安全运输的最大含水率，通常按其流动水分点的 85% ~90% 确定。

（3）流动水分点是易流态化货物达到流动状态时的含水率。

（4）流动状态指大量颗粒物质被液体浸透到一定程度时，在振动、撞击或船舶运动等外力的影响下丧失内部抗剪强度，并呈现出类似液体的状态。

1.2　吸水性概念

《土的工程分类标准》（GB/T 50145—2007）[11]中，根据以下 3 个指标对土进行分类：

①土颗粒组成及其特征;②土的塑性指标——液限、塑限和塑性指数;③土中有机质含量。其中,液限指细粒土由可塑状态到流动状态的界限含水率;塑限指细粒土由半固态转到可塑状态的界限含水率;塑性指数 I_p 指液限与塑限的差值,是表征细粒土黏性的一个重要特征。

(1)红土镍矿、高岭土属于“土”的范畴,应该具有土的特征。

(2)其黏性必然与颗粒分布及塑性指数有关。

(3)土的黏性与颗粒分布虽然是两个完全不同的概念,但又有十分密切的联系,颗粒越细,黏性越大,塑性指数能以定量方式反映土的黏性特征。

(4)考虑能否进一步推广到所有易流态化货物。

(5)IMSBC 规则未给出黏性的明确定义,仅在 1.7.22 中指出:“非黏性物质系指在运输期间由于滑动作用而易于移动的干燥物质”。为避免土力学中“黏性”仅针对“土”的局限性,也避免与 IMSBC 规则中“黏性”概念相混淆,本文引入“吸水性”概念。

(6)吸水性的强弱采用塑性指数判定。

2 易流态化货物吸水性类别判定方法

易流态化货物包括土质货物(高岭土、红土镍矿等)和非土质货物(精矿、铁矿粉等)。对于土质货物,吸水性的概念等同于黏性;对于非土质货物,用吸水性强弱描述。

在《土工试验规程》(SL 237—1999)[12]中给出界限含水率试验 SL 237-007—1999,采用液塑限联合测定法准确测定液限、塑限,计算出塑性指数。

土的塑性特征可用干强度、手捻、搓条、韧性等手动试验方法初步获得。精确的数值则需采用液塑限联合测定法测定。塑性高的土吸水性较强,塑性低的土吸水性较弱。

2.1 手动试验方法和试验结果

SL 237—1999 中给定干强度试验、手捻塑性试验、搓条塑性试验、韧性试验的试验方法。

对 13 种货物进行手动试验,归纳为以下 3 种情况。

(1)焦末、煤粉、乌精粉、铜精矿、铅精矿、锌精矿、铁矿等货物,基本不具有土的黏性特性,塑性极低,基本搓不成货条,只能捏成最小直径约 20mm 的货条。此类精矿物质和焦末、煤粉的吸水能力较差,归为弱吸水性货物。

(2)高岭土、镍矿的干强度和塑性均较高,可搓成直径 3mm 以下的货条,具有较强的吸水能力,归为强吸水性货物。

(3)萤石粉、硫酸渣具有一定的黏性,但是干强度和塑性均较低,能够搓成直径 6～7mm 的货条,相对于精选矿物和煤粉、焦末,萤石粉和硫酸渣的吸水能力较强,但不及高岭土、镍矿的吸水性强,归为中吸水性货物。

手动试验结果汇总见表 1。试验发现,搓条法相对客观,更易把握,具有半定量化等优点。推荐将搓条法作为初判货物吸水性强弱的简易方法,当货条直径不能搓至 10mm 以下时,可判定为弱吸水性货物;当货条直径能搓至 3～10mm 时,可判定为中吸水性货物;当货条直径能搓至 3mm 及以下时,可判定为强吸水性货物。典型货种的搓条形态见图 1。

表1　手动试验结果汇总

序号	品　名	手　动　试　验			
		干强度	手捻(塑性)	搓条(最小直径)(mm)	韧性
1	21号印尼镍矿	高	高	<1	高
2	36号印尼镍	高	高	1~2	高
3	37号菲律宾镍	高	高	1~2	高
4	31号广东高岭土	高	高	<1	高
5	20号高岭土	高	高	1~2	高
6	39号高岭土	高	高	1~2	高
7	40号高岭土	高	中	2~3	中
8	15-3瓷泥	高	中	2~3	中
9	32号硫酸渣	—	低	6~7	—
10	38号萤石粉	低	低	7~8	中
11	25号焦末	低	低	18	—
12	2号煤粉	低	低	21	—
13	23号乌精粉	低	低	23	—

注:"—"表示受货种特性或其他条件限制,无法进行试验的项目。

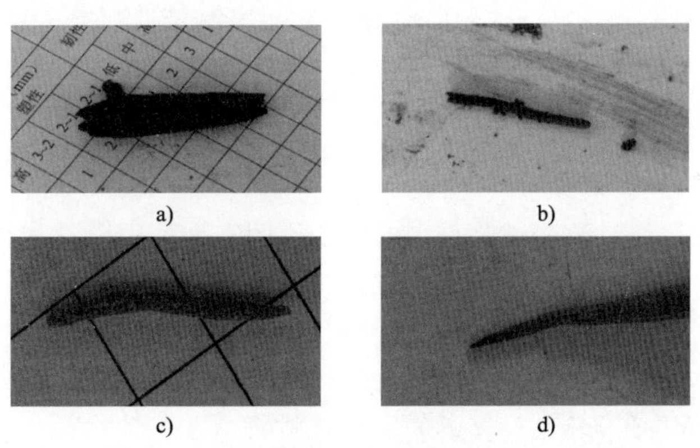

图1　典型货种的搓条形态

a)32号硫酸渣(ϕ=6~7mm);b)21号镍(ϕ<1mm);c)39号高岭土($\phi\approx$2mm);d)31号高岭土(ϕ<1mm)

2.2　液塑限联合测定法

2.2.1　液塑限联合测定法简介

参照SL 237—1999的规定,将试样过0.5mm筛后分成3份。每份加不同量的水,使含水率w_d分别尽量接近塑限点(锥入深度2~4mm)、液限点(15~20mm)和液塑限中间点(7~11mm)。将装有试样的盛样杯置于液塑限联合测定仪的升降台上,按动开关,5 s后读出锥入深度。利用SL 237中给出的数据处理程序,得到圆锥下沉深度与含水量的关系。下沉深度为17mm所对应的含水率为液限,记为w_L;下沉深度为2mm所对应的含水率为塑限,记为

w_P;二者之差为塑性指数 I_P。

2.2.2　液塑限联合测定法测定结果及分析

根据塑性指数,区分强、中、弱吸水性货物。针对7种易流态化货物进行液塑限联合测定法试验,计算出各货物的塑性指数,按照塑性指数从小到大顺序排列,得到的试验结果见表2。为便于分析,还给出以湿重计的液限 w'_L 和流动水分点 FMP 的值。

表2　易流态化货物塑性指数、流动水分点及吸水性类别(%)

序号	货物名称	液限 w_L	塑限 w_P	塑性指数 I_P	液限(以湿重计)w'_L	流动水分点 FMP	吸水性类别
1	38号蛭石粉	19.1	13.0	6.1	16.04	12.06	中
2	32号硫酸渣	35.4	28.6	6.8	26.14	23.35	中
3	40号高岭土	39.8	123.4	16.4	28.47	23.47	强
4	31号高岭土	49.5	26.6	22.9	33.11	25.96	强
5	20号高岭土	62.4	23.4	39.0	38.42	28.50	强
6	37号菲律宾镍矿	66.0	37.9	28.1	39.76	35.65	强
7	36号印尼镍矿	81.6	43.9	37.7	44.93	40.41	强

由表2可知,38号蛭石粉和32号硫酸渣的 I_P 在6~10,吸水性为中;高岭土、镍矿 I_P 不小于10,吸水性为强。w'_L 越高,流动水分点越大;I_P 越高,吸水性越强。

参照SL 237—1999,利用 I_P 对货物进行分类,若 $I_P<6$,判定为弱吸水性货物;若 $6\leqslant I_P<10$,判定为中吸水性货物;若 $I_P\geqslant10$,判定为强吸水性货物。

3　流动水分点主要测定方法

3.1　流盘法

试样的含水率变化通过改变试验与水的混合比例实现。用模具和夯具将混合后的试样夯实,定型成截锥体;移去模具后,将试样放置在流盘上,并经一定次数的起落振动。通过观察弱吸水性固体散装货物底部是否出水,中吸水性固体散装货物截锥体的底部变形量,判定流动特性。

流盘法适用于TML在3%~28%的易流态化货物。

3.2　插入度法

试样的含水率变化通过调整试样与水的混合比例实现。将一定含水率的试样置于圆缸,在试样上放置一定质量的插入棒,并以(19.6±2.0) m/s^2 的振动加速度振动6 min。以插入深度下降50mm作为试样达到流动水分点的依据,若插入深度下降小于50mm,则认为试样的含水率未达到流动水分点。

插入度法适用于TML不大于42%的易流态化货物。

4　吸水性分类的应用

常见易流态化货物的吸水性类别及推荐的TML测定方法见表3。

表 3　货物吸水性类别判定及推荐的 TML 测定方法

序号	类别	货物举例	吸水性类别判定方法		推荐的 TML 测定方法		
			搓条法	液塑限联合测定法	流盘法		插入度法
					底部出水	底部变形	
1	弱	精矿粉、铁矿粉	√		√		
2	中	硫酸渣、萤石粉	√	√		√	
3	强	高岭土、镍矿	√	√			√

5　结语

易流态化货物吸水性分类的依据是表征货物黏性的指标——塑性指数。根据塑性指数的大小,将易流态化货物分为强吸水性货物、中吸水性货物和弱吸水性货物 3 大类,以吸水性强弱作为选用 TML 测定方法的判据。通过研究,对于弱、中吸水性货物,推荐采用流盘法测定 TML;对于强吸水性货物,推荐采用插入度法测定 TML。

参考文献

[1] 雷海. 红土镍矿海运之安全[J]. 航海技术,2011(1):72-75.

[2] 张向辉. 散货船沉没引发对镍矿石运输的担忧[J]. 中国船检,2010(12):12-14.

[3] 邹友家,沈淳,奚祥英. 红土镍矿运输船倾覆的机理研究[J]. 航海技术,2012(2):32-35.

[4] 赵晨. 福建"2. 18""X6"轮沉没事故调查报告[J]. 中国海事,2014(2):33-34.

[5] 林志忠. 船载精矿倾覆事故成因及其控制[J]. 航海技术,2011(2):34-36.

[6] 国际海事组织. 国际海运固体散装货物规则[S],2008.

[7] 交通运输部. 水路运输易流态化固体散装货物安全管理规定[S],2011.

[8] 国际海事组织. 国际海运固体散装货物规则修正案[S],2013.

[9] 李晨,江丽,刘曙,等. 氟石粉适应水分限量的测定[J]. 化学世界,2010(11):660-662.

[10] 刘敏燕. 固体散货流动水分点检测方法[J]. 水运科技,2012(8):43-45.

[11] GB/T 50145—2007 土的工程分类标准[S],2008.

[12] SL 237—1999 土工试验规程[S],1999.

固体散货流动水分点检测方法

刘敏燕　尉　雁　梁　熠　郭　健　许一平　陈枳君

摘　要　文中通过介绍强吸水性易流态化固体散货发生流态化的原理,采用流盘法/碟式仪液限法测定其流动水分点,建立强吸水性固体散货流态化临界点的判定方法,提高《国际海运固体散装货物规则》附录2的可操作性。

关键词　易流态化固体散货　流动水分点　适运水分极限

随着我国经济的发展,进出口固体散装货物种类不断变化,货量逐渐增加,其中矿产品港口吞吐量已连续多年居世界第一。2010年10月~12月,载运高岭土、红土镍矿等的船舶连续发生5起沉船事故,带来巨大经济损失与人员伤亡,造成严重国际国内不良影响,对航运业带来负面影响。经调查,事故发生的根本原因多是因货物含水率超过其适运水分极限,发生流态化并移动所致。基本原理是,固体散货的细小颗粒及水分受船舶航行摇摆、振动后,会在货物表面、底部或四周形成自由液面,或者货物本身剪切力下降而流动,从而降低船舶稳性[1-2]。

在1965年出版的《固体散货安全操作规程》基础上,国际海事组织(IMO)于1985、1994和2008年组织3次修改,最终出版了《国际海运固体散装货物规则》(IMSBC规则)。IMSBC规则推荐流盘法作为非强吸水性固体散货适运水分极限的检测方法,但该方法对于强吸水性固体散货的检测缺乏论证,适用性有待验证。

从2011年1月1日起,IMSBC规则在全球范围内强制实施,IMO要求各成员国强制执行托运人发货前提供货物相应的含水率、流动水分点(FMP)及适运水分极限(TML)的规定。然而,目前IMSBC规则中并未将强吸水性易流态化固体散货,例如高岭土、镍矿等纳入易流态化固体散货目录,国内外对强吸水性易流态化固体散货FMP检测方法研究的报道非常少。本文从强吸水性易流态固体散货TML的检测入手,力求通过不同方法检测其FMP,找到适合的流动水分点临界值判定方法,防范安全隐患于未然。

1　试验准备

1.1　原理

根据振动后固体散货颗粒与水分离的难易程度,将易流态化固体散货分为强吸水性固体散货与非强吸水性固体散货。非强吸水性散货(如精选铁矿)透水性强,随外力作用时间持续,容易在货舱表面产生货、水分离现象。而强吸水性散货透水性弱,孔隙水不能在短时间内及时排出,产生孔隙水压力。随外力作用时间持续,孔隙水压力不断积累增大,最终减弱其抗剪强度,产生流态化[3-5]。

一定的含水率是产生孔隙水压力的必要条件。恰好能使固体散货发生流态化的水分含量为该固体散货的流动水分点。在实际运输中,因考虑安全系数,适运水分极限被定义为流动水分点的80% ~90%。流盘法利用流盘的上下振动,给予待测试样周期性的垂直振动力,通过观察同一试样在不同含水率情况下因受力而产生的现象,来判断其是否达到流态化状态。当待测试样含水率大于或等于 FMP 时,其形成的截锥体模型在该振动力下将表现出变形、塌陷、底部水痕等流态化现象。当待测试样含水率低于该值时,在同样作用力条件下难以发生上述现象。

碟式液限仪法是土工试验中规定用于测定黏土液限的方法。液限是土体由塑性状态变成液态状态时的含水率,在该界限时试样抗剪强度最小。由于高岭土、红土镍矿等强吸水性散货流态化现象不易判定,本文采用碟式液限仪试验作为对比试验方法,研究了流盘法用于强吸水性散货流动水分点检测的可行性、准确性以及到达流动水分点的判据。

1.2 主要试验设备与材料

流盘振动仪:自制;

夯具:自制;

水分测定仪:HG63-P 型,最小分度值 0.001g;

碟式液限仪;

烘箱:101-2 型;

天平:AZT-8 型,最小分度值 0.01g;

标准筛:0.5、5、1、20mm;

液塑限测定仪:LG-100D。

1.3 试验方法

《国际海运固体散装货物规则》(International Maritime Solid Bulk Cargoes Code,IMSBC Code)附录 2——流盘法

《土工试验方法标准》(GB/T 50123—1999)界限含水率试验——碟式液限仪试验方法

1.4 试验试样

试验采用了来自营口港、日照港、连云港港、宁波港、新会港、锦州港、汕头港的试样,种类包括高岭土、红土镍矿等。

2 试验步骤

2.1 试样制备

根据 GB/T 50123—1999 制备试样。

2.2 流盘法试验

以 IMSBC 规则为参考,采用流盘法测定流动水分点。每次试验需要干燥试样 1 200g,粒度小于 5mm。重复 2 次试验验证结果。通过反复加水、拌和、填装压模、振动、观察或测量形变,直至试样呈现出流态化为止。

首先加水使试样达到塑限(指土由半固体状态过渡到可塑状态时的界限含水率),用调样刀拌和均匀后进行检测。之后每次增加小于 0.5% 的水量,直至试样呈现出流态化后停

止。填装压模时分3次将试样装入模具,分别夯实。振动50次后观察结果。

强吸水性散货呈现出流态化(即流动水分点临界值)判断方法:试样在振动后产生较大形变(如截锥体底部直径增大)。

2.3 碟式液限仪试验

本法要求试样质地均匀、粒径小于0.5mm。称量试样100g,加入一定量纯水后用调样刀拌和均匀。取适量试样平铺于土碟中,以最厚处约10mm为准。以蜗型轮为中心,用划刀自后至前沿土碟中央将试样划成两半,确保在中间缝隙处可以清晰地看到碟底。开动碟式仪使土碟以2次/s的振动频率振动,振动终点以两边试样合拢长度达到13mm为准,记录击数。对试验进行2次重复测定,最终击数为2次试验结果的平均值。试验结束后在槽两边取试样10g左右,测定其含水率。保证所得结果中有至少两次振动次数在15～35次之间(25次以上及25次以下各一次)。依次测定各组试样的含水率。

2.4 含水率测定及适运水分极限确定

流态化发生前后,分别称取试样10g,在水分测定仪105℃ ±5℃中干燥至恒重,读出含水率值。

适运水分极限为流动水分点的80% ~90%。

3 试验结果

采用流盘法与碟式液限仪法同步测定,根据两种方法检测结果的变化趋势是否一致性,判定流盘法的可靠性和准确性。

3.1 试样预处理对试验结果的影响

为了探讨密封保湿对强吸水性散货流动性的影响,本研究对未密闭保湿与密闭保湿24h的同一试样分别进行液限与塑限检测。利用液塑限测定仪对保湿与未保湿的陶1试样分别测定4～5次,并计算含水率。结果显示(表1),密封与未密封试样的含水率无明显差异。这提示在时间紧迫的情况下,对试样加水拌和均匀后直接进行检测是可行的。

表1 密闭保湿对试样陶1液塑限的影响

未进行密闭保湿				密闭保湿24h			
编号	测试深度(mm)		含水率(%)	编号	测试深度(mm)		含水率(%)
	自动液限仪	手动液限仪			自动液限仪	手动液限仪	
1	4.8	5.8	28.29	1	4.8	5.8	28.29
2	6.4	6.4	29.34	2	7.3	8.0	30.36
3	7.4	7.1	29.88	3	14.0	13.4	32.68
4	7.9	7.3	30.24	4	13.7	13.9	33.48
5	5.9	6.5	30.40	—	—	—	—
液限点含水率	30.3%	31.3%	—	液限点含水率	31.4%	31.3%	—
塑限点含水率	27.2%	24.5%	—	塑限点含水率	26.1%	24.7%	—

3.2 流盘法测定强吸水性散货的流动水分点

与非强吸水性散货相比,强吸水性固体散货的流动水分点判据定不明确,表现为经过流盘振动后未达到流动水分点时其表面不发生碎裂,达到流动水分点后也很难看到底部水纹产生。这就容易导致试验结果受主观因素影响较大。如图1所示,随着含水率的增加,109号试样的变化只是逐渐变软变黏,由液塑限仪测定的针入深度可知(本文未显示),该试样已经超过了流动水分点,然而外观表现并不明显,未见明显的底部水纹等现象。因此,用流盘法测非强吸水性散货FMP时的判据不适用于强吸水性散货。

图1　流盘法测定109号样的流动水分点

注:109号样的含水率分别为A:42.49%,B:43.63%,C:44.11%;横向为流盘法中该试样的状态1:流盘法振前,2:振后;3:底部水纹。

为了明确流盘法测定强吸水性散货FMP的判据,本试验以经流盘仪振动后试样底部直径增大作为判定达到流动水分点的试验依据。由此所得的流盘法FMP值与碟式液限仪法所得数据进行对比(表2),TML的相对偏差在0.4%~2.7%之间,显示二者的试验结果具有一致性。

表2　部分强吸水性散货性状及FMP检测结果

试样编号	品名	流盘法FMP(%)	流盘法TML(=FMP×90%)	碟式仪法FMP(%)	碟式法TML(=FMP×90%)	TML相对偏差
镍3	红土镍矿	33.62	30.2	32.73	29.5	1%
镍4	红土镍矿	30.35	27.3	32.02	28.8	2.7%
陶1	高岭土	29.61	26.6	29.3	26.4	0.4%
陶2	高岭土	31.42	28.3	31.79	28.6	0.5%

3.3 碟式液限仪法精密度分析

为了进一步确定碟式仪法的精密度,本试验采用该法对同一试样进行重复测定。检测时,将试样陶2平铺于土碟中充分压实,以便在使用开槽器时能够开出完整清晰的凹槽。对试样陶2重复测定的液限点相对偏差为0.4%(表3),因此采用碟式仪进行液限含水率的重复性好、精密度高。

表3 采用碟式仪法对试样陶2液限点的重复测定

编号	次数	含水率(%)	编号	次数	含水率(%)
1	4	25.48	1	>50	31.62
2	10	32.40	2	63	31.58
3	10	32.10	3	25	31.79
4	16	32.15	4	15	33.19
5	22	32.07	—	—	—
6	23	31.95	—	—	—
7	25	32.02	—	—	—
8	>100	26.78	—	—	—
9	>100	28.72	—	—	—
液限点	32.02		液限点	31.79	
相对偏差	0.4%				

4 结语

IMSBC规则规定用流盘法测定易流态化固体散货的FMP,但未明确判定强吸水性散货FMP的方法与标准。本文探讨了强吸水性散货FMP的测定方法及判据,有利于增强对强吸水性固体散货流态化的认识,提高该方法在实际应用中的可操作性。

确定流态化临界点的判据是测定FMP的关键。非强吸水性散货因自身保水能力不强,在振动过程中水分大量下渗进入下层,达到FMP时,有些试样顶部呈现出成块脱落、碎裂的现象,而底部却可以看到明显的水纹。当出现这种现象时,处于该含水率的固体散货在运输时有产生自由液面或货物移动的危险。故判断时应以底部水纹为主,即当底部出现明显水纹时无论顶部是否有试样碎裂脱落都判断该试样已达到流动水分点。而强吸水性散货的透水性弱,孔隙水不能在短时间内排出,产生孔隙水压力。随含水率增加,外力作用时间持续,孔隙水压力不断累积增大,最终抵消总应力而使其抗剪强度完全丧失,发生流态化,表现为截锥体形变[6]。本研究以截锥体底部形变为判据,便于操作,试验重复性好。

本文采用的碟式液限仪法属于传统的土工试验测定液限的方法,具有所需试样量少、器械易携、操作简便的特点,还具有检测结果重现性、准确性较好的优点。通过本研究,一方面验证了流盘法测定强吸水性固体散货的FML是可行的,改变后的判据准确、客观;同时,也验证了碟式液限仪法测定强吸水性散货的FML结果与流盘法一致,可作为现场检测强吸水性散货FML的简易检测设备,与IMSBC规则推荐的圆筒法相比,大大提高了准确度和可信度。

参考文献

[1] 王洪亮,董庆如.船舶载运易流态化货物的风险和对策.中国航海,2011,34(2):101-104.

[2] 陈兴.船载固体散货特定危险因素辨识与控制.中国海事,2005,3:57-58.

[3] 李镜培,赵春风.土力学[M].北京:高等教育出版社,2008.

[4] Youd T L. Liquefaction mechanisms and induced ground failure. In W H K Lee, H Kanamori, P C Jennings & C Kisslinger(Ed.) : International Handbook of earthquake and engineering seismology, Part B, Academic Press, (2003).

[5] Sieder R, van den Beukel A. The liquefaction cycle and the role of drainage in liquefaction, Granular Matter 6, (2004).

[6] 李晨,江丽,刘曙,等.氟石粉适应水分限量的测定.化学世界,2010,11:660:662.

港口危险化学品储罐失效模式分析及无损检测技术

吕广宇　夏　庆　郭　健　唐海齐

摘　要　近年来,港口危险化学品事故接连发生,对经济、生产和人民生活造成了严重危害。储罐的失效主要由设计制造和使用过程中产生的缺陷、腐蚀、人为失误、管理不善、外来机械损伤等原因引起,发生在储罐管理、运行操作、维修等各个环节。储罐无损检测技术能全面了解渗漏、罐壁变形、沉降迹象、腐蚀、基础状况、保温装置和配件等储罐运行的各个方面,是保障储罐本质安全的重要技术手段。

关键词　危险化学品储罐　失效分析　无损检测

1　引言

危险化学品储罐是储存化工原料的主要设备,分布于油库、港口、原油码头、炼化厂等。危险化学品通常具有易燃易爆、易氧化、腐蚀性及毒性等特点,一旦发生爆炸或泄漏往往引发火灾、中毒、爆炸等事故,将会造成严重的环境污染,给社会经济、生产和人民生活带来巨大损失和危害,影响社会的安定。我国作为全球贸易链中初级加工品的主要国家,对化工品的巨大需求是其他国家无法比拟的。作为世界第二大石油进口国,每年有大量的原油、化工产品由海运运入,我国沿海港口也不断配套兴建原油码头和原油库区,容积大、结构复杂的危险化学品储罐越来越多,危险化学品储罐事故频发,造成较大的人员伤亡和经济损失。因此,有必要对危险化学品储罐事故原因进行充分的认识,同时需加强对保障储罐本质安全的技术手段的研究。

2　危险化学品储罐失效分析

2.1　储罐失效的浴盆曲线

储罐发生事故的概率可以用浴盆曲线(图1)来描述,划为三个阶段:①初始阶段,此阶段事故发生概率高;②正常使用阶段,此阶段事故概率较低;③失效阶段,此阶段事故发生概率高。

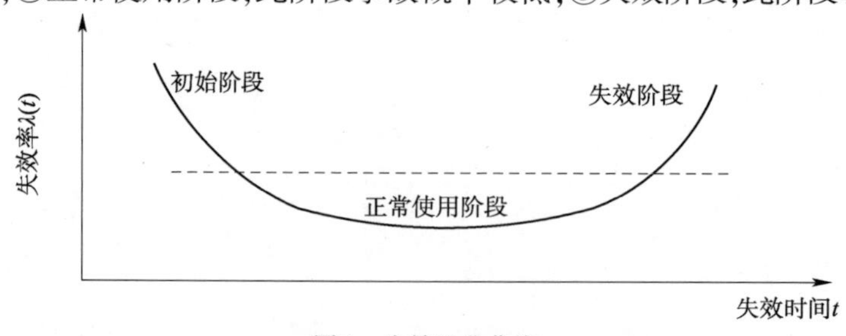

图1　失效浴盆曲线

在初始阶段,由于制造缺陷、材料缺陷、焊接制造过程中产生的缺陷在安装过程中未被充分发现,导致事故概率高。正常使用阶段是三个阶段中持续时间最长的阶段,由于上述缺陷已充分显露,并得到了相应的维护,储罐处于平稳安全可靠运行期,储罐失效概率维持在较低水平,但一些损伤缺陷以及腐蚀缺陷也在逐步积累,安全可靠性逐渐降低。在失效阶段,腐蚀损伤、材料老化以及其他缺陷导致储罐安全性能降低,承载能力下降,失效概率又逐渐增大。

2.2 储罐事故统计(表1)

表1 近年储罐事故统计

时　间	地点	储罐类型	事故后果	事 故 原 因
2000 年 9 月 21 日	锦州	丁二烯罐	爆炸	清理液位计导致泄漏
2002 年 3 月 3 日	锦西	汽油罐	火灾	储罐浮盘损坏
2002 年 10 月 26 日	兰州	原油罐	火灾	防爆区域内使用非防爆电器
2004 年 10 月 27 日	大庆	酸性水罐	爆炸	违章作业
2006 年 10 月 28 日	独山子	原油罐	爆炸	违章作业
2009 年 7 月 12 日	乌鲁木齐	石脑油罐	火灾	静电
2010 年 1 月 7 日	兰州	碳四球罐	闪爆	管线泄漏
2010 年 2 月 20 日	庆阳	清污油罐	闪爆	储罐低液位
2010 年 6 月 29 日	辽阳	原油罐	火灾	违章作业
2010 年 7 月 16 日	大连	原油罐	爆炸	违章作业
2010 年 10 月 24 日	大连	原油罐	火灾	违章作业
2011 年 8 月 29 日	大连	柴油罐	火灾	违章作业
2013 年 6 月 2 日	大连	苯罐	爆炸	静电

从近年储罐事故分析中可以看出,储罐事故发生较为频繁,后果也较为严重。除了违章作业、管理不善的原因以外,储罐本身的易损性也是发生事故的主要原因。

2.3 储罐失效分析

储罐事故主要由设计、制造和使用过程中产生的缺陷而造成,介质因素、环境条件和人为失误等也会引起常压储罐的破坏。在储罐制造过程中产生的缺陷主要有材料本身的缺陷,材料表面缺陷,以及焊接过程中产生的缺陷,包括焊接裂纹、未焊透、未熔合、夹渣、气孔等。储罐在运行过程中,由于受到介质、压力和温度等因素的影响,会产生腐蚀、冲蚀、应力腐蚀开裂、疲劳开裂和材料劣化等缺陷[1]。储罐常见的失效模式(图2)包括腐蚀减薄、应力腐蚀开裂、脆性断裂和机械疲劳。其中腐蚀损伤是在用储罐失效的主要形式。

储罐的缺陷往往不易察觉,并会产生泄漏,造成物料损失、环境污染,更严重的则会发生人员中毒、火灾、爆炸等灾难性事故。因此,在加强罐区管理、作业规范化的同时,也需要采取措施,保障储罐的安全性与可靠性。

3 储罐无损检测技术

我国石油储罐由于地理位置、建设时期、管理水平的不同,运行状况也有所不同。在储罐的安装、运行中,通过无损检测的技术对储罐的运行状态有全面的了解,能找出其的薄弱部位,对可能发生的失效情况进行预防性维修,而对已经产生的腐蚀进行相应的处理。采用无损检测的技术能保障储罐的安全运行、延长储罐的使用寿命,保证储罐寿命周期(图3)安全,为企业创造安全生产创造前提条件。

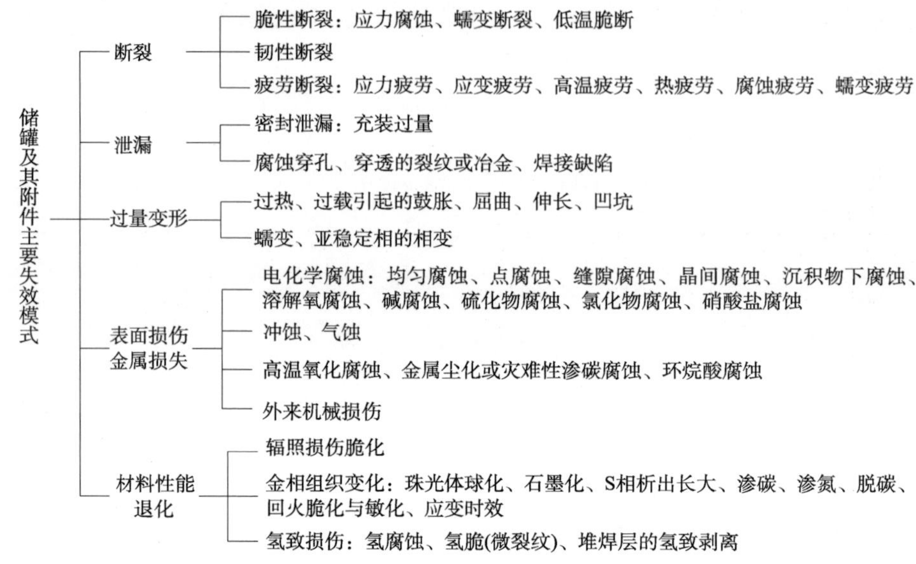

图2 储罐失效模式

储罐事故往往是人的误操作和设备本身缺陷引起的。就储罐本体而言,事故原因主要是壁板腐蚀、顶板腐蚀、底板腐蚀、焊缝裂纹、机械损伤、密封排水装置及其他附属设备故障等等,而无损检测是保障其安全运行的重要手段。储罐检测包括了渗漏、罐壁变形、沉降迹象、腐蚀、基础状况、保温装置和配件等储罐运行的各个方面的检测,能有效地检测腐蚀、缺陷和故障,防止泄漏事故的发生,是保证储罐本质安全最核心的内容。

通常需按一定的检验周期对储罐进行较全面的检测,可采用在线检验或停工检验,还可采用基于风险的检验方法。目前我国储罐检验的常用方法是进行无损检测技术。主要的无损检测技术有:超声检测、声发射检测、涡流检测、磁粉检测、漏磁检测等。主要技术的比较如表2。

(1)适用范围:由于储罐检测涉及储罐的基础、罐底、罐壁、结构、罐顶、附属物,以及到最初的法兰面、最初的螺纹接头或最初的焊接端连接处的接管等各个部位,因此各检测技术各有优势及适用范围:漏磁检测能检测出罐底板的腐蚀情况,但无法检测焊缝;真空试漏的方法能较好地检测焊缝的缺陷;超声检测需要耦合剂,不能检测有覆盖层的罐底板;超声测厚只能抽查式地单点检测,对均匀腐蚀能较好地检测,但对局部麻坑腐蚀很难捕捉;磁粉检测只能发现底板近表面的缺陷,并且需要对表面做清洁处理,检测效率较低;自动爬壁超声检测能较好地检测管壁的缺陷。同时,就检测时机而言,开罐检测需停工清罐,检测速度慢、成本高,但检测技术成熟,适用范围广,且可定量检测(磁粉检测除外);在线检测方法检测效率高,成本低,但适用范围受各自检测特点限制,如声发射检测方法只能定性检测。

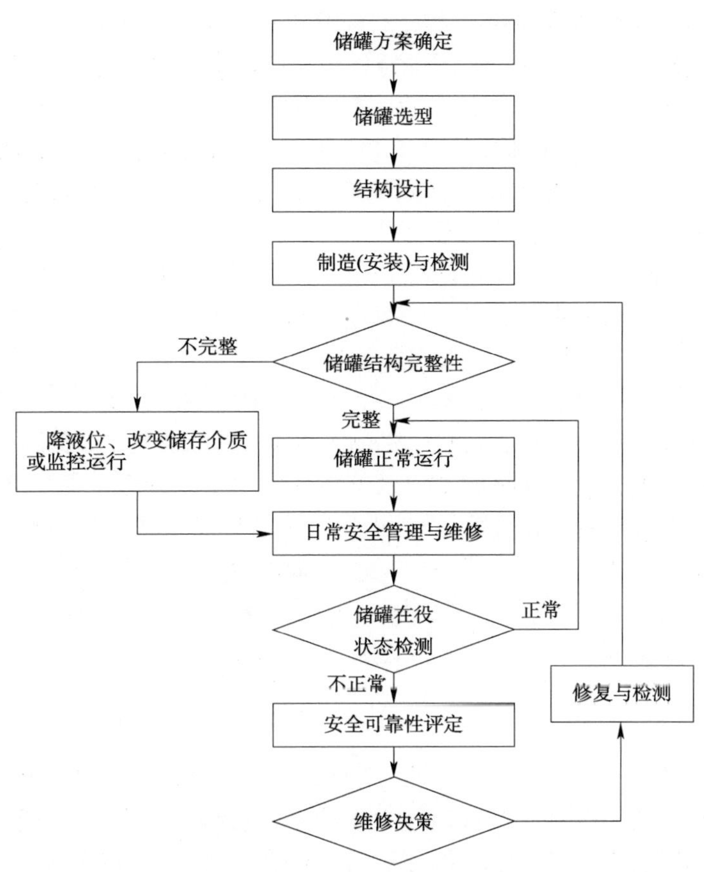

图3　储罐寿命周期过程

表2　常用无损检测技术比较

方法	检测时机	检测覆盖率	缺陷评价	检测精度	检测效率	检测成本	应用状况
超声	开罐	低	定量	高	慢	高	成熟
声发射	运行	全部	定性	一般	快	一般	起步阶段
涡流	开罐	高	定量	高	慢	高	较成熟
磁粉	开罐	低	定性	较高	慢	较高	成熟
漏磁	开罐	高	定量	高	慢	高	成熟
真空试漏	开罐	所有焊缝	定性	高	慢	一般	成熟

(2)检测覆盖率:以罐底板腐蚀检测为例,任一种单独的无损检测方法都无法确保对储罐底板实施100%的精确检测,且各检测方法也受到检测环境的影响而使检测覆盖率有较大波动。

(3)检测时间:声发射在线检测一般可在1~2d内完成,可避免不必要的开罐检修,对正常生产的影响很小;漏磁检测虽然需要开罐,但也只需简单清理,无须破坏防腐层,检测工作可在几天内完成[3];涡流检测由于速度相对较慢,检测时间也会较长;自动爬壁超声检测可在数小时内完成,不影响生产。

(4)可靠性:超声检测以及漏磁检测具有较高的检测精度,同时能对检测结果进行定量评价,具有较高的可靠性;声发射技术只能定性地监控动态腐蚀状况。

(5)技术成熟度与应用:目前我国各项无损检测技术已有了一定基础,大部分已具备了现场使用要求,可以成功用于储罐的定期检测。相比较而言,常规的储罐检测技术如漏磁检测、超声检测、磁粉检测均有较为成熟的应用产品,在储罐检测中也有较为广泛的使用;声发射检测等技术目前在国外发展较为成熟,而国内仍有较大差距。

(6)检测成本:由于开罐检测具有检测效率低、周期长等特点,同时考虑停工停产的因素,开罐检测的成本较高;而在线检测如声发射检测技术则具有周期短、能实时检测腐蚀状况等特点,并能直接节省常规检验和检修综合成本[3]。

在综合考虑使用范围、检测覆盖率、检测时间、可靠性、技术成熟度与应用的情况下,可采取的检测方案为:采取以声发射检测为主的在线检测,结合漏磁、涡流检测为主,真空试漏、超声检测、磁粉检测为辅的罐底检测以及超声检测为主的罐壁检测。这样可对罐底板及壁板的腐蚀状态等做出较为全面的定量检测评价,为检修工作提供较准确的位置,从而减少开罐检修的盲目性,节约成本;再根据储罐的实际腐蚀状况进行科学合理的安全评估,进而对储罐的完整性做出综合评价,就可最大限度地监测储罐的状况,对其安全稳定运行、减少和避免环境污染和最佳检修决策等提供安全的技术保障。

4 结语

储罐失效原因较为复杂且不易察觉,储罐检测是了解储罐运行状况的主要技术手段,是从根本上预防储罐事故的保障。储罐检测的技术相对成熟,且有较为广泛的应用,采取合适的储罐检测方案,能最大限度地监测储罐的状况,对其安全稳定运行、减少和避免环境污染和最佳检修决策等提供安全的技术保障。合理利用好这些技术和方法,是提高港口安全管理水平、降低事故风险的科学、有效的措施。

参考文献

[1] 杨鹏,黄松岭,赵伟.在役大型储罐壁板无损检测技术.NDT 无损检测[J],2009,31(5):377-401.

[2] 蒋宏业,等.天然气球罐失效故障树分析.天然气工业[J],2003,23(6):143-145.

[3] 徐彦廷,刘富君,王亚东,等.大型立式储罐综合检测技术[J].无损检测,2007,29 (8):482-485.

[4] 林远龙,陈虎,祝金丹.储罐底板腐蚀状况检测与安全评估.石油和化工设备[J].2010,13(7):54-55.

[5] 杨金林,刘丽川,何旺,等.立式常压储罐地板检测技术及实施路线建议[J].无损检测,2013,35(5):15-18.

[6] 李鹤林,张广利.失效的预测预防.理化检验—物理分册,2006,42(3):157-159.

沿海客滚码头滚装车辆安检系统使用情况分析

吕广宇　张　霞

摘　要　本文主要介绍了滚装车辆安检系统在沿海客滚码头的安装和使用情况，并针对运行过程中存在的问题提出了相关建议。

关键词　客滚码头　滚装车辆安检系统　危险品

2005年以来，在交通运输部统一部署和大力支持下，按照"政府督导、企业负责"的原则，渤海湾、琼州海峡等主要客滚码头陆续安装了滚装车辆安检系统，对防范客滚运输车辆夹带危险品上船、保障客滚船舶运输安全形势稳定发挥了作用。

1　安装情况

截至2010年10月，我国沿海客滚码头共安装19套滚装车辆安检系统，主要分布在辽宁大连、山东烟台、山东蓬莱、山东威海、广东海安和海南海口。其具体分布情况见表1。

表1　滚装车辆安检系统分布情况表

序号	所在省市	安装套数
1	辽宁大连	6
2	山东烟台	7
3	山东蓬莱	1
4	山东威海	1
5	广东海安	2
6	海南海口	2

2　使用效果

2.1　提供技术支持

滚装车辆安检系统自陆续安装、运行以来，总体运行较为稳定，能够满足24h连续运转要求。同时该系统具备了衡重、检测车辆外形尺寸和辐射成像"三位一体"功能，为滚装车辆安检提供了重要的技术支持。

2.2　发挥震慑作用

以山东烟台的滚装车辆安检系统为例，截至2010年3月底，共检测车辆1 817 365辆次，通过图像分析检查出可疑车辆192 483辆次，经进一步检查确认属于装运或夹带危险品并拒载的车辆1 938辆次。查出的危险品前三类分别为易燃易爆品、腐蚀性物品和强氧化剂类物品。2006～2010年，烟台滚装车辆安检系统拒载车辆数据统计见表2。

表2　2006～2010年烟台港滚装车辆安检系统拒载车辆数据统计表

年度	拒载车辆(辆次)	滚装车辆安检系统运行数量(套)
2006	518	3
2007	404	4
2008	534	4
2009	370	6
2010(前三个月)	112	6

由表2可知,除2008年较2007年的拒载车辆多外,2006、2007、2009年的拒载车辆辆次程递减趋势,详见图1。同时,考虑到近几年滚装车辆安检系统安装数量不断增加,对每台滚装车辆安检系统单位时间(月)内检查出的拒载车辆辆次进行分析,得出每月拒载车辆数量分布情况图,见图2。由图2可以清晰地看出,2006～2010年单位时间(月)内每套滚装车辆安检系统检查出的拒载车辆辆次呈明显递减趋势。

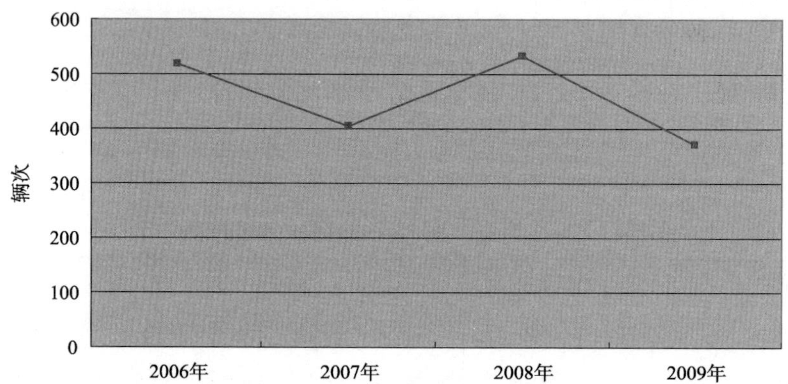

图1　2006～2009年烟台港滚装车辆安检系统拒载车辆辆次分布图

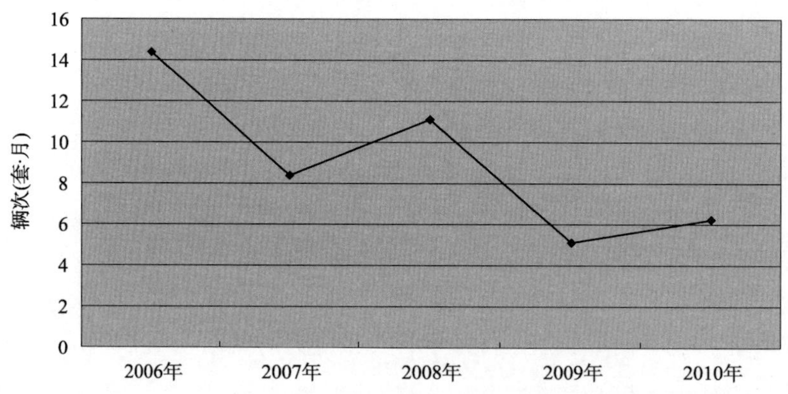

图2　2006～2010年烟台港每套滚装车辆安检系统每月拒载车辆辆次分布图

由此可知,随着滚装车辆安检系统的有效运行,其社会效应逐步显现,对存在有侥幸心理的驾驶员和货主起到了极大的震慑作用。从而为客滚运输安全生产形势稳定发挥了良好作用。

2.3　提高了安检效率和准确性

在滚装车辆安检系统安装前,对于滚装车辆车载货物的安全检查,只能采取"听、闻、看、摸”的方式,靠人工、靠经验,检查效率不高,效果也难以保证,特别是对于封盖、绑扎严密的大部分货运车辆,尤其是厢式车辆,打开检查非常困难,即使打开车厢也只能验看外围货物,很难发现夹带藏匿的危险品。

而滚装车辆安检系统利用低能量钴-60源和高灵敏度探测器、采集系统直接对车辆和货物生成清晰的透视图,其最大穿透能力为220mm钢板,并分辨空气中直径小于1mm的铜丝,具有穿透能力强、物体映像清晰等特点。对滚装运输车辆所载货物及车辆自身各部位构件的形状进行准确分辨,不仅可以查验车载货物中夹带的与申报不相符物品的形状,还可以查验车辆各部件中藏匿物品的形状,从而使安检效率大大提高。如琼州海峡轮渡车辆危险品检测站在车辆过海高峰期日均检测车辆约为1 300台次,最高纪录曾达到日均检测车辆1 670台次。

3 存在问题

3.1 运行成本较高

每套滚装车辆安检系统每年人工成本约为100万,年维护费、维修保养费均在100万以上,电费年近15万,还有计算机更新、打印设备、打印纸等耗材,每年每套设备运行成本平均在300万元左右。

3.2 现有危险品目录不能满足实际需要

滚装车辆安检系统危险品数据库是依据国际危规和国内危规建立的,随着化工产品种类的日益增多,部分货物的性质鉴定和运输没有明确统一的执行标准,出现空当。港口企业只好依托海事部门、海运公安部门、消防部门来界定,但每个部门对危险品种类的界定标准并不统一,给港口企业的操作造成困难。另外,对一些疑似危险品的货物,如:棉纱、木炭、鱼粉、低度白酒、部分低毒无公害农药等,由于没有明确的判断标准,许多滚装车辆驾驶员心里没底,往往会选择走陆路,对港口企业和船公司造成了一定的经济损失。

3.3 安检系统不能辨识货物的化学性质,仍需要人工检查

滚装车辆安检系统检测扫描图像只能辨识出车辆所载货物的外形轮廓,但不能确定货物的化学性质,若进一步确定可疑货物的性质需要安检人员手工检查或到专业机构进行检测确定。部分驾驶员和代办点人员开始利用安检系统只能辨别物理形状的漏洞,想办法夹带危险品过关。如同一辆车内装有多种桶类或袋装货,检查时从图像分析不出是多种桶或袋,可能造成驾驶员夹带危险品过关;利用密度大的货物(如钢材)遮挡藏匿的危险品等系统也难以分辨。

3.4 个别车型检测受限

由于我国车型标准不尽一致,导致个别车辆进入安检通道的宽度和高度受限,且安检大门与车辆检测通道不在一条直线上。

4 有关建议

4.1 对车辆安检收费

为解决安检系统运行资金短缺的问题,建议交通运输部修订现行港口装卸费率包干制

度或出台港口企业车辆安检收费政策和收费标准,允许企业按照“保本、微利”的原则,收取车辆安检费。或者,由交通运输部和当地政府给予港口企业一定的补贴,维持安检系统的正常运行,使企业能够持续健康发展,更好地做好运输安全工作。

4.2 制定适合滚装运输特点的危险品目录

针对客滚运输特点出台一套统一的客滚船禁运危险品名录,明确货物名称、数量、包装方式等。

4.3 对现有滚装车辆安检系统进行升级改造

建议滚装车辆安检系统生产厂家不断提升设备的科学技术含量,在辨别货物物理形状的同时能够分辨货物化学性质,使之能够自动识别判断主要易燃、易爆危险品,并有提示报警和检测功能。此外还应进一步减少该系统的安检障碍和盲区,提升安检技术水平。

同时,还建议滚装车辆安检系统生产厂家提高该系统的自动化程度,并对该系统进行无纸化运行改造,以降低人工操作和打印成本。

内河支流入汇对干流航道影响研究

侯志强　傅　玲　叶　蕾

天然内河中存在着大量的干支流交汇点。支流入汇其洪汛期回水顶托对干流的水位、流速、泥沙与河道冲淤变化带来显著变化。同时水流发生紊动掺混,常形成河口滩,因此交汇河口又是设计水工建筑物及航道整治的难点部位。本文以牡丹江入汇松花江实测基础数据资料为基础进行分析,进而对一般的支流入汇问题进行研究。

松花江作为我国内河水运主通道之一,具有发展内河航运的得天独厚有利条件。牡丹江的入汇对松花江中游流量、流速和河床演变带来很大影响。

1　汇流口实测水文资料分析

1.1　牡丹江河口水力特性

牡丹江长江屯水文站距汇流口大约 27km,其间没有大的支流汇入。因此,可依据长江屯水文站实测水文资料(资料统计年限为 1956 ~ 1996 年),分析河口淤沙段的水沙特性。

历年的水位流量关系可以综合地反映河道的冲淤变化特征,长江屯站历年水位与流量关系见图 1,可见长江屯站 40 年来水位与流量关系良好,水位与流量呈单一的曲线关系,表明河道没有大的冲淤变化。

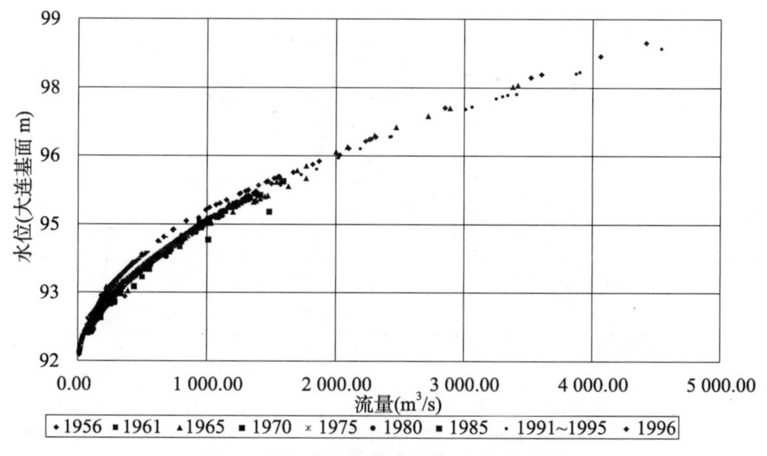

图 1　长江屯站历年流量与水位关系图

1.2　松花江河口水力特性

松花江小古洞站位于入汇口松花江上游 12km 处,松花江的流量与小古洞站的水位流量关系见图 2,可见松花江的流量与小古洞站的水位流量相关性较差,同一流量下小古洞站对应不同的水位,其水位变幅最大可达 8.3m,这与一般顺直河道水位—流量关系呈单一曲线不同。同一松花江流量下小古洞站水位变化的原因,主要是因为小古洞水位与牡丹江汇流密切相关,牡丹江入汇水量的大小,在一定程度上决定了松花江小古洞水位的高低,因而小古洞水位与松花江来水量的关系就不是很密切了。

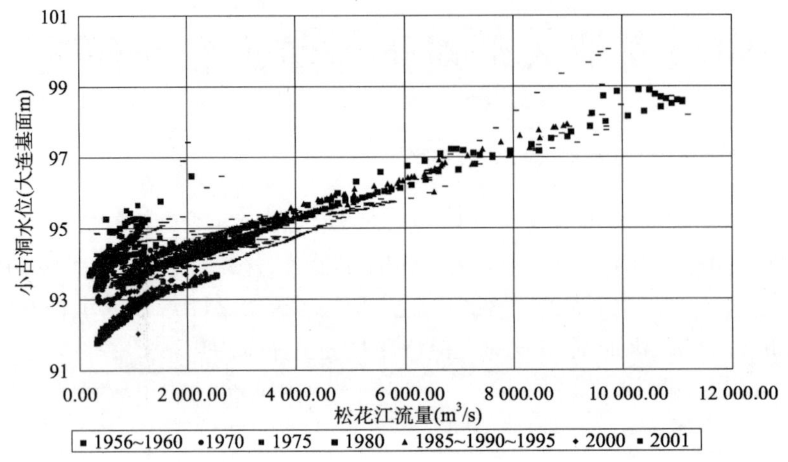

图2　小古洞站历年水位与流量关系图

1.3　牡丹江对松花江入汇口上游水位的影响

松花江同一流量下小古洞站的水位呈多值关系,其主要原因是牡丹江对松花江的壅水顶托影响。就小古洞站受牡丹江来水影响程度而言,经四十多年水文资料(1956～2001年)表明,牡丹江洪峰先于松花江洪峰15～20d,而牡丹江洪水流量与松花江是同一量级甚至特殊水文年是松花江的几倍。年际间当牡丹江为汛期,影响最大;当牡丹江为枯水时,影响相对较小。年内牡丹江对松花江的影响一般在5～10月。

不同牡丹江流量条件下,小古洞站水位与松花江流量之间的关系绘于图3,由图可见:

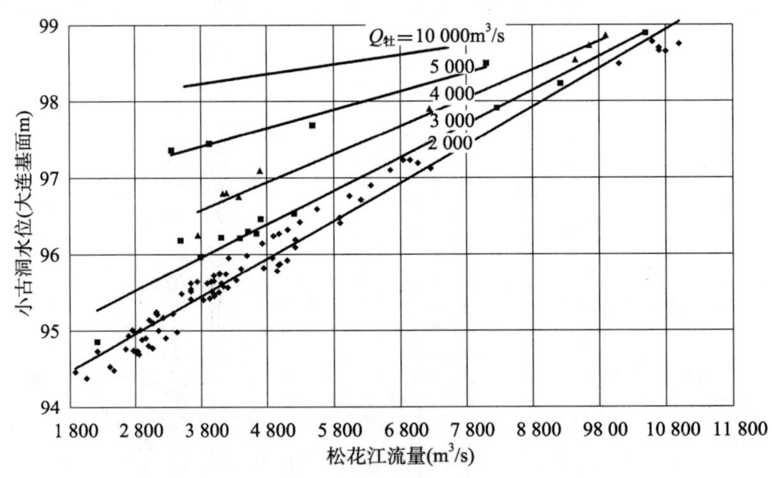

图3　牡丹江不同流量情况下松花江小古洞水位流量关系图

(1)牡丹江在同一流量条件下,松花江站流量与小古洞站水位呈线性关系,小古洞站水位随松花江的流量增加而增加;

(2)牡丹江在同一流量条件下,水位—流量关系曲线随着松花江流量的增大曲线斜率在减小,表明松花江流量越大,小古洞水位所受牡丹江支流入汇顶托壅水影响越小;

(3)水位—流量关系曲线在松花江某一流量的截距可以从数值上反映不同牡丹江的流量对松花江某一级流量的影响大小。

综上所述,支流入汇干流时,支流改变了干流河口淤沙段的水流运动特性,将不单决定于干流本身的来水条件,而且还要受支流壅水顶托的影响;即干流河口淤沙段的水位将不是来水与河床形态的单一函数,而是受支流流量及汇流比的影响,$Z=f(Q,R)$。

2 支流入汇口上游水位理论推导

2.1 方程理论推导

如图4所示,对支流入汇矩形河槽由断面1、2和3组成的控制体由伯努利方程可得:

$$Q_1\left(z_1'+\frac{p_1}{\gamma}+\frac{\alpha_1 v_1^2}{2g}-h_{w1}\right)+Q_2\left(z_2'+\frac{p_2}{\gamma}+\frac{\alpha_2 v_2^2}{2g}-h_{w2}\right)=Q_3\left(z_3'+\frac{p_3}{\gamma}+\frac{\alpha_3 v_3^2}{2g}\right) \quad (1)$$

式中:Q_1、z_1'、p_1、v_1——分别为断面1的流量、位置水头、压强和流速;

Q_2、z_2'、p_2、v_2——分别为断面2的流量、位置水头、压强和流速;

Q_3、z_3'、p_3、v_3——分别为断面3的流量、位置水头、压强和流速;

h_{w1}、h_{w2}——分别为1—3断面、2—3断面水流水头损失。

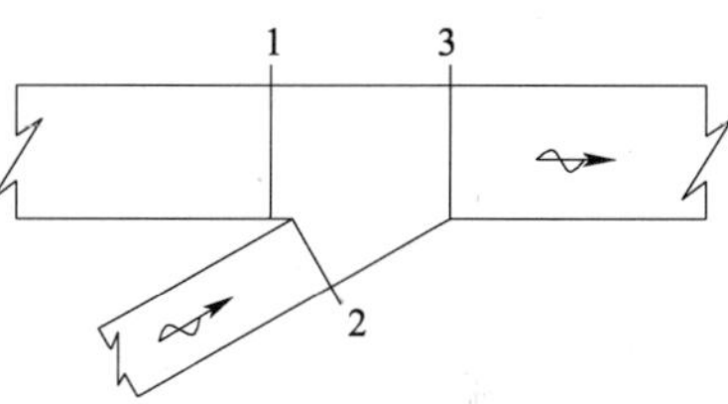

图4 支流入汇示意图

对式(1)进行变换,引入入汇比$R=\frac{Q_2}{Q_1}$得:

$$\left\{\left(z_1+h_1+\frac{\alpha_1 Q_1^2}{2gb_1^2h_1^2}\right)-\left[z_3+h_3+\frac{\alpha_3(Q_1+Q_2)^2}{2gb_3^2h_3^2}\right]-h_{w1}\right\}+R\left\{\left(z_2+h_2+\frac{\alpha_2 Q_2^2}{2gb_2^2h_2^2}\right)-\left[z_3+h_3+\frac{\alpha_3(Q_1+Q_2)^2}{2gb_3^2h_3^2}\right]-h_{w2}\right\}=0 \quad (2)$$

式中:z_1、h_1——分别为断面1的河底高程、水深;

z_2、h_2——分别为断面2的河底高程、水深;

z_3、h_3——分别为断面3的河底高程、水深。

断面1到断面3的局部阻力损失与1、2、3断面的过水面积和流量有关,干流的水头损失由下式确定:

$$h_{w1}=h_{j1}+h_{f1}=0.5\times\frac{v_3^2}{2g}\left(1-\frac{A_3}{A_1+A_2}\right)+\frac{3\nu Q_1 l}{gb_1}=0.5\times\frac{v_3^2}{2g}\left(1-\frac{b_3h_3}{b_1h_1+b_2h_2}\right)+\frac{3\nu Q_1 l}{gb_1} \quad (3)$$

(沿程水头损失也可采用曼宁公式改写式$h_{f1}=Q^2l/K^2$来表达,K为特性流量。)

式中:A_1、A_2、A_3——分别为断面1、2、3的过水面积;

ν——运动黏度;

l——距入汇口长度。

由于距离较近,不考虑断面2、3间沿程水头损失,支流2断面到3断面的局部水头损失与入汇角、断面流速v_2等因素有关,其水头损失可由下式计算:

$$h_{w2}=h_{j2}=\frac{v_2^2}{2g}(\frac{A_2}{A_3}-1)^2=\frac{Q_2^2}{2gb_2^2}(\frac{b_2h_2}{b_3h_3}-1)^2 \tag{4}$$

将式(3)、式(4)代入式(2)整理后可得：

$$(1+R)h_1^4+\left\{z_1-\left[z_3+h_3+\frac{\alpha_3\ (Q_1+Q_2)^2}{2gb_3^2h_3^2}\right]-\frac{Q_3^2}{4gb_3^2h_3^2}+R\left[z_2-z_3-h_3-\frac{\alpha_3\ (Q_1+Q_2)^2}{2gb_3^2h_3^2}\right]-\frac{Q_2^2}{2gb_3^2h_3^2}\right\}h_1^3+\left[\frac{Q_3^2}{4gb_3h_3(b_1+b_2)}+\frac{Q_2^2}{gb_2b_3h_3}\right]h_1^2+(\frac{\alpha_1Q_1^2}{2gb_1^2}+R\frac{\alpha_2Q_2^2}{2gb_2^2}-\frac{Q_2^2}{2gb_2^2})h_1+\frac{3\nu Q_1l}{gb_1}=0 \tag{5}$$

2.2 河道尺寸的确定

2.2.1 河宽 b 的确定

由曼宁公式 $\nu=\frac{1}{n}h^{\frac{2}{3}}J^{\frac{1}{2}}$、水流连续方程 $Q=bh\nu$ 以及断面河相关系 $\xi=\frac{\sqrt{b}}{h}$ 连解可得：

$$b=(\xi^{\frac{5}{3}}\frac{Qn}{j^{\frac{1}{2}}})^{\frac{6}{11}} \tag{6}$$

2.2.2 支流、入汇口下游水深 h_2、h_3 的确定

根据试验结果，h_2 与 h_1 的关系可表达为：$h_2=\sqrt{\beta_1}h_1$。

β_1 可看作反映入汇处干、支流水深差异系数，通常可取 1。

另外，根据汇流段下游出口水流侧向收缩与堰坎存在时引起的水面垂直方向收缩类比，下游出口处 3 断面水深 h_3 与干、支流流量的关系可表达为：

$$h_3=\frac{\sqrt{\beta_2}Q_1^{2/3}\ (1+R)^{2/3}}{\sqrt{2g}B_3^{2/3}} \tag{7}$$

式中，β_2 为反映 2 断面处流线收缩特征系数，实际结果表明该系数变化不明显，一般取为 7.18。

2.3 结果分析

对于式(5)，由于 b_1、b_2、b_3、h_2、h_3 均为已知量，所以给定 1 断面河底高程 z_1，即可以求解 h_1，也就可以建立上游水位 Z 与 Q_1、Q_2、R 之间的关系：$Z=f(Q、R)$。与天然实测资料分析结果相符。

方程(5)可以采用 Newton 迭代法、二分法等方法求解，也可以利用 Matlab 符号方程求解工具对通式 $ax^4+bx^3+cx^2+dx+e=0$ 进行求解，但表达式较长。

由此我们可以在已知干流和支流流量的情况下确定航道入汇口上游任一断面的水位。方程(5)考虑因素较多，为入汇口干流上游流量与水位多值对应关系提供了一种函数求解方法。

以上从理论上探讨了支流入汇干流的可能性，由于天然环境比较复杂，对于动能校正系数 α_1、α_2、α_3 取值可适当放宽。

2.4 与天然实测值进行对比

牡丹江是松花江水系最大的支流，由于牡丹江洪水期和松花江的时间不同，在牡丹江大流量情况下对入汇口上游松花江产生显著的顶托影响，使松花江入汇口上游段壅水，水面比

降减小，泥沙大量淤积，形成著名的三姓浅滩。本文取用入汇口上游松花江小古洞水文站1985年实测流量资料与方程(5)计算值进行对比，结果见表1。

表1 理论计算水位值与实测值对照表

时 间	计算水位(m)	实测水位(m)	误差	时 间	计算水位(m)	实测水位(m)	误差
7月10日	94.64	94.64	0	7月21日	94.90	94.92	-0.02
7月11日	94.66	94.63	0.03	7月22日	94.88	94.97	-0.09
7月12日	94.68	94.64	0.04	7月23日	94.90	94.99	-0.09
7月13日	94.68	94.65	0.03	7月24日	95.10	95.01	0.09
7月14日	94.67	94.64	0.03	7月25日	95.08	95.03	0.05
7月15日	94.67	94.64	0.03	7月26日	95.05	95.06	-0.01
7月16日	94.66	94.64	0.02	7月27日	95.07	95.07	0
7月17日	94.68	94.69	-0.01	7月28日	95.11	95.07	0.04
7月18日	94.74	94.76	-0.02	7月29日	95.07	95.09	-0.02
7月19日	94.82	94.84	-0.02	7月30日	95.05	95.09	-0.04
7月20日	94.90	94.88	0.02	7月31日	95.02	95.07	-0.05

从表1可以看出，计算值与实测值间最大误差绝对值为0.09，最小误差绝对值为0。

虽然支流入汇对干流上游水位的影响从理论上给出了一种预报方法，但实际天然航道环境比较复杂，要从理论解与实测资料完全符合还有许多困难，方程(5)只是理论上的简化模式，还有很多不足之处，可以供同类型的河口地区进行参考；

(1)能量方程是建立在恒定流基础上的，天然河道有所差别。

(2)在计算沿程水头损失时，引入 $h_{f1}=\dfrac{3\nu Q_1 l}{gb_1}$，适用条件是明渠均匀层流；若采用曼宁公式改写式 $h_f=Q^2l/K^2$ 来计算，特性流量 K 值中谢才系数采用曼宁公式来计算，反映的是紊流阻力平方区情况，与天然实际情况比较接近，但方程(5)将更加烦琐。

(3)动能校正系数 α_1、α_2、α_3 的选用是个难点，在均匀流或渐变流中，一般选用1.05~1.1，鉴于实际情况比较复杂，可适当扩大其取值范围。

3 结语

(1)牡丹江多年平均径流量仅为松花江的16.09%，汇入松花江的水量相对较少，但由于牡丹江汛期和松花江汛期两者相差一个月，牡丹江洪峰流量与松花江在同一级，故牡丹江对松花江口淤沙段产生壅水顶托影响。

(2)支流入汇干流时，支流改变了干流河口段的边界条件，干流河口段的水流运动特性将不单决定于干流本身的来水条件，而且还要受支流壅水顶托的影响；即干流河口段的水位将不是来水与河床形态的单一函数，而是受支流流量及汇流比的影响，$z_1=f(Q、R)$。

(3)受牡丹江壅水顶托影响，水位壅高，比降变缓，流速沿程逐渐降低，泥沙沿程落淤。壅水顶托影响程度与松花江来水量成反比，与牡丹江顶托水位壅高值成正比。

考虑防灭火措施影响的火灾场景概率分布研究

褚冠全　汪金辉　高　原

摘　要　鉴于传统的火灾场景发生概率分析方法将消防设施实施概率简单取为可靠性概率,没有考虑消防设施实施时间和人员扑救时间的不确定性,得到的火灾场景发生概率为一具体数值,不能满足火灾风险分析的动态需要,研究提出了消防设施和人员扑救行为影响下的火灾场景发生概率分析方法。该方法通过事件树分析可能发生的火灾场景,考虑设定火灾时因火灾增长系数的随机性带来的不确定性,将火灾动力学模型和 Monte Carlo 方法相结合,分析在火灾发展不同时刻消防设施和人员扑救行为的实施概率变化情况,进而得到火灾场景发生概率随时间的分布规律。同时,结合工程算例进行了说明,结果表明本方法可以给出火灾发展过程中任一时间区间的概率分布。

关键词　火灾场景　概率分布　人员扑救行为　事件树　Monte Carlo 分析

1　引言

随着城市化进程的加快,城市用地日益紧张与人口不断增长的矛盾越来越突出,建筑朝着超高、超大、地下的趋势发展。由于这些建筑人员密集、功能复杂以及疏散困难等原因,一旦发生火灾,很容易造成群死群伤事故。当前的相关防火设计规范已不能满足这些建筑的防火设计需求,需要依靠性能化防火设计方法降低火灾威胁,而切实可行的性能化防火设计离不开合理地分析火灾风险。就工程领域而言,火灾风险一般表示为可能发生的频率与潜在后果的乘积。有些情况下,火灾风险也可表示为火灾后果超过某一临界值的频率。无论何种定义,火灾场景发生概率都是进行风险分析时不可缺少的重要参数。国内外关于火灾场景发生概率的分析开展了一些研究[1-3],在计算火灾场景发生概率时,仅通过消防系统可靠率统计数据确定消防设施的实施概率,通过经验取值确定人员发现火灾、人员灭火成功的概率,这样得到的火灾场景发生概率为一具体数值。然而,无论是消防设施的启动还是人员扑救火灾行为均与火灾动力学密切相关,而且由于火灾随机性规律的影响,消防设施和人员扑救的实施时间具有一定的不确定性。此外,人员在得到火情信息后,并不是立刻实施扑救,而是存在一定的反应时间和行动时间。因此,传统方法得到的结果可信度较低,无法体现火灾场景发生概率随时间变化的动态规律,尤其不能满足人员疏散风险评估对火灾场景发生概率的准确度和实时性要求越来越高的需求。国内外一些学者针对火灾场景发生概率分析中的不确定性问题开展了相关研究[4-5],但对任一时刻人员实施扑救概率取值时,未考虑从人员得到火情到开始实施灭火存在一定的反应和行动时间,导致人员实施扑救概率取值不能反映实际情形。

为了解决消防设施和人员扑救实施概率的量化问题,体现火灾场景发生概率随时间变化的动态规律，本文发展了一种火灾场景发生概率随时间变化的随机性分析方法，该方法通过考虑火灾的随机性规律，将火灾动力学模型和 Monte Carlo 方法相结合，分析在火灾发展不同时刻消防设施和人员扑救行为的实施概率变化情况，进而得到火灾场景发生概率随时间的分布规律。

2 火灾场景的事件树分析

建筑物内起火后可能蔓延发展的状况以及导致的火灾场景除了受火灾动力学、建筑环境的影响外，消防设施和人员扑救行为也是十分重要的影响因素。图 1 为考虑消防设施和人员扑救行为影响的事件树。

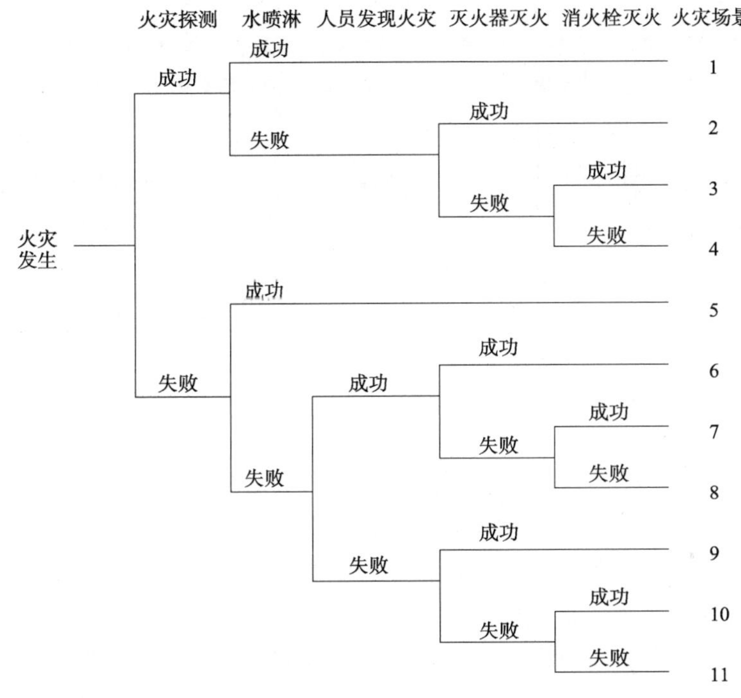

图 1 分析可能发生火灾场景的事件树

通过事件树分析，可以得到消防设施和人员扑救行为影响下可能发生的火灾场景。火灾场景发生概率为各消防设施实施概率和人员扑救概率的函数，即

$$P_{s_i}=f(P_{\mathrm{de}},\overline{P_{\mathrm{de}}},P_{\mathrm{sp}},\overline{P_{\mathrm{sp}}},P_{\mathrm{md}},\overline{P_{\mathrm{md}}},P_{\mathrm{e}},\overline{P_{\mathrm{e}}},P_{\mathrm{h}},\overline{P_{\mathrm{h}}}) \tag{1}$$

式中：P_{s_i}——火灾场景 i 的发生概率；

P_{de}——火灾探测成功的概率（$\overline{P_{\mathrm{de}}}$为火灾探测失败的概率，下同）；

P_{sp}——水喷淋成功的概率；

P_{md}——人员发现火灾成功的概率，本文中主要指火灾发展到充分燃烧阶段之前人员发现火灾；

P_{e}——人员使用火火器火火成功的概率；

P_{h}——人员使用室内消火栓扑灭或控制火灾成功的概率。

以火灾场景7为例,其发生概率为:

$$P_{s7}=\overline{P_{de}}\cdot\overline{P_{sp}}\cdot P_{md}\cdot\overline{P_{e}}\cdot P_{h} \tag{2}$$

如果火灾探测、水喷淋、人员发现火灾、灭火器灭火、消火栓灭火这些影响事件的概率已知,那么就可以得到每个火灾场景的发生概率。

3 消防设施和人员扑救行为的概率量化

在火灾风险评估中,通常使用火灾增长曲线概括火灾场景的特征,火灾增长曲线设定越合理,模拟计算所得到的结果就越真实。火灾初期阶段的热释放速率大体按 t^2 规律增长,可分为慢速、中速、快速、超快速等四种类型。然而,这四种火灾增长类型只是考虑常见可燃物的燃烧特性,人为按照大小划分的。统计结果表明,火灾增长系数服从对数正态分布[6]。选取某一种火灾增长系数确定热释放速率曲线得到的结果无法体现火灾随机性规律。因此在火灾风险分析的过程中,很有必要考虑火灾增长系数的不确定性。

3.1 火灾探测和水喷淋启动成功的概率

对于火灾探测、水喷淋而言,其实施成功的概率除受到系统可靠性的影响外,还受到火灾动力学发展状态的影响。在火灾初期阶段,由于室内的温度不足以导致水喷淋动作,那么水喷淋启动成功的概率较低。随着火灾的发展,室内温度的不断升高,水喷淋成功启动的概率逐渐增加。同样在着火初期,由于火灾产生的烟气或热量相对较少,火灾探测系统启动的概率较小。随着火灾的发展,火灾探测系统启动的概率将会增加。水喷淋、火灾探测启动成功的概率为:

$$P_{de}=R_{de}p_{de}(t_{de,action}) \tag{3}$$

$$P_{sp}=R_{sp}p_{sp}(t_{sp,action}) \tag{4}$$

式中: R_{de}、R_{sp}——分别为火灾探测和水喷淋系统的可靠性;

$p_{de}(t_{de,action})$、$p_{sp}(t_{action})$——分别为火灾探测和水喷淋启动成功的概率,是火灾探测启动时间 $t_{de,action}$ 和水喷淋启动时间 $t_{sp,action}$ 的函数。

在可靠性能够保证的前提下,建筑物内发生火灾后,火灾探测和水喷淋一定会启动,即随着火灾的发展,启动概率累积增加。假设将火灾发展划分为 n 个时间段,如果火灾探测和水喷淋在 $[t_i,t_{i+1}]$ 成功启动,那么表示在 t_i 时刻之前,火灾探测和水喷淋未启动。因此,需要将条件概率引入到式(3)和式(4)中:

$$P_{de}=R_{de}p_{de}(t_{de,action[i,i+1]}\mid\overline{t_{de,action[0,i]}}) \tag{5}$$

$$P_{sp}=R_{sp}p_{sp}(t_{sp,action[i,i+1]}\mid\overline{t_{sp,action[0,i]}}) \tag{6}$$

式中: $p_{de}(t_{de,action[i,i+1]}\mid\overline{t_{de,action[0,i]}})$、$p_{sp}(t_{sp,action[i,i+1]}\mid\overline{t_{sp,action[0,i]}})$——分别为火灾探测和水喷淋在 $[t_i,t_{i+1}]$ 启动的条件概率。

如果火灾探测和水喷淋启动概率的累积分布函数分别为 $F_{de}(t_{sp,action})$ 和 $F_{sp}(t_{sp,action})$ 且已知,那么根据贝叶斯公式,火灾探测和水喷淋在 $[t_i,t_{i+1}]$ 启动的条件概率可由式(7)、式(8)得到:

$$p_{de}(t_{de,action[i,i+1]}\mid\overline{t_{de,action[0,i]}})=\frac{F_{de}(t_{de,action,i+1})-F_{de}(t_{de,action,i})}{1-F_{de}(t_{de,action,i})} \tag{7}$$

$$p_{sp}(t_{sp,action[i,i+1]}|\overline{t_{sp,action[0,i]}}) = \frac{F_{sp}(t_{sp,action,i+1}) - F_{sp}(t_{sp,action,i})}{1 - F_{sp}(t_{sp,action,i})} \tag{8}$$

3.2 人员发现火灾和扑救成功的概率

对于人员发现火灾而言,其成功概率主要受火灾发展阶段和人员行为等因素的影响;对于人员使用灭火器、室内消火栓灭火而言,其成功概率除了受到灭火器、室内消火栓完好率的影响外,还受实施灭火时间的影响。

$$P_{md} = p_{md}(t_{md}) \tag{9}$$

$$P_e = R_e p_e(t_{e,practice}) \tag{10}$$

$$P_h = R_h p_h(t_{h,practice}) \tag{11}$$

式中: R_e、R_h——分别为灭火器和室内消火栓的完好率;

$p_{md}(t_{md})$——人员发现火灾的概率,是人员发现火灾时间 t_{md} 的函数。通常以烟气沉降到一定高度的时间作为人员发现火灾时间;

$p_e(t_{e,practice})$、$p_h(t_{h,practice})$——分别为人员使用灭火器和室内消火栓灭火成功的概率,是人员使用灭火器时间 $t_{e,practice}$ 和实施室内消火栓灭火时间 $t_{h,practice}$ 的函数。

在建筑物内有人员特别是消防值班人员的情况下,发生火灾后,即使火灾探测和水喷淋失效或尚未启动,火情也会被发现。即随着火灾的发展,人员发现火灾的概率累积增加,可表示为累积概率分布的形式。将条件概率引入到式(9)中,可以得到在$[t_i,t_{i+1}]$人员发现火灾的条件概率。

$$P_{md} = p_{md}(t_{md[i,i+1]}|\overline{t_{md[0,i]}}) \tag{12}$$

与火灾探测和水喷淋相似,如果人员发现火灾概率的累积分布函数为 $F_{md}(t_{md})$且已知,那么人员在$[t_i,t_{i+1}]$发现火灾的条件概率为:

$$p_{md}(t_{md[i,i+1]}|\overline{t_{md[0,i]}}) = \frac{F_{md}(t_{md,i+1}) - F_{md}(t_{md,i})}{1 - F_{md}(t_{md,i})} \tag{13}$$

由于人员使用灭火器和室内消火栓灭火实施的时间受火灾探测、人员发现火灾的时间影响,存在一个时间序列的先后关系,即从火灾探测发出信号或人员发现火灾到开始实施灭火行为有一定的反应和准备时间。类比火灾发生后人员疏散时间由火灾探测报警时间、疏散准备时间和运动时间这三部分组成[7],人员使用灭火器和室内消火栓实施灭火的时间由发现火灾、反应阶段和实施阶段三个部分组成:

$$t_{practice} = t_{detect} + t_{response} + t_{activation} \tag{14}$$

式中:$t_{practice}$——人员使用灭火器或室内消火栓实施灭火的时间(s);

t_{detect}——从起火到发现火灾的时间(s),即火灾探测时间 $t_{de,action}$ 或 t_{md};

$t_{response}$——人员反应时间,即从人员获得火灾信息到开始寻找灭火器或室内消火栓所需的时间(s);

$t_{activation}$——灭火行动实施时间,即从开始寻找灭火器或室内消火栓到实施灭火所需的时间(s)。

人员反应时间主要受建筑物特征、报警设施、人员特征及消防管理等诸多因素的影响,灭火行动实施时间主要与灭火器或室内消火栓与起火位置的距离、人员运动时间、对灭火器材的熟悉程度等因素相关。如果人员对建筑物比较熟悉,且消防训练程度较高,那么人员反应时间和灭火行动实施时间就比较短。

结合式(10)、式(11)和式(14),考虑火灾探测或人员发现火灾后实施灭火行动的情况。

$$P_e = \begin{cases} R_e p_e (t_{de,action} + \Delta t_{de,e}) \\ R_e p_e (t_{md} + \Delta t_{md,e}) \end{cases} \tag{15}$$

$$P_h = \begin{cases} R_h p_h (t_{de,action} + \Delta t_{de,h}) \\ R_h p_h (t_{md} + \Delta t_{md,h}) \end{cases} \tag{16}$$

式中:$\Delta t_{de,e}$、$\Delta t_{de,h}$——分别为火灾探测情况下,人员使用灭火器和室内消火栓的反应时间与灭火行动实施时间之和(s);

$\Delta t_{md,e}$——人员发现火灾情况下,人员使用灭火器的反应时间和灭火行动实施时间之和(s);

$\Delta t_{md,h}$——人员发现火灾情况下,人员使用室内消火栓的反应时间和灭火行动实施时间之和(s)。

当火灾的热释放速率超过950kW时,灭火器将不能有效扑救火灾[8]。如果考虑火灾增长系数的不确定性,共设定N_{total}个火灾曲线。在$[t_{s-1},t_s]$使用灭火器灭火成功的概率为:

$$p_e(t_{e,practice})_{[t_{s-1},t_s]} = \frac{\sum N_{t=(t_{s-1}+t_s)/2}(Q \leqslant 950\text{kW})}{N_{total}} \tag{17}$$

式中:$\sum N_{t=(t_{s-1}+t_s)/2}(Q \leqslant 950\text{kW})$——在$[t_{s-1},t_s]$热释放速率不超过950kW火灾曲线的数目,这里取$[t_{s-1},t_s]$的中值。

假设在$[t_i,t_{i+1}]$火灾探测启动或人员发现火灾,那么经过$\Delta t_{de,e}$或$\Delta t_{md,e}$后,即在$[t_i+\Delta t_{de,e},t_{i+1}+\Delta t_{de,e}]$或$[t_i+\Delta t_{md,e},t_{i+1}+\Delta t_{md,e}]$对应的人员使用灭火器灭火成功的概率分别为:

$$p_e(t_{e,practice})_{[t_i+\Delta t_{de,e},t_{i+1}+\Delta t_{de,e}]} = \frac{\sum N_{t=[(t_i+\Delta t_{de,e})+(t_{i+1}+\Delta t_{de,e})]/2}(Q \leqslant 950\text{kW})}{N_{total}} \tag{18}$$

$$p_e(t_{e,practice})_{[t_i+\Delta t_{md,e},t_{i+1}+\Delta t_{md,e}]} = \frac{\sum N_{t=[(t_i+\Delta t_{md,e})+(t_{i+1}+\Delta t_{md,e})]/2}(Q \leqslant 950\text{kW})}{N_{total}} \tag{19}$$

火灾发展过程中会产生一些高温、有毒的烟气,当这些高温、有毒的烟气下降到对人有危害的高度时,就会影响人员使用室内消火栓灭火。如果风险分析时共考虑N_{total}个火灾曲线,通过模拟计算也应有N_{total}个烟气层高度随时间变化的曲线。在$[t_{s-1},t_s]$使用室内消火栓灭火成功的概率为:

$$p_h(t_{h,practice})_{[t_{s-1},t_s]} = \frac{\sum N_{t=(t_{s-1}+t_s)/2}(H \geqslant H_{critical})}{N_{total}} \tag{20}$$

式中:$\sum N_{t=(t_{s-1}+t_s)/2}(H \geqslant H_{critical})$——在$[t_{s-1},t_s]$烟气层距离地面高度$H$不小于危险状态临界烟气层高度$H_{critical}$所对应曲线的数目,这里取$[t_{s-1},t_s]$的中值。

与人员使用灭火器相似,如果在$[t_i,t_{i+1}]$火灾探测启动或人员发现火灾,那么在

$[t_i+\Delta t_{de,h},t_{i+1}+\Delta t_{de,h}]$或$[t_i+\Delta t_{md,h},t_{i+1}+\Delta t_{md,h}]$人员使用室内消火栓灭火器灭火成功的概率分别为：

$$p_h\left(t_{h,practice}\right)_{[t_i+\Delta t_{de,h},t_{i+1}+\Delta t_{de,h}]}=\frac{\sum N_{t=[(t_i+\Delta t_{de,h})+(t_{i+1}+\Delta t_{de,h})]/2}(H\geqslant H_{critical})}{N_{total}} \tag{21}$$

$$p_h\left(t_{h,practice}\right)_{[t_i+\Delta t_{md,h},t_{i+1}+\Delta t_{md,h}]}=\frac{\sum N_{t=[(t_i+\Delta t_{md,h})+(t_{i+1}+\Delta t_{md,h})]/2}(H\geqslant H_{critical})}{N_{total}} \tag{22}$$

4 火灾场景发生概率随时间的分布

基于火灾相关统计数据，可以得到火灾探测、水喷淋系统可靠性，灭火器和室内消火栓的完好率。对于火灾发展中的任意时间段$[t_i,t_{i+1}]$，根据式(7)、式(8)，可以得到火灾探测和水喷淋启动成功的概率；根据式(13)，可以得到人员发现火灾成功的概率；根据式(18)、式(19)，可以得到人员使用灭火器灭火成功的概率；根据式(21)、式(22)，可以得到人员使用室内消火栓扑灭或控制火灾成功的概率。那么根据式(1)，可以计算图1所示事件树分析得到在任意时间段每个火灾场景发生概率值，即火灾场景发生概率随时间的分布。

为了进一步阐述本文提出的方法，现结合工程算例进行说明。算例为单一空间的建筑环境，尺寸为40m×30m，层高$H=3.5$m、有两个高2.5m、宽4m的门。考虑火灾增长系数的对数正态分布特性，取为$LN(-5.4,1.9^2)$[6]。火灾探测和水喷淋系统的可靠性分别为0.72和0.93[9]。灭火器和室内消火栓的完好率由于缺少相应的统计数据，分别假设为0.90和0.80。本算例中，火灾探测启动时间、人员发现火灾时间分别取为烟气沉降至房间高度的5%、10%时对应的时间[5]；水喷淋启动时间通过DETACT－QS模型计算[10]；室内消火栓灭火的危险状态临界烟气层高度取为人眼特征高度$1.6+0.1H=1.95$m。所有的随机性分析均通过Monte Carlo方法与火灾区域模型[11]、DETACT－QS等结合得到，选取模拟时间为800s，每个时间段取为20s，重复模拟次数为5 000次。火灾探测和水喷淋启动的条件概率，人员发现火灾的条件概率随时间变化的直方图分别如图2a)～c)所示，人员使用灭火器和使用室内消火栓扑救火灾的概率分别如图2d)、图2e)所示。

这里以火灾场景7为例进行计算，人员灭火反应时间缺乏统计数据，这里假设$\Delta t_{md,e}$、$\Delta t_{md,h}$分别取为100s和180s。根据图2b)～e)的概率值和式(2)，可以得到火灾场景7发生概率随时间的分布情况，如图2f)所示。如果火灾危险状态来临时，仍有部分人员尚未疏散至安全区域，且这个临界时间点位于[280s,300s]，那么此时火灾场景发生概率则是风险分析重点关注的参数，其值为0.0448，如图2f)中填充柱状图所示，其中图2d)、e)考虑了灭火行动的反应和行动时间。

5 结语

为满足火灾风险动态分析需要，本文提出了考虑消防设施和人员扑救行为影响的火灾场景发生概率分布的分析方法。该方法将火灾动力学模型和Monte Carlo方法相结合，分析消防设施和人员扑救行为实施时间不确定性，考虑人员发现火情后的反应时间和实施扑救时间，结合事件树得到任意时刻火灾场景发生概率的分布情况。算例结果表明，该方法可以给出火灾发展过程中任一时间区间的概率分布。

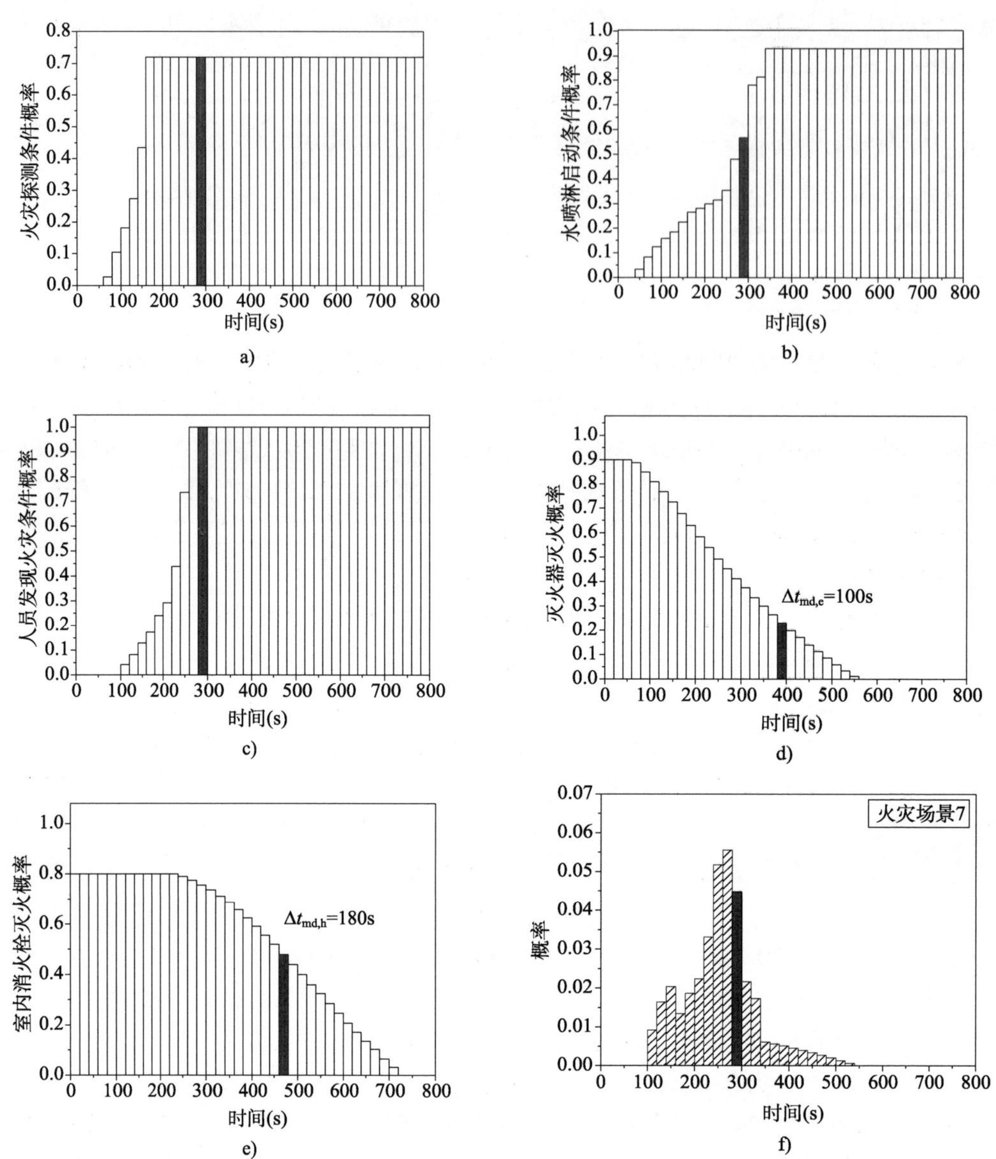

图2　消防设施和人员扑救火灾概率以及火灾场景7概率分布

a)火灾探测;b)水喷淋;c)人员发现火灾;d)灭火器;e)室内消火栓;f)火灾场景7

参考文献

[1] Kristiansson G H. On probabilistic assessment of life safety in building on fire. Report 5006. Lund, Sweden: Department of Fire Safety Engineering, Lund University; 1997.

[2] Watts J. Fire Risk Indexing, SFPE Handbook of Fire Protection Engineering, NFPA, Quincy, MA, 2002, 5-1～5-7.

[3] NFPA. 'Section 3, Chapter 9: Fire Hazard Analysis Techniques', Fire protection Handbook, 2008 Edition, Quincy, MA, 2008, 3-123～3-125.

[4] He Y P, Horasan M, Taylor P, et al. Stochastic modelling for risk assessment. In: Evans D. editor. Proceedings of the Seventh International Symposium on Fire Safety Science [C]. Quincy, MA. International Association on Fire Safety Science, 2002, 333-344.

[5] Johansson H, Malmnäs P E. Application of supersoft decision theory in fire risk assessment [J]. Journal of Fire Protection Engineering, 2000, 14, 55-84.

[6] Holborn P G, Nolan P F, Golt J. An analysis of fire sizes, fire growth rates and times between events using data from fire investigations [J]. Fire Safety Journal, 2004, 39, 481-524.

[7] British Standards Institution. PD 7974-6: 2004 Application of fire safety engineering principles to fire safety design of buildings. Human factors: Life safety strategies - Occupant evacuation, behaviour and condition (Sub-system 6), BSI, London, 2004.

[8] 東京消防庁火災予防審議会. 建築物の防災特性に応じた防火安全性の総合評価[M], 平成13年3月.

[9] Bukowski R W, Budnick E K, Schemel C F. Estimates of the operational reliability of fire protection systems [A]. In: Proceedings of the 3rd International Conference on Fire Research and Engineering [C]. Society of Fire Protection Engineering, 1999, 87-98.

[10] Evans D D, Stroup D W. Methods of calculating the response time of heat and smoke detectors installed below large unobstructed ceilings. NBSIR 85-3167, National Bureau of Standards, Gaithersburg. 1985.

[11] 汪金辉. 建筑火灾环境下人员安全疏散不确定性研究[D]. 合肥: 中国科学技术大学火灾科学国家重点实验室, 2008, 47-51.

基于主成分分析法的港口企业安全管理要素研究

崔　迪

摘　要　为了加强完善港口安全的有效管理,根据港口安全管理各因素重要性建立港口安全管理要素体系,探讨并运用主成分分析法针对港口安全影响因素评价指标体系进行要素分析。研究结果表明:危险作业场所安全管理及认可审查、安全生产监督管理体制及港口安全建设基础设施配备是加强港口安全管理的有效要素。该研究得出影响港口安全管理的主要矛盾因素,采取适当的有效管理措施,可以起到"事半功倍"的效果,从而达到降低港区作业事故发生的次数和强度的目的,这说明了主成分分析法引进到港口安全管理诊断分析中是有效的。

关键词　主成分分析法　港口企业　安全管理要素　指标体系　贡献率

港口是水陆运输的枢纽,是水运货物的集散地,是不同运输方式汇集的最大、最重要的节点,是国家和地区对外贸易的重要门户,是全球生产要素的最佳结合点,它作为一个城市的水路、海运交通枢纽,在现代综合运输网中占据重要地位,在现代化工物流体系中居于核心战略地位。因此,建立和完善港口化工物流综合体系,对于促进现代港口化工物流安全、健康、持续发展具有十分重要的意义。

港口安全生产对港口的经营、建设、发展、实现社会功能尤为显要。国家安全生产监督管理部门、交通运输主管部门也相继颁布法律条文来规范港口企业的安全管理。2004 年 1 月 1 日开始实施《中华人民共和国港口法》。国家安全生产监督管理总局 2007 年第 16 号令颁布规定,2008 年 2 月 1 日起实施《安全生产事故隐患排查治理暂行规定》。国家安全生产监督管理总局 2006 年第 3 号令颁布规定,2006 年 3 月 1 日起施行《生产经营单位安全培训规定》。中华人民共和国国务院第 549 号令颁布规定,2009 年 5 月 1 日起施行《特种设备安全监察条例》。同时,我国交通运输部于 2008 年 5 月 9 日就《港口安全管理规定》进行了征求意见。我国学者也对港口安全管理进行了大量研究,褚家成研究了港口安全管理评估量化研究[1],孙国庆研究了港口安全管理现状分析及对策研究[2],黄勇等研究了港口安全系统管理[3],陈洋研究港了口生产事故成因分析[4],张建军研究了港口企业预防安全事故的措施研究[5]。近期,朱建华博士研究了"十二五"期间交通运输反恐怖防范工作[6]。由此可见,港口安全生产管理意义重大。但是目前在国内系统研究港口安全理论或实践文章多数是从定性角度来分析研究,笔者应用多元统计分析原理中的主成分分析法研究港口企业安全管理,从定量角度加以分析港口企业安全管理系统,可为港口行政管理部门实施安全监管提供"量化分析"的科学手段。笔者的研究思想是分析港口安全管理系统特点[1-6],并建立港口安全影响因素评价指标体系(表 1)。该体系由三大分支组成:作业人员安全素质及技能培训(人的因素)、安全设施设备管理(物的因素)、安全管理体制(环境因素)。其中,安全管理体制主要分为:危险源识别及危险作业场所安全管理及认可审查,港口道路交通安全管理,港口应急预案与响应,事故管理与纠正、预防措施,安全生产监督管理体制及安全投入,消防及应急照明安全管理机制。安全设施设备管理主要分为:港口安全建设基础设施配备,消防、照明等必要应急设施的配备。作业人员安全素质及技能培训主要分为:港口企业特种作业人员的素质与技能培训,职业安全健康管理,员工安全教育培训。

表1　港口安全影响因素评价指标体系[1-6]

	种类		内容
港口安全影响因素评价指标体系	安全管理体制	危险源识别及危险作业场所安全管理及认可审查(A_1)	制定港区危险场所、危险化学品的装卸、仓储安全管理规定。港口机械本质安全度。作业场所的安全性。危险场所应定期进行危险源辨识与风险评价。危险作业场所、危险品库区应有警示标志、配备必要的检测
		港口道路交通安全管理(A_2)	制定港区内道路交通安全管理实施规则,港区道路要有交通标志,并设置必要的交通信号,进港车辆及流动机械应持有港口核发的进港证并及时进行年检。运输车辆的维修及保养
		港口应急预案与响应(A_3)	针对可能发生火灾、爆炸、毒物泄漏事故等生产场所制订重大事故应急预案,定期进行人员疏散演习及应急培训
		事故管理与纠正、预防措施(A_4)	建立事故统计、报告、调查、处理规定。及时总结经验教训,并通报全单位职工,及时采取有效预防措施
		安全生产监督管理体制及安全投入(A_5)	明确安全生产监督管理,各负其责。对于高危场所及岗位要定期检查。对于不合格的地方,要及时予以整改。安全资金投入与规范使用。专职安全管理人员的配备。安全信息化的建设程度及安全作业实时监控与监管系统。企业管理层的安全态度。安全文化及企业自身的安全氛围
		消防及应急照明安全管理机制(A_6)	日常工作人员需要熟悉消防设施及应急照明的位置及使用方法
	安全设施设备管理	港口安全建设基础设施配备(B_1)	重大危险防范设施及设备配备到位,并设立设施设备清单及位置图。 定期检查设备的安全可靠性。特种设备要定期检查其安全性能。设备本质的安全度
		消防、照明等必要应急设施的配备(B_2)	配备完善消防设施,定期对消防安全、应急照明等设施检查,并及时更新陈旧设备
	作业人员安全素质及技能培训	港口企业特种作业人员的素质与技能培训(C_1)	从事港口企业特种作业(例如:门式起重机、轮胎起重机、塔式起重机、抓料机、叉车、岸桥、场桥、电工、焊工等特种作业人员)的人员上岗前接受相关作业的安全技术理论学习和实际操作训练;取得"特种作业操作证"后持证上岗,并按照定定期进行复审
		职业安全健康管理(C_2)	建立、制定并实施港口企业工人职业健康档案、职业健康管理规定、职业病危害控制计划与方案
		员工安全教育培训(C_3)	建立安全教育培训程序,实施培训计划,并定期审核。员工上岗前接受三级安全教育。港口企业在实施新的装卸工艺、新技术、新设备时,对员工进行有针对性的安全教育。港口企业责任人要接受安全教育培训,并取得安全管理合格证书。危险场所作业人员需经过专业培训。对于不安全作业行为的干预

目前,在港口及港航安全评价领域,已有很多针对安全管理风险给出较合理的评价方法,包括:层次分析法、模糊理论、灰色理论、神经网络分析、数据包络法、贝叶斯不确定性推理、主成分分析法、因子分析法等。所有这些方法中以对评价指标权重的确定是一个重要环节。借助 SPSS 软件,用主成分分析法(PCA)力求确定的权重更客观,更能反映各指标对评价结果的要求,并将其应用到港口及港航安全管理因素分析中,力图评价结果更接近于实际。

1 港口安全影响因素指标体系设计

港口是水路运输的承载实体,港口安全是港口运输秩序的核心和灵魂。影响港口安全的因素是多种多样的,遵循以下的系统科学原则来研究分析安全要素:

(1)实质性原则:从实际的港口安全管理状况出发,提出有针对性的、操作性强的对策与措施,客观地分析安全管理因素,采用定性指标与定量指标相结合的方法,抓住评价对象的实质。

(2)公正性原则:安全因素分析既要防止受评价人员主观因素的影响,又要排除外界因素的干扰,避免出现不公正、不合理。

(3)系统性原则:在系统工程思想的指导下,采用自上而下的设计方法,注重整体与部分相结合。

(4)简易化原则:指标体系尽量做到方法简便,指标简化,数据采集容易,整体操作规范。

(5)重点性原则:应针对主要的危险有害因素及重要单元进行重点分析,并搜集重大事故后果和典型案例进行分析与总结。

在实际港口企业的安全管理及安全作业监管工作中,我们要考虑很多安全因素,但是这些指标太多,在较短时间内,也很难抓住这么多的指标加以审核,而且这些指标之间是相互关联的,能否选出其中几个比较重要的指标,即可以刻画出该港口企业需要我们抓住的主要的安全核心要素加以评审,使之最能刻画出该公司的状况。若能,则选出的指标就是诸多安全检查指标的主成分。

在我国经济分析中,类似的问题在许多地方出现:可观测的随机变量很多,需要选出所有随机变量的少数线性组合,使之尽可能刻画出全部的随机变量的特性,选出的线性组合就是诸多变量的主成分。寻求随机向量的主成分,并加以解释,即为主成分分析法。

2 主成分分析模型与求解

主成分分析法(PCA)是多元统计分析的重要组成部分[7-12],由著名的美国心理学家、统计学家斯丕曼(Chales Spearman)于 1904 年发明。它使各个测量相同本质的变量归入一个因子,使分散而复杂的测量趋向整体和简单化,同时,便于掌握各个测量要素背后隐含的内在因素,从而找出各复杂因子的主要成分,实现指标的简化。该方法抓住有代表性的少数指标进行评价,达到了指标筛选的科学化。

主成分分析法(PCA)隶属多元统计分析技术,基本原理是通过一定的多元统计分析,测算各个指标在样本之间的相对差距,从众多影响因素中选取前几个关键因素进行综合评价和加权合成，根据综合评价值的大小进行排序，确定各个因素的权重，最后对整个系统分析、评价。

主成分分析法的主要步骤如下：

（1）建立指标体系，并处理协方差矩阵 Σ 及规范指标值：

对于 p 维随机向量 X，想选出少数常数向量 $c_i, i=1,2,...,k$，用 $c'X_i, i=1,2,...,k$ 尽可能多反映随机向量 X 的主要变化信息。这就要求限定 c_i 模的大小，而改变 c_i 各分量的比例，使方差 $D(c_i'X)$ 最大；通常取 c_i 的模为 1。在实际问题中，X 的每一分量可取不同单位，单位取小时，该分量的方差会变大，从而在主成分中变得突出；而单位选取不应影响主成分。为了避免量纲对于主成分的影响，通常将随机变量标准化，即令 $X_i^* = \frac{(X_i - EX_i)}{\sqrt{var(X_i)}}$，它就是无量纲量，令 $X^* = (X_1^*, X_2^*, ..., X_p^*)'$ 再求出 X^* 的主成分，即标准化后的主成分。

建立指标数据矩阵 S，并对原始数据经行标准化处理，计算 S 的协方差矩阵 Σ。

在主成分分析中通常采用的是"标准化法"，将数据归一化处理如下：

$$x_{ij} = \frac{x_{ij} - \bar{x}}{var(x_j)}, i=1,2,...,n; j=1,2,...,p$$

$$y_{ij} = \frac{y_{ij} - \bar{y}}{var(y_j)}, i=1,2,...,n; j=1,2,...,q$$

计算随机向量 $X=(X_1, X_2, ..., X_p)'$ 的协方差矩阵 Σ 的特征值 $\lambda(\lambda_1 \geqslant \lambda_2 \geqslant \lambda_3 \geqslant ... \geqslant \lambda_p > 0)$，$\lambda_j$ 对应的彼此正交单位特征向量为 c_j，则 X 的第 j 个主成分为 c_j 与 X 的内积和特征向量 $L(L_1, L_2, ..., L_n)$。

（2）计算贡献率：

计算贡献率和累计贡献率，确定主成分表达式。由线性代数的知识可得第 r 个主成分：$F_r = X \bullet L_r, r=1,2,...,n$，并求得主成分 $F_1, F_2, ..., F_n$ 的方差贡献率及累计方差贡献率：

$$a_i = \frac{\lambda_r}{\sum \lambda_i}, \sum_{i=1}^{n} a_i = 1$$

选出前 m 个最大的特征值对应的主成分 $F_1, F_2, ..., F_m$，使得累积贡献率大于 70% ~ 80%，然后只考虑前 m 个主成分。当某个主成分的方差贡献率很小时，可以略去此主成分。

（3）计算主成分的值：

将原始数据代入方程中计算综合评价值进行比较分析，找出港口功能建设的关键因素，为港口的安全建设目标的制定和港口安全发展的对策的制定提供系统化的解决思路。

3 实例应用与结论

以我国沿海某港口的港口功能影响因素综合评价为实证研究重点。依照上述综合评价指标体系，按照专家打分法设计打分表，邀请对国内一流的对港口安全管理情况熟悉的专家五位，对各因素指标打分，评分结果见表 2。

表2　港口安全因素专家打分得分表

因素	A_1	A_2	A_3	A_4	A_5	A_6	B_1	B_2	C_1	C_2	C_3
专家A	6	10	6	8	4	6	6	4	4	4	4
专家B	10	10	6	6	4	4	8	6	4	5	6
专家C	8	10	6	6	5	2	4	8	6	6	4
专家D	6	10	6	6	5	4	6	4	8	4	8
专家E	8	10	8	8	6	6	8	6	6	3	2

注:影响因素分为较多层次,分数高表示影响大,分数低表示影响小。

(1)根据五位专家打分及正交设计试验方法理论计算协方差矩阵Σ。

$$\Sigma=\begin{pmatrix}
1.000 & 0.528 & 0.834 & -0.698 & 0.888 & 0.672 & 0.556 & 0.685 & 0.358 & -0.602 & 0.755\\
-0.617 & 1.000 & 0.717 & 0.767 & -0.685 & 0.721 & -0.356 & 0.368 & 0.548 & 0.587 & -0.363\\
0.511 & -0.946 & 1.000 & -0.532 & 0.265 & 0.531 & 0.683 & -0.539 & 0.862 & -0.941 & 0.485\\
-0.801 & 0.711 & 0.641 & 1.000 & 0.697 & 0.352 & 0.763 & 0.651 & -0.720 & 0.699 & 0.532\\
0.678 & 0.703 & -0.432 & -0.697 & 1.000 & -0.787 & 0.486 & 0.583 & 0.730 & 0.711 & -0.803\\
0.256 & -0.579 & -0.982 & 0.485 & -0.476 & 1.000 & 0.215 & -0.624 & -0.482 & 0.603 & 0.734\\
0.998 & -0.548 & -0.432 & 0.845 & -0.775 & 0.875 & 1.000 & -0.518 & -0.646 & 0.569 & 0.534\\
0.774 & 0.528 & 0.216 & 0.586 & 0.475 & 0.553 & 0.246 & 1.000 & 0.428 & 0.856 & 0.488\\
-0.285 & 0.564 & -0.253 & 0.548 & 0.256 & 0.154 & -0.425 & 0.525 & 1.000 & 0.502 & -0.326\\
0.154 & 0.252 & -0.450 & 0.529 & 0.598 & 0.978 & -0.699 & 0.856 & 0.672 & 1.000 & 0.759\\
0.586 & 0.758 & 0.662 & 0.786 & -0.358 & 0.586 & 0.768 & 0.412 & -0.262 & 0.407 & 1.000
\end{pmatrix}$$

(2)计算方差贡献率和累计方差贡献率,见表3。

表3　主成分特征值及贡献率

成分	特征值	方差贡献率(%)	累计方差贡献率(%)
1	5.321	97.00	97.00
2	1.023	2.01	99.01
3	0.867	0.41	99.42
4	0.775	0.23	99.65
5	0.655	0.23	99.88
6	0.363	0. 11	99.99
7	0.182	9.7×10^{-3}	100.00
8	0.003	1.6×10^{-5}	100.00
9	0.002	1.69×10^{-5}	100.00
10	2.2×10^{-10}	2.4×10^{-9}	100.00
11	1.7×10^{-16}	3.66×10^{-15}	100.00

主成分个数提取原则为主成分对应的特征值大于1的前 m 个主成分。特征值在某种程度上可以被看成是表示主成分影响力度大小的指标,如果特征值小于1,说明该主成分的解释力度还不如直接引入一个原变量的平均解释力度大。因此,一般可以用特征值大于1作

为纳入标准。通过表4可知,提取一个主成分,即 $m=1$。通过SPSS软件分析,最终将8个影响因素转化为一个主成分,用 F 来表示。

(3)由表3确定主成分为 F,并计算主成分 F 因子负荷表(表4)与表达式。

表4 主成分 F 因子负荷表

主成分	A_1	A_2	A_3	A_4	A_5	A_6	B_1	B_2	C_1	C_2	C_3
F	0.237	0.142	0.002	0.005	0.247	0.003	0.265	0.001	0.094	0.001	0.007

主成分表达式:

$$F=0.237A_1+0.142A_2+0.007A_3+0.094A_4+0.247A_5+0.005A_6+0.265B_1+0.001B_2+0.002C_1+0.001C_2+0.003C_3$$

4 结语

通过主成分分析法(PCA)研究发现,F 的累计贡献率达到0.97,已经足以体现港口安全建设提升的关键点。并且我们还得到如下的结论:

(1)港口安全影响因素评价指标体系中安全管理体制方面中的诸多因素中的因素 A_1(危险作业场所安全管理及认可审查)是港口安全管理建设的首要突破口,因素 A_5(安全生产监督管理体制)在港口安全管理体制中也需要给予足够的重视。

(2)港口安全影响因素评价指标体系中安全设施设备管理方面的因素 B_1(港口安全建设基础设施配备)是港口安全建设的重点,是港口安全管理质量的提升的硬件设备保障。

(3)港口安全影响因素评价指标体系中作业人员安全素质及技能培训方面的因素 C_1(特种作业人员的素质与技能培训)和因素 C_3(员工安全教育培训)不容忽视,是港口安全建设的员工安全教育培训的基础。

(4)运用主成分分析法(PCA)对港口安全管理要素进行分析具有一定的应用价值,分析结果具有一定的客观性和较高的可信度。主成分分析法(PCA)分析港口安全管理的主要要素可为港口安全管理工作提供分析依据。总之,在港口安全管理工作中,安全管理政策导向是整个港口安全建设发展的依据。因此,在港口安全管理体制健全的过程中,抓好安全管理重点因素是推进港口安全有效管理的首要因素。

参考文献

[1] 孙国庆. 港口安全管理现状分析及对策研究[J]. 中国安全科学学报,2005, 15(07):40-43.

[2] 褚家成,俞维纫,许义. 港口安全管理评估量化研究[J]. 中国安全科学学报,2006, 16(06):71-78.

[3] 黄勇,毛保华. 港口安全系统管理[J]. 中国安全科学学报,2006, 16(01):10-16.

[4] 陈洋. 港口生产事故成因分析[J]. 中国水运,2009,9(01):63-64.

[5] 张建军. 港口企业预防安全事故的措施研究[J]. 商品储运与养护,2008, 30(08):151-152.

[6] 朱建华. 对"十二五"期交通运输反恐怖防范工作的思考[J]. 水运科学研究,2010,2

(06):1-4.
[7] 何晓群. 多元统计分析[M]. 北京:中国人民大学出版社,2004.
[8] 张文霖. 主成分分析在SPSS中的操作应用[J]. 市场研究 2005 (12):31-34.
[9] 范东凯,曹凯. 基于主成分分析法的城市道路交通安全评价[J]. 中国安全科学学报, 2010, 20(10):148-151.
[10] 方开泰. 实用多元统计分析[M]. 上海:华东师范大学出版社,1989.
[11] 张文峰, 史忠科. 主成分分析法在城市道路交通安全评价中的应用[J]. 计算机工程与应用,2007, 43(36): 246-248.
[12] 纪寿文,赵文鹏. 港口功能影响因素的主成分分析[A]. 2010中国运输·物流·物流技术装备国际学术会议[C]. 北京:人民交通出版社,2010:119-123.

LNG码头危险和有害因素辨识与分析

曾亚梅　胡玉昌

摘　要　根据LNG码头危险有害因素分析依据，辨识LNG码头在运营过程中存在的主要危险因素和主要有害因素。通过对LNG的理化特性、危险特性和毒理特性分析，总结LNG码头可能发生的事故类别，并对事故进行致因分析。

关键词　危险因素　有害因素　特性　事故　致因

1　LNG码头危险有害因素分析依据

LNG码头危险有害因素分析依据为《企业职工伤亡事故分类》(GB 6441—1986)、《生产过程危险和有害因素分类与代码》(GB/T 13861—2009)，以及国家、行业有关标准规范和国家有关规定。

2　LNG码头危险有害因素辨识

2.1　主要危险因素辨识

LNG码头在运营过程中存在的主要危险因素包括：LNG泄漏事故；火灾爆炸事故；设备事故；其他人身伤亡事故。LNG码头在运营过程中存在的主要有害因素：高温作业危害、低温危害[1]。

2.2　作业场所危险有害因素辨识

LNG码头生产过程中各作业场所存在的主要危险有害因素辨识结果见表1。

表1　主要危险有害因素辨识

作业场所	作业人员	主要危险因素	主要有害因素
码头前沿及船上	卸船工	火灾爆炸、伤亡事故(物体打击、淹溺、冻伤、窒息)	高温、低温
	系缆工	伤亡事故[淹溺、物体打击(断缆)]	高温、低温
码头平台及引桥	卸船工	火灾爆炸、伤亡事故(触电、物体打击、窒息)	高温、低温
	巡视、维修人员	火灾爆炸、伤亡事故(机械伤害、高处坠落、触电、物体打击)	高温、低温

3　危险有害因素分析

3.1　LNG的理化特性

LNG组成部分的危险性物料主要物性见表2。

表2　LNG 组成部分的危险性物料主要物性表

名称	分子量	相对密度(空气=1)	沸点(℃)	闪点(℃)	引燃温度(℃)	爆炸极限(%)	火险分级*	毒性程度**
CH_4	16.04	0.55	-161.5	-188	538	5.3~15	甲	Ⅳ级
C_2H_6	30.07	1.04	-88.6	< -50	515	3.0~16.0	甲	Ⅳ级
C_3H_8	44.10	1.52	-42.1	-104	450	2.1~9.5	甲	Ⅳ级
iC_4H_{10}	58.12	2.01	-11.8	-82.8	460	1.8~8.5	甲	Ⅳ级
nC_4H_{10}	58.12	2.05	-0.5	-60	287	1.5~8.5	甲	Ⅳ级
N_2	28.01	0.97	-195.8	—	—	—	—	—

注:*火灾危险性分类依据《石油天然气工程设计防火规范》(GB50183—2004)。

**毒性程度(轻度~极度)的划分依据的是《职业性接触毒物危害程度分级》(GBZ 230—2010)。

3.2　LNG 危险特性分析

(1)易燃易爆

LNG 及其蒸发产生的天然气的最主要成分为甲烷。对照《石油天然气工程设计防火规范》(GB 50183—2004),LNG 属于液化烃,为甲 A 类火灾危险物质,甲烷气体属于甲类可燃气体,它们均属于高度易燃易爆物质。

LNG 火灾的特点是:火焰传播速度较快;质量燃烧速率大[地上和水上燃烧速率分别达到0.106kg/(m^2·s)和0.258kg/(m^2·s),约为汽油的2倍];火焰温度高、辐射热强;易形成大面积火灾;具有复燃、复爆性;难于扑灭[2]。

(2)易蒸发

LNG(按甲烷考虑)的沸点约为-162℃,在常温下极易蒸发,极易产生燃烧爆炸所需的蒸气量。LNG 码头 LNG 一旦从卸料臂、管道或其他设备泄漏出来,一小部分立即急剧气化成蒸气(即天然气),剩下的泄漏到地面或水上,沸腾气化后与周围空气混合生成冷蒸气雾,在空气中冷凝形成白烟,再稀释受热后与空气形成爆炸性混合物(或称可燃性气云)。爆炸性混合物若遇到点火源(最小点火能量为0.28mJ),将引发闪火或蒸气云爆炸等事故。

LNG 泄漏后形成的冷气体在初期比周围空气重,易形成云层或层流。泄漏的 LNG 的气化(蒸发)量取决于地面和大气的热量供给,刚泄漏时气化率很高,一段时间以后趋近于一个常数,如果泄漏的 LNG 数量较大,这时余留在地面的 LNG 就会在地面上形成一种液流。若无围护设施,则泄漏的 LNG 就会沿地面扩散,遇到点火源可引发池火灾。

(3)低温

LNG 码头的 LNG 船以低温常压方式储存,工作温度为-162℃。如此低温物质一旦泄漏,如果接触到常温管材或设备,就可能发生脆裂现象;如果接触到作业人员,就会造成严重冻伤。

(4)快速相态转变

当 LNG 泄漏流进水中时,产生强烈的对流传热,水与 LNG 之间有非常高的热传递速率,LNG 将激烈地沸腾并伴随响亮的声音喷出水雾,这种现象称为快速相态转变现象。快速相态转变现象后果较为严重,可导致 LNG 蒸气爆炸,造成严重的局部的损坏,不但能造成设备结构整体性的丧失，而且还会伤及邻近的建筑物。

(5)其他危险特性

LNG 码头所卸船的 LNG 还具有易扩散、流淌、易产生静电荷等危险特性[3]。

3.3 LNG 的毒理特性分析

天然气为无毒窒息性气体，但常因其成分中含有一定的水等杂质，对设备和管道有一定的腐蚀性，空气中 LNG 含量过高或氧含量不足时，对人体产生窒息作用。

窒息可分为以下四种情况：

(1)含氧量 14% ~21%(V)，呼吸、脉搏加快，并伴有肌肉抽搐；

(2)含氧量 10% ~14%(V)，出现幻觉、易疲劳，对疼痛反应迟钝；

(3)含氧量 6% ~10%(V)，出现恶心、呕吐、昏倒，永久性脑损伤；

(4)含氧量低于 6%(V)，出现痉挛、呼吸停止，死亡。

上述特性是导致 LNG 码头装卸过程中存在泄漏扩散危险、火灾爆炸危险危害的内在原因。

3.4 事故类别分析

LNG 码头在运营过程中可能发生的事故类型主要有：

3.4.1 LNG 泄漏事故

(1)LNG 船上货罐附属设施发生的泄漏；

(2)LNG 卸船作业过程中卸料臂、卸船管线发生的泄漏；

(3)LNG 管道上阀门、法兰及丝扣等发生的泄漏，等等。

3.4.2 火灾爆炸事故

(1)LNG 泄漏到地面或水面上形成液池(包括事故收集池)后，被点燃产生的池火；

(2)LNG 管道工艺设备等因介质泄漏而被点燃产生的喷射火；

(3)LNG 泄漏后经蒸发、扩散，在开阔地带形成可燃性蒸气云，然后遇到点火源而引发的闪火；

(4)障碍/密闭空间内 LNG 蒸气云被点燃产生的蒸气云爆炸事故。

3.4.3 其他人身伤害事故

(1)码头前沿作业人员落水淹溺；

(2)装卸卸船作业、维修作业中的机械伤害；

(3)低温 LNG 对人体的冻伤；

(4)高浓度的天然气、扫线氮气造成人员窒息；

(5)触电及高处坠落，等。

3.4.4 设备事故

(1)LNG 船损事故；

(2)LNG 船撞击码头造或岸上设备造成的损坏；

(3)泄漏的低温 LNG 对设备设施的损坏；

(4)卸料臂、管道因存在质量缺陷而导致的损坏、破裂，等。

相对而言，LNG 泄漏事故和火灾爆炸事故是 LNG 码头的主要危险。

3.5 事故致因分析[4]

3.5.1 泄漏事故致因分析

LNG 泄漏事故是与扩散及火灾爆炸事故紧密联系在一起的,LNG 泄漏事故是扩散及火灾爆炸事故的前提和基础。LNG 一旦泄漏,将会引起扩散甚至火灾爆炸事故的发生。反过来,火灾爆炸事故所产生的破坏力,在特定条件下,又会引发次生泄漏事故,导致事故升级。因此,对 LNG 泄漏事故应给予高度重视。

LNG 码头装卸船作业区域的船舶储罐、物料管线、卸料臂、阀门等,在生产过程中均有可能发生物料泄漏事故。

人的不安全行为、设备设施的质量缺陷或故障以及外部其他不利因素的影响,是造成 LNG 泄漏的三个主要原因。

(1)人的不安全行为

人的不安全行为主要包括两个方面:违章作业和安全管理不善。

作业人员违章作业具体表现为:

①违章指挥、违章操作或误操作;

②不熟悉操作规程或不严格按操作规程作业;

③各作业环节之间,如码头和接收站储罐之间在缺乏有效联络和衔接的情况下擅自操作;

④思想麻痹、粗心大意,等等。

违章作业常常是造成泄漏的最直接原因。

LNG 储运生产企业安全管理不善,主要是指以下几种情况:

①未能制定严格、完整的安全管理规章制度,或管理力度不够;

②对储运货物 LNG 的理化性质、危险特性以及储运安全知识缺乏了解;

③对储运生产设备设施及工艺流程的安全可靠性缺乏认真的检验分析和评估;

④对生产设备设施存在的质量缺陷或事故隐患,没有及时检查和整改。

违章作业也是安全管理不善所造成的。安全管理工作对于 LNG 储运生产企业尤为重要。如果安全管理不善,随时可能发生火灾爆炸等重大事故。

(2)设备设施的质量缺陷或故障

设备设施的质量缺陷可能产生于设备设施的设计、选材、制造及现场安装等各个阶段,设备设施故障则是出现在投产运营之后。对 LNG 储运设备来讲,较为严重的、典型的质量缺陷或故障主要有:

①船舱、卸料臂或管道等设备焊接质量差,有气孔或未焊透,承受温度、压力变化的能力较差,易导致设备破裂;

②由于设备采购不达标、施工、安装和材料质量存在问题或设备管理不完善等都可能造成 LNG 的泄漏扩散;

③部分关键设备和附件的性能不符合生产的要求,如阀门内漏、法兰缝密封不良等;或者是运行一段时间之后,出现损坏、失效等情况,如仪表误动作、安全监测及保护装置失灵等;

④使用的电气设备设施不满足防火防爆的要求;

⑤由于设计上的失误，一些和设备配套的、必要的安全技术措施，如保温、隔热、泄压等措施，没有被采用或失去作用等；

⑥由于磨损、疲劳等原因，造成管道、泵及阀门等设备设施受损。

设备设施质量缺陷是引发 LNG 泄漏及火灾爆炸等事故的重要隐患。

(3)其他外部因素的不利影响

其他外部因素的不利影响主要是指以下几种情况：

①LNG 码头装卸船作业涉及大型 LNG 船舶。若到港船舶的状况不符合安全要求，在码头进行装卸作业时，可能发生 LNG 泄漏或其他事故；

②码头发生的交通事故，如船舶撞击码头、机动车辆相撞或撞击储运设备设施等，易导致大规模泄漏事故甚至火灾爆炸事故；

③雷击、台风、风暴潮、地震等自然灾害，也有可能引起泄漏、爆炸等事故，事故一旦发生，后果往往相当严重；

④人为破坏也是导致泄漏扩散和火灾爆炸等事故的一个原因。

LNG 码头在设计及实际生产中，已采取了许多安全措施，但仍不能完全排除上述设备设施出现质量缺陷或故障的可能性。管路是货物系统中最容易受压力冲击破坏的部分，最容易破损引发 LNG 泄漏。

3.5.2 火灾爆炸事故致因分析

LNG 码头储运过程中，可能发生的火灾爆炸事故主要是闪火、池火、喷射火以及蒸气云爆炸等。分析火灾爆炸事故发生原因的关键，是弄清点火源的来源或产生途径及其产生的影响。

引发 LNG 码头火灾爆炸事故的点火源主要有：

(1)焊接、切割动火作业

焊接、切割动火作业是码头及接收站设备设施安装、检修过程中常见的作业方式，若违章动火或防护措施不当，易引发火灾爆炸事故。

动火作业在码头及接收站生产过程中是难免的，但事故却是可以避免的，关键在于要严格遵守安全用火管理制度，具体要求参照《石油工业动火作业安全规程》(SY/T 5858—2004)。

(2)作业现场吸烟

在“防火防爆十大禁令”中，烟火被列为第一位。在 LNG 码头区域(包括码头、船上禁烟区及站场)吸烟是非常危险的。

少数现场作业人员，尤其是部分外来人员(如参观人员等)，由于安全意识较差，在码头区域内及引桥上吸烟的现象是有可能出现的，因此，应加强现场人员，特别是外来人员的安全教育与管理。

(3)船上明火

LNG 船舶及码头附近水域的其他船舶(尤其是港作船及渔船)上生活设施用火不当，都有可能引发火灾爆炸事故，特别是当码头附近水面上发生 LNG 或其他油品(如 LPG、成品油、液体化学品等)泄漏事故之后。因此，LNG 船舶除了要保证主机处于良好的工作状态外，还应保证烟囱火星去除装置处于良好的工作状态。LNG 船舶在进港前，应对烟囱的烟道进行吹灰。LNG船在码头作业期间,一旦发现烟囱冒出火星,应立即停止一切作业,以确保安全。

(4)机动车辆排烟喷火

维修车、消防车及行政车辆等,都是以汽油或柴油作燃料。有时,在排出的尾气中夹带火星、火焰,这种火星、火焰有可能引起易燃易爆物质的燃烧或爆炸。因此,未配备阻火器的机动车辆在LNG码头、引桥内行驶是很危险的。

(5)电火花和电弧

电气设备产生火源的情况主要有以下几种:

①由于设计、选型工作的失误,造成部分电气设备选用不当,不满足防火防爆的要求,在投产使用过程中,可能产生电火花、电弧或高温表面,进而引起火灾爆炸事故;

②电气设备在安装、调试或检修过程中,因安装不当或操作不慎,有可能造成过载、短路而出现高温表面或产生电火花,或者发生电气火灾,进一步引发火灾爆炸事故;

③电气设备在运行过程中,由于元器件锈蚀、老化等设备原因,导致故障发生,生成点火源;

④作业人员违章操作、违章用电,以及其他原因,也会制造出电火花、电气火灾等火源。

使用收音机等普通电器,和使用非防爆的雷达、无线电发报机、电话、手机、对讲机、广播喇叭等通信器材时,也有可能产生电火花。因电气设备造成的火灾爆炸事故,往往较为突然,除可能造成人身伤亡和设备损坏外,还经常造成大范围、长时间停电,扩大经济损失。

(6)静电放电

静电放电是导致发生火灾爆炸事故的重要原因之一。下列两种情况下易出现静电:

①LNG进行装卸船作业时,LNG会流经泵、管道、阀门、变径管等设备,由于流动、搅动、混合和冲击,易产生和积聚静电。若管路系统的防静电措施不落实或效果不佳,则会产生静电积聚,从而产生较高的静电电位,并可能发生静电放电,从而在条件成熟时(例如存在可燃性蒸气云)引发火灾爆炸事故;

②码头及船上作业人员人体的静电同样危险。当作业人员身着化纤衣服,同时脚穿胶鞋、塑料鞋之类的绝缘鞋时,由于行走、活动和工作产生摩擦,人体极易带上能引起爆炸、火灾事故的高电位的静电(可高达数千至数万伏)。

(7)雷击及杂散电流

码头上卸料臂、消防炮塔等属于高架设备设施,若防雷设施不齐备,或因管理疏忽,导致防雷效果降低,甚至失去作用,则可能在雷雨天因雷击引发火灾爆炸事故。

此外,杂散电流窜入码头作业平台、LNG船舶等危险场所,也是火灾爆炸事故发生的原因之一。

(8)机械摩擦和撞击火花

金属工属具、法兰盘、鞋钉等金属物,若在危险场所内与地面、船甲板等发生摩擦或撞击,就有可能产生火花。因此,应正确选用防火花工具,减少摩擦和撞击火花。

3.5.3 其他事故致因分析

(1)窒息

天然气为烃类混合物,其主要成分为甲烷。LNG大面积泄漏时,空气中甲烷浓度过高能使人无知觉地窒息、死亡。

氮气系统分离空气产生氮气或液氮气化产生氮气。氮气为惰性气体，在氮气加压输送和液氮输送时，如泄漏产生高浓度氮气，在空气流通不畅的环境中易导致操作人员发生窒息、死亡。

因此，当发生泄漏事故，出现高浓度窒息性气体环境时，应穿戴好必要的防护用品方可进入，以防发生不测。

(2)冻伤

LNG 操作温度为 -162℃，如果操作人员与低温液体接触，由于热传导率较高，会迅速冻伤皮肤组织；如果低温管线、阀门及一些低温物体表面未进行有效的隔热、防护，操作人员的皮肤如与之接触也会产生严重伤害。直接接触时，皮肤表面的潮气会凝结，并粘在低温物体表面上。由于皮肉组织含有水分，受冻后会变脆，很容易撕裂，并留下伤口。

LNG 码头运营过程中，作业人员直接接触低温气体、低温液体的机会是存在的，必须做好劳动保护工作。在正常操作情况下，作业人员必须戴上防冻手套，穿无袋的长裤及高筒靴并把裤脚放在靴的外面，穿长袖衬衫或夹克，且要求尺寸宽大，以防止低温液体溅落在衣物上，冻伤皮肤。

此外，在某些不正常情况或事故时，一些常温管道或阀门，或者其他一些常温设备设施，意外接触低温液体，可能会出现脆裂现象，因此，作业人员除了可能与低温物质接触造成伤害外，还可能会遇到由于低温脆裂而造成的意外伤害。

(3)机械伤害

码头作业人员在解、系船舶缆绳，移动卸料臂及检修过程中搬运管道、拆接法兰等，有可能发生手指被绞、拧、压等事故。

(4)物体打击

物体打击事故主要发生在码头前沿，如水手在解、系船舶缆绳时，缆绳突然断裂，发生物体打击事故，此类事故国内码头曾多次发生；另外，码头工作面上，卸料臂上的大块冰块融化坠落，如下方正好有作业人员，也会出现物体打击事故。

(5)淹溺

码头作业人员(尤其是带缆工)在解、系船舶缆绳，操作卸料臂，通过引桥，巡视码头作业现场，以及上、下 LNG 船时，有可能会发生落水淹溺事故，作业环境不良时(如大风、大浪天气及夜间)，这种事故发生的可能性会增大。由于码头工作平台离水面较高且水较深，人员一旦落水，后果比较严重。

(6)触电

LNG 码头有很多用电设备。如果设计不当、防护措施不到位或操作失误，有可能引起触电事故；另外，作业人员如果违章私拉乱设用电设备，也极有可能发生触电事故和火灾爆炸事故。

4 结语

天然气一旦被点燃或引爆将引起大规模的燃烧爆炸事故，对人命安全和财产将造成极大的损失。伴随 LNG 贸易的迅速增长，LNG 船舶运输航次增加，LNG 船舶靠泊码头时，LNG

泄漏、火灾爆炸的概率增大,所以要充分考虑到LNG码头潜在的危险有害因素。LNG的特性是导致火灾爆炸、泄漏扩散危险及人员低温冻伤、窒息等事故的内在原因。本文对LNG码头危险有害因素的分析以及LNG码头事故类别的分析,对LNG码头事故的预防有着积极的意义。

参考文献

[1] 王士成. LNG船火险分析与消防系统研究[D]. 哈尔滨工程大学,2011.3.

[2] 李鑫. 深圳西部水域LNG船舶进出港通航安全风险评价研究[D]. 武汉理工大学,2011.

[3] 中华人民共和国交通运输部发布. JTS 165-5—2009 液化天然气码头设计规范[J],2010.

[4] 赵志垒. 对LNG船舶船岸衔接及港内航行过程的安全评估[D]. 上海海事大学,2005.

内河枢纽工程研究进展

侯志强　吴华玲　张　霞

内河水运是交通运输系统中的一个重要组成部分。目前,世界上凡是工农业生产较发达的国家,其内河水运也都是比较发达的。近年来,国务院和交通运输部非常重视内河水运的发展。2011 年国务院出台了《国务院关于加快长江等内河水运发展的意见》,提出要利用 10 年左右的时间,建成畅通、高效、平安、绿色的现代化内河水运体系。根据交通运输部发布的《全国内河航道与港口布局规划》,我国将在 2020 年前建成"两横一纵两网十八线"的高等级航道网。今后相当长一段时期内我国处于内河大建设、大开发时期。

内河航运建设开发,国内外一般采用干流上游和主要支流梯级渠化,建设枢纽工程;中、下游通过整治和疏浚方式,并逐步在各水系和各河流之间开挖运河连接形成航道网,提高航道等级,加大水运通过能力。

1　内河枢纽工程共性问题及研究方法

1.1　内河枢纽工程共性问题

在天然航道上修建枢纽,主要功能以航运为主,同时一般还要兼顾发电、水产养殖等综合利用功能,因此,枢纽常设置船闸、水电站和泄洪闸等通航建筑物。船闸的上下游引航道与河流(或运河)相连接的是口门区,它是过闸船舶(队)进出引航道的咽喉,它处在河流动水与引航道静水的交界处。由于位置的特殊性,口门区受枢纽中泄水建筑物和导航分水建筑物等边界条件的影响,上游口门河道断面变窄,下游口门河道断面放宽,因此,河道在收缩(对上游)和扩大(对下游)的情况下,水流弯曲变形,产生横向流速梯度,形成斜向水流。由于斜向水流的作用,产生回流和分离型小旋涡。斜向水流的横向流速分量和回流达到一定强度后,便成为阻碍船舶(队)进入引航道的不良流态,使航行船舶(队)产生横漂和扭转,严重时会出现失控,以致发生事故,影响通航,这就是一般枢纽普遍存在的共性问题。

1.2　通航水力学研究方法

(1)河道水流物理模型的发展与实践

物理模型试验就是仿照原体实物,按照相似的准则,缩制成模型,根据其所受的主要作用力,进行试验研究。而最先把方程分析法应用于河工模型试验的是苏联学者蔡克士大。1913 年德国水利科学家 H. Engels 在德国 Dresden 建立第一个大比尺河工模型试验。

在国内,南京水利科学研究院在 20 世纪 50 年代就曾引用于长江南京段动床模型的设计,70 年代广泛开展葛洲坝枢纽泥沙物理模型试验后。到目前对河工模型的设计及运行均已积累了极为丰富的经验,试验成果的可靠性也有了显著的提高。现在的研究工作主要集中在进一步完善河工模型的试验方法上,并根据原型观测资料,从理论与实践两个方面对河工物理模型进行总结和提高。目前,河工模型已经成为研究水力学工程中复杂水流和泥沙运动三维问题的重要手段之一。

(2)水流数值模拟的发展

数值模拟是20世纪70年代末才兴起的先进模拟技术,它是以水动力学为理论基础,并结合具体工程的一门新型实用科学。

根据数值模拟得出的结论,往往还要经过物理模型试验的验证再付诸实施,以保证工程的安全。近几十年来,随着计算机的飞速发展和数值计算水平的提高,数值方程的求解精度越来越高。对于长河段、长系列的水文、泥沙及河床变形等过程的预报,数学模型具有独特的优势。同时数学模型没有缩尺效应以及具有很好的重复性,对很多内在物理过程的研究也十分重要。

2 内河枢纽工程布置研究成果

2.1 国外枢纽工程实例

发达国家内河枢纽建设得较早,目前许多国家已经形成了较为完善的内河航道网。美国密西西比河2 940km河道,从明尼阿波利斯至圣路易斯1 087km上游河段,在20世纪30年代就完成渠化,建成船闸27座。欧洲莱茵河1 320km干流,上游建船闸30座,主要支流内卡河和罗纳河分别建27座和50座船闸渠化航道。前苏联以伏尔加河为主干,与支流卡马河、顿河、第聂伯河等通过枢纽形成7 400km的深水航道网,可通航2 000t以上货轮。

2.2 我国枢纽工程布置研究进展

与发达国家相比,我国内河航运开发相对滞后,新中国成立后虽然河流渠化有几十条,但大多选择支流小河,其中较大的主要有四川的渠江和广东的连江等。西部开发“十五”期间进行了大量的研究工作,主要有:

(1)以嘉陵江全江渠化为依托工程,主要研究了山区河流枢纽平面布置、通航水流条件及枢纽调度等问题;

(2)以汉江梯级开发和安康至旋涡航道整治为依托工程,主要研究了枢纽日调节对下游航道的影响;

(3)以右江那吉通航枢纽和下游航道整治为依托工程,主要研究了丘陵山区枢纽平面布置、通航水流条件及下游长河段航道整治等问题。

“十一五”期间,我国内河航电结合、梯级开发建设取得重大进展,主要表现在:

(1)实现了嘉陵江、湘江航电枢纽全线渠化,主要研究了分汊河段、急弯河段枢纽的布置;引航道口门区及连接段航道整治技术以及枢纽下游水库调节对枢纽泄洪调度影响等问题;

(2)启动了汉江、赣江航电枢纽工程。主要研究了平原河流航电枢纽的平面布置;枢纽泄流宽度优化等问题;

(3)结合南水北调中线工程实施,启动引江济汉通航工程建设,主要研究了工程进口段平面布置及上下游导航工程布置对通航条件影响等问题;

(4)实施了右江那吉、鱼梁、老口航电枢纽工程,主要研究了丘陵山区弯道河段枢纽平面

布置、通航水流条件等问题;

(5)实施了松花江梯级开发建设工程,建设依兰航电枢纽,主要研究了平原冰冻地区枢纽布置以及支流入汇对干流上游枢纽影响等问题。

3 内河枢纽通航水流条件研究进展

内河枢纽通航水流条件与船舶驾驶、水力学、水工建筑等有密切联系,既影响枢纽的整体布置和总投资,又影响船闸的通过能力和船舶过闸安全畅通,是枢纽建设中的一个重要课题。

3.1 国外船闸通航水力学研究及成果

美国主要依靠船模航行试验判断水流情况是否影响航行。如俄亥俄河上的贝维利船闸下游引航道口门外纵向流速、横向流速及回流流速分别约达2.28m/s、0.3m/s、0.5m/s,对船队进出口尚无影响。美国陆军工程兵团工程师手册中提到,经验表明:涡流超过0.305m/s是有害的。前联邦德国联邦水工研究所进行了大量的口门布置型式试验,得出口门区的横向流速一般控制在0.3m/s左右。苏联《挡土墙、船闸、过鱼及护鱼建筑物设计规范》规定:超干线及干线航道上的船闸引航道与水库或河流的连接区段内的纵向流速不大于2.5m/s,横向流速不大于0.4m/s,引航道中纵向流速不大于1.0m/s,横向流速不大于0.25m/s。

3.2 我国船闸通航水力学研究及成果

我国船闸通航水流条件研究始于20世纪50年代京杭运河船闸建设时期。70年代开始建设的长江葛洲坝船闸,对通航水流条件进行了实船、水工和船模试验,研究改善水流条件的措施。80年代以后,对通航水流条件进行了全面系统的研究,包括实船试验、水工和船模系列试验、船模动水校核试验等。采用遥测技术观测了船队在不同水流状态下的航迹、航迹带、漂角、漂移、偏转等航态和相互关系,取得了较好的成果。在长江三峡水利枢纽船闸的论证中,采用整体水工模型结合遥控自航船模系统地研究了各枢纽布置方案的通航水流条件,深化了通航水流条件的研究。

在我国2012年1月1日施行的规范——《船闸总体设计规范》(JTJ305—2001)中,引航道口门区水面最大流速限值表1所示。

表1 船闸引航道口门区水面最大流速限值(m/s)

船闸级别	平行航线的纵向流速	垂直航线的横向流速	回流流速
Ⅰ~Ⅳ	≤2.0	≤0.3	≤0.4
Ⅴ~Ⅶ	≤1.5	≤0.25	

4 结语

近年来,我国内河枢纽工程研究取得了丰硕的成果,研究的主要河流(河段)类型主要有山区河段、平原河段;顺直河段、弯道河段;分汊河段、支流入汇河段以及冰冻河流(段)。解决的主要技术问题有:引航道口门区及连接段通航条件;枢纽泄流能力,枢纽调度影响等。随着内河枢纽工程研究手段的创新,以及计算机数值计算能力的提高,内河枢纽工程的设计和运营有了更为精准的参考依据,为建设畅通、高效、平安、绿色的现代化内河水运体系提供了重要的技术支撑。

新《条例》实施后港口危险货物作业现状

曾亚梅　徐连胜

摘　要　通过新修订的《危险化学品安全管理条例》,阐明危险货物、危险化学品的区别与联系,统计全国现有危险货物码头、库区及堆场,以及移交港口行政管理部门的储罐的数量,为港口行政管理部门进行安全监管提供理论依据。

关键词　危险货物　码头　库区　堆场　储罐

港口危险货物安全监管一直是港口生产安全管理的重点。《危险化学品安全管理条例》(国务院第591号令,简称新《条例》)进一步明确了危险化学品的生产、使用、运输、储存等各个环节的监管部门及相应职责,特别是针对港口区域内的危险货物储存,明确了港口行政管理部门的监管责任。为切实做好新《条例》和《关于明确港口危险化学品安全监管管理若干问题的通知》(厅水字〔2012〕4号)的贯彻落实工作,组织开展了港口危险货物安全监管现状调查,以全面、准确掌握新《条例》实施后港口危险货物安全监管现状。

1　港口危险货物相关概念

1.1　危险货物

根据交通运输部〔2012〕年第9号令《港口危险货物安全管理规定》,港口危险货物是指列入国际海事组织制定的《国际海运危险货物规则》和国家标准《危险货物品名表》(GB 12268—2012),具有爆炸、易燃、毒害、感染、腐蚀、放射性等特性,容易造成人身伤亡、财产毁损或者对环境造成危害而需要特别防护的货物。

危险货物,也称危险物品或危险品,其定义包含三个含义[1]:

(1)具有爆炸、易燃、毒害、感染、腐蚀、放射性等危险特性。危险货物本身所具有的上述特殊性质,是造成爆炸、燃烧、中毒、灼伤等事故发生的先决条件;

(2)能造成人身伤亡、财产损毁或环境造成危害。由危险货物的特殊性质所决定,其在受到摩擦、撞击、振动,接触高温、火源,或遇到与其性质相抵触的其他物质等外界因素的影响时,将发生化学变化而产生危险效应;

(3)"需要特别防护的物质和物品"是针对危险货物的危险特性而采取的特别防护措施,如运输中在包装、配载、温度和添加抑制剂等方面的要求,等等。

1.2　危险化学品

根据新修订的《危险化学品安全管理条例》(简称《危化条例》)第三条规定:危险化学品是指具有毒害、腐蚀、爆炸、燃烧、助燃等性质,对人体、设施、环境具有危害的剧毒化学品和其他化学品。

1.3 危险化学品、危险货物的关系

在概念上，危险货物比危险化学品包含范围更大[2]。根据新《危化条例》第九十七条，监控化学品、属于危险化学品的药品和农药的安全管理，依照本条例的规定执行；法律、行政法规另有规定的，依照其规定。民用爆炸物品、烟花爆竹、放射性物品、核能物质以及用于国防科研生产的危险化学品的安全管理，不适用该条例。法律、行政法规对燃气的安全管理另有规定的，依照其规定。根据《放射性物品运输安全管理条例》，国务院核安全监管部门对放射性物品运输的核与辐射安全实施监督管理。国务院公安、交通运输、铁路、民航等有关主管部门依照本条例规定和各自的职责，负责放射性物品运输安全的有关监督管理工作。危险化学品容器属于特种设备的，其安全管理依照有关特种设备安全的法律、行政法规的规定执行。

综上所述，在我国的管理体系下，民用爆炸物品、烟花爆竹、放射性物品、核能物质以及用于国防科研生产的危险化学品不适用《危险化学品安全管理条例》，监控化学品、属于危险化学品的药品和农药、燃气不完全适用《危险化学品安全管理条例》。而在国际贸易中，以上均属于危险货物，棉花、鱼粉等具有物理性(自热燃烧等)危险的货物也列入了危险货物管理范畴。所以，危险货物比危险化学品包含范围更大，港口行政管理部门的监管对象为港口危险货物，不但包括新《危化条例》中所规定的危险化学品，还包括了民用爆炸物品、烟花爆竹、放射性物品、核能物质以及用于国防科研生产的危险化学品；一部分另有规定的监控化学品、属于危险化学品的药品和农药、燃气；棉花、鱼粉等具有物理性(自热燃烧等)危险的货物。总而言之，港口行政管理部门的监管对象为港口危险货物，监管范围较大，这在一定程度上增加了港口行政管理部门的监管难度。

2 港口危险货物作业现状

2.1 港口危险货物码头现状

2.1.1 海港危险货物码头

目前，全国共拥有原油海港码头 84 个，其中，<10 000 吨级的有 18 个，10 000 ~ 50 000 吨级的有 22 个，50 000 ~ 100 000 吨级的有 10 个，≥100 000 吨级的有 34 个。

全国共拥有液体化工海港码头 899 个，其中，<10 000 吨级的有 592 个，10 000 ~ 50 000 吨级的有 213 个，50 000 ~ 100 000 吨级的有 65 个，≥100 000 吨级的有 29 个。

全国共拥有集装箱海港码头 243 个，其中，<10 000 吨级的有 33 个，10 000 ~ 50 000 吨级的有 100 个，50 000 ~ 100 000 吨级的有 42 个，≥100 000 吨级的有 68 个。详细统计数据见表 1。

2.1.2 内河危险货物码头

全国共拥有原油内河码头 155 个，其中，<500 吨级的有 25 个，500 ~ 1 000 吨级的有 17 个，1 000 ~ 5 000 吨级的有 108 个，≥5 000 吨级的有 5 个。

全国共拥有液体化工内河码头 607 个，其中，<500 吨级的有 252 个，500 ~ 1 000 吨级的有 164 个，1 000 ~ 5 000 吨级的有 167 个，≥5 000 吨级的有 24 个。

全国共拥有集装箱内河码头 47 个，其中，<500 吨级的有 0 个，500 ~ 1 000 吨级的有 11 个，1 000 ~ 5 000 吨级的有 31 个，≥5 000 吨级的有 5 个。详细统计数据见表 2。

表1 海港危险货物码头统计表

省份	原油码头(吨级)					液体化工码头(吨级)					集装箱码头(吨级)				
	<10 000	10 000 ~ 50 000	50 000 ~ 100 000	≥100 000	合计	<10 000	10 000 ~ 50 000	50 000 ~ 100 000	≥100 000	合计	<10 000	10 000 ~ 50 000	50 000 ~ 100 000	≥100 000	合计
上海	0	2	2	0	4	91	18	6		115	8	17	1	33	59
天津	0	0	0	1	1	3	6	5	1	15	0	5	1	4	10
重庆	0	0	0	0	0	0	0	0	0	0	0	0	0	0	0
黑龙江	0	0	0	0	0	0	0	0	0	0	0	0	0	0	0
吉林	0	0	0	0	0	0	0	0	0	0	0	0	0	0	0
辽宁	1	1	1	5	8	1	5	0	0	6	0	2	2	0	4
河北	4	3	0	1	8	6	2	0	0	8	0	3	0	0	3
山东	2	3	1	2	8	29	23	10	2	64	0	14	3	9	26
江苏	8	10	1	2	21	62	69	4	18	153	0	16	2	0	18
浙江	0	3	4	8	15	182	22	18	1	223	0	6	7	15	28
福建	0	0	0	2	2	44	18	3	2	67	1	9	8	0	18
广东	1	0	1	8	10	148	36	14	1	199	24	24	18	6	72
广西	1	0	0	2	3	11	4	2	0	17	0	3	0	1	4
海南	1	0	0	3	4	15	10	3	4	32	0	1	0	0	1
全国	18	22	10	34	84	592	213	65	29	899	33	100	42	68	243

表 2　内河危险货物码头统计表

省份	原油码头(吨级)					液体化工码头(吨级)					集装箱码头(吨级)				
	<500	500 ~ 1 000	1 000 ~ 5 000	≥5 000	合计	<500	500 ~ 1 000	1 000 ~ 5 000	≥5 000	合计	<500	500 ~ 1 000	1 000 ~ 5 000	≥5 000	合计
上海	0	0	0	0	0	52	25	2	0	79	0	0	0	0	0
天津	0	0	0	0	0	8	0	0	0	8	0	0	0	0	0
重庆	0	6	39	0	45	0	4	13	0	17	0	0	7	0	7
黑龙江	0	4	0	0	4	0	0	0	0	0	0	0	0	0	0
吉林	0	0	0	0	0	0	0	0	0	0	0	0	0	0	0
辽宁	0	0	0	0	0	0	0	11	0	11	0	0	0	0	0
河北	0	0	0	0	0	0	0	0	0	0	0	0	0	0	0
山东	0	0	0	0	0	0	0	0	0	0	0	0	0	0	0
江苏	17	3	1	2	23	34	18	20	14	86	0	2	2	0	4
浙江	4	0	0	0	4	115	0	0	0	115	0	0	0	0	0
福建	0	0	0	0	0	0	0	0	0	0	0	0	0	0	0
广东	0	1	2	0	3	24	54	51	2	131	0	7	14	0	21
广西	0	0	0	0	0	2	7	2	0	11	0	0	0	0	0
海南	0	0	0	0	0	0	0	0	0	0	0	0	0	0	0
安徽	0	0	0	1	1	10	29	24	8	71	0	0	0	2	2
江西	0	0	1	0	1	0	6	18	0	24	0	0	0	0	0
湖南	0	2	2	0	4	6	5	6	0	17	0	2	1	0	3
湖北	1	1	60	2	64	0	9	17	0	26	0	0	6	0	6
四川	3	0	3	0	6	1	7	3	0	11	0	0	1	3	4
合计	25	17	108	5	155	252	164	167	24	607	0	11	31	5	47

2.2 港口危险货物库区及堆场

在对全国港口危险货物库区及堆场的调查中发现，全国港口原油储罐总罐容为5 706.752 5万m^3，单体最大罐容为150 000m^3，共有原油储罐1 428个；其中，<10 000m^3的原油储罐有497个，10 000～50 000m^3的原油储罐有322个，50 000～100 000m^3的原油储罐有162个，≥100 000m^3的原油储罐有451个。

原油储罐数最多，总罐容最大的为辽宁省，共有231个原油储罐，总罐容为1 997.6万m^3。单体最大罐容为150 000m^3，其中辽宁、浙江、福建均拥有150 000m^3的储罐。全国港口危险货物库区原油储罐统计情况见表3。

表3 全国港口危险货物库区原油储罐统计表

省份	原油储罐等级(m^3)					单体最大罐容(m^3)	总罐容(万m^3)
	<10 000	10 000～50 000	50 000～100 000	≥100 000	合计		
上海	0	17	5	1	23	100 000	94
天津	60	40	10	6	116	100 000	187.5
重庆	0	0	0	0	0	0	0
黑龙江	101	7	15	0	123	17 000	18.28
吉林	0	0	0	0	0	0	0
辽宁	5	34	20	172	231	150 000	1 997.6
河北	72	25	0	8	105	100 000	153.58
山东	17	71	70	40	198	100 000	929.8
江苏	140	36	1	0	177	50 000	98.34
浙江	30	20	23	130	203	150 000	1 457
福建	0	16	4	8	28	150 000	169
广东	45	48	14	35	142	125 000	575.1
广西	14	0	0	0	14	7 000	11.7
海南	0	2	0	51	53	未提供	
安徽	0	0	0	0	0	0	0
江西	8	0	0	0	8	1 875	0.827 5
湖南	0	2	0	0	2	10 000	2
湖北	5	0	0	0	5	50	0.025
四川	0	4	0	0	0	30 000	12
全国	497	322	162	451	1428	150 000	5 706.752 5

在对全国的港口危险货物库区及堆场的调查中发现，全国港口液体化工品储罐总罐容为5 989.887万m^3，单体最大罐容为160 000m^3(LNG储罐)，共有液体化工品储罐14 619个，其中，<1 000m^3的液体化工品储罐4 855个，1 000～5 000m^3的液体化工品储罐5 958个，5 000～10 000m^3的液体化工品储罐1 762个，≥10 000m^3的液体化工品储罐2 064个。

液体化工品储罐数最多，总罐容最大的为广东省，共有4 246个液体化工品储罐，总罐容为1 568.5万m^3。液体化工品储罐单体最大罐容为160 000m^3（LNG储罐），其中，江苏、广东均拥有160 000m^3的液体化工品储罐。全国港口危险货物库区液体化工品储罐统计见表4。

表4　全国港口危险货物库区液体化工品储罐统计表

等级 个数	液体化工品储罐（m^3）					单体最大罐容（m^3）	总罐容（万m^3）
	<1 000	1 000～5 000	5 000～10 000	≥10 000	合计		
上海	465	705	295	166	1 631	100 000	474.15
天津	427	59	0	0	486	30 000	184.6
重庆	0	2	0	0	2	3 000	0.6
辽宁	138	353	111	193	795	50 000	624.2
河北	6	22	8	3	39	10 000	15
山东	142	338	151	101	732	22 000	396.16
江苏	241	908	326	225	1 700	160 000	830.62
浙江	1 407	1 053	306	833	3 599	100 000	1 482.6
福建	108	444	68	45	665	50 000	261.8
广东	1 654	1 749	440	403	4 246	160 000	1 568.5
广西	1	48	28	4	81	40 000	48.3
海南	19	50	5	84	158	未提供	
安徽	138	99	10	5	252	20 000	53.928 7
江西	9	49	0	0	58	3 000	9.491
湖南	72	56	6	0	0	10 000	27.79
湖北	8	23	8	2	41	10 000	11.485
四川	20	0	0	0	0	2 000	0.662 5
全国	4 855	5 958	1762	2 064	14 619	160 000	5 989.887

在对全国的港口危险货物库区及堆场的调查中发现，全国共有危险品箱堆场170个，总面积为92 301m^2，危险品箱堆场总箱位数41 092个。在全国所有省份中，危险品箱堆场数量最多的省份为广东省，一共有56个。全国港口危险品箱堆场统计见表5。

表5　全国港口危险品箱堆场统计表

省份	危险品箱堆场数量（个）	危险品箱堆场总面积（m^2）	危险品箱堆场总箱位数
上海	13	370 448	5 404
天津	4	161 000	15 020
重庆	7	12 000	960
辽宁	11	34 334	2 184
山东	4	45 690	1 032

续上表

省份	危险品箱堆场数量(个)	危险品箱堆场总面积(m^2)	危险品箱堆场总箱位数
江苏	5	42 920	2 250
浙江	43	58 343	1 590
福建	16	19 456	1 085
广东	56	146 900	5 937
广西	2	6 600	2 200
安徽	1	400	16
江西	1	1 500	30
湖南	3	5 220	634
湖北	2	11 000	1 750
四川	2	7 200	1 000
全国	170	923 011	41 092

2.3　移交港口行政管理部门的储罐

在对全国移交的储罐汇总情况看,全国已移交到港口行政管理部门的储罐数量为 5 082 个,单体最大罐容为 15 万 m^3,总罐容达 5 242.687 6 万 m^3。其中,江苏省移交的储罐数量为 1 457,为全国储罐数量之首。移交的单体最大罐容的省份是辽宁省。同时,辽宁省移交的总罐容最大,为 2 485.9 万 m^3,未进行移交的地区有浙江、江西和四川。全国移交的储罐汇总见表 6。

表 6　全国移交的储罐汇总表

移交的储罐汇总				
省份	储罐数量	单体最大罐容(m^3)	总罐容(万 m^3)	备　注
上海	223	20 000	79.71	
天津	602	100 000	372.1	
重庆	2	3 000	0.6	
辽宁	821	150 000	2 485.9	
河北	144	100 000	168.22	
山东	454	100 000	773.26	
江苏	1457	50 000	355.218 5	
浙江	—	—	—	未办理移交
福建	576	40 000	240.301 1	含 LNG 在内
广东	537	125 000	700.068	未包括珠海的 LNG 储罐
广西	68	40 000	40.38	未包括北海的原油储罐
海南	58	没有提供		
安徽	66	3 000	3.63	

续上表

移交的储罐汇总				
省份	储罐数量	单体最大罐容(m^3)	总罐容(万 m^3)	备　注
江西	—	—	—	未办理移交
湖南	34	10 000	11.84	
湖北	40	20 000	11.46	
四川	—	—	—	未办理移交
云南	—	—	—	无危险货物
贵州	—	—	—	无危险货物
全国	5 082	150 000	5 242.687 6	

2.4　汇总

在所有海港危险货物码头中，共有 84 个原油码头、899 个液体化工码头、243 个集装箱码头。在所有内河危险货物码头当中，共有 155 个原油码头、607 个液体化工码头、47 个危货集装箱码头，具体汇总情况表 7 和表 8。

表 7　海港危险货物码头汇总表(单位：个)

省份	海　港　码　头		
	原油	液体化工	集装箱
上海	4	115	59
天津	1	15	10
辽宁	8	6	4
河北	8	8	3
山东	8	64	26
江苏	21	153	18
浙江	15	223	28
福建	2	67	18
广东	10	199	72
广西	3	17	4
海南	4	32	1
合计	84	899	243

表 8　内河危险货物码头汇总表(单位：个)

省份	内　河　码　头		
	原油	液体化工	集装箱
上海	0	79	0
天津	0	8	0
重庆	45	17	7

续上表

省份	内河码头		
	原油	液体化工	集装箱
黑龙江	4	0	0
辽宁	0	11	0
江苏	23	86	4
浙江	4	115	0
福建	0	0	0
广东	3	131	21
广西	0	11	0
安徽	1	71	2
江西	1	24	0
湖南	4	17	3
湖北	64	26	6
四川	6	11	4
合计	155	607	47

根据调查,我国现有各类危险货物码头2 036座,其中,沿海港口有1 226座、内河港口有809座。在所有海港危险货物码头中,有原油码头84座、液体化工品(原油专用码头除外)码头899座、从事危险品箱作业的集装箱码头243座;在所有内河危险货物码头当中,有原油码头155座、液体化工(原油专用码头除外)码头607座、危货集装箱码头47座。

在港口危险货物储存方面,据调查,我国港口区域内,原先由港口行政管理部门监管的原油储罐总罐容为5 706万m^3,单体最大罐容为150 000m^3,共有原油储罐1 432个;港口液体化工品储罐总罐容为6 124万m^3,单体最大罐容为160 000m^3(LNG储罐),共有液体化工品储罐14 639个。新《条例》颁布后,原来由安监部门监管的港口区域内的危险品储罐部分移交给港口管理部门。据不完全统计,全国已移交到港口行政管理部门的储罐数量为5 082个,单体最大罐容为15万m^3,总罐容达5 242.687 6万m^3。

综上所述,从数据上看,港口行政管理部门危险货物安全监管的设施数量增加了近一倍,港口危险货物安全监管的难度加大,事故风险加剧,面临的形势和挑战极其严峻。

参考文献

[1] 交通运输部水运局.港口安全相关法律法规汇编.2013.

[2] 交通运输部水运科学研究院.港口危险货物安全管理与安全技术.2013.

我国 LNG 码头实施夜间靠离泊可行性研究

耿杰哲　李学东　李亚斌

摘　要　分析目前我国 LNG 码头禁止夜间靠离泊的问题,调查国际上关于 LNG 码头夜间靠离泊的实践和相关规定,总结我国 LNG 码头开展夜间靠离泊的有利条件并提出参考性建议,并对深圳大鹏 LNG 夜间靠泊风险进行了分析。该研究对我国开展 LNG 码头夜间靠离泊的探索有一定的借鉴意义,对我国海上安全主管机关制定 LNG 船舶夜间通航安全管理规定也能起到一定的参考作用。

关键词　水路运输　液化天然气　夜航　可行性

1　引言

中国的 LNG 接收站主要由中国海油、中国石油、中国石化三大石油公司牵头建设,目前中国沿海地区已投产和规划建设的 LNG 项目共有 16 个。三大石油公司已经完成了在北起辽宁、河北,南至海南、广西的中国沿海地区的战略布局。截至 2009 年底,中国内地仅有深圳、福建、上海 3 个 LNG 接收站在正式运行[1],LNG 船舶监管的经验尚不丰富,基本都尚处在探索阶段[2],现阶段中国内地的 LNG 接收站都仅限于在白天进行靠离泊作业。由于禁止 LNG 船舶夜间靠离泊,对于 LNG 码头和运输船舶的不利影响主要有以下几个方面:

(1)由于夜间限制进出港作业造成船舶待港,码头夜间闲置,直接导致码头利用率降低,从而导致码头整体吞吐量及营业收入的减少,甚至可能影响到整个腹地的天然气供应安全。

(2)由于夜间靠离泊限制导致船舶在港及待港时间的延长,从而影响运输计划,进而可能错过装载港的时间"窗口",导致货物"丢失",经济损失巨大;同时增加船舶在港时间,影响船舶的运营效率,增加船舶运营成本,进而增加对环境的污染。

(3)LNG 船属于危险品船舶,船舶靠泊期间风险较大,尤其是空船在港船岸风险更是进一步增大。因此,禁止夜航的限制会导致船舶在港或待港的时间增加,增大船舶及港口的风险。

2　LNG 船舶夜间靠离泊的国内外实践

关于国内外 LNG 船舶夜间靠离泊的现状,本文针对欧洲、大洋洲、美洲、非洲、东南亚、中亚以及国内的 LNG 码头进行调查和分析,这些码头既有装载港,也有卸载港,不同港口关于 LNG 船舶夜航的规定有所不同,具体情况见表 1。

根据对国内外一些 LNG 码头夜间靠离泊的现状调查结果,得出以下结论:

对于 LNG 装载港,比如澳大利亚、中东、东南亚、非洲等一些国家和地区的 LNG 码头,大多允许 LNG 船舶夜间进行靠离泊作业。

表1　国内外开展LNG船舶夜航的现状调查

序号	国　家	港口名称	港口类型	夜间靠离泊相关规定
1	澳大利亚	Gladstone[3]	装载港	全天均可进行靠离泊作业
2	土耳其	Ceyhan[4]	装载港	船舶超过10万DWT仅限白天
3	卡塔尔	Ras Laffan	装载港	全天24h
4	伊朗	Kish	装载港	全天24h
5	西班牙	Sagunto[5]	卸载港	靠泊限制在白天,离泊全天
6	意大利	Porto Levante	卸载港	试运行6个月后,全天
7	葡萄牙	Sines[6]	卸载港	船长超过250m仅限白天
8	比利时	Zeebrugge[7]	卸载港	全天24h
9	美国	Freeport[8]	卸载港	仅限白天
10	日本	—	卸载港	仅限白天
11	中国大陆	深圳、福建、上海	卸载港	仅限白天
12	中国台湾	台中港[9]	卸载港	仅限白天

对于LNG卸载港,夜航规定分化比较严重,像美国、西班牙、意大利等国家对LNG船舶夜间靠离泊作业均做出了严格的规定,但对不同的港口进行了区别对待。如美国的一些港口,位于马萨诸塞州的Everett港、马里兰州的Cove Point港,均规定只要天气状况等条件许可,允许LNG船舶一天24h内的任何时间进出港进行靠离泊作业;美国的Freeport港结合自身条件却明确规定了LNG船舶在夜间禁止进行靠离泊作业,即使白天进出港也需要相关机构的许可;美国的Houston港在这一问题上结合了船舶的大小决定是否允许LNG船舶夜间进行靠离泊作业,当船舶总长超过550ft(1ft=0.304 8m)时只能白天进行考离泊作业。西班牙的一些港口也采取了类似的做法,如西班牙比尔堡港,允许船舶24h内均可进出港口进行靠离泊作业;但西班牙萨贡托港(Sagunto)规定LNG船舶仅允许白天进行进港靠泊作业,但对离泊作业没有这一规定,白天夜间均可进行LNG船舶的离泊作业。

上述调查说明美国、西班牙等国的LNG卸载港,在关于LNG船舶的夜间进行离泊作业的问题上都结合了港口自身的条件,并没有做出一个死板的规定,这也代表了目前各国LNG港口关于这一问题的发展趋势。

3　我国LNG码头实施夜间靠离泊的有利条件

由于我国LNG工业起步较晚,LNG码头自身的运营管理和主管机关的监管经验还不够丰富,现阶段我国的LNG接收站都仅限于在白天进行靠离泊作业。但我国开展LNG码头的夜航研究具备以下几个有利条件:

(1)有国外一些实践经验作为依托。由前文调查结果可知,LNG靠离泊作业在国际上有着广泛的实践经验,参考国外LNG码头夜间运营管理的实践,结合该港区具体的通航安全保障条件,对LNG船舶夜间进出港做出明确规定,是国际上LNG船舶运输管理的一个通用做法。

(2)有我国LNG码头建设的先进水平作为保障。中国建设LNG接收站的起步虽然较晚,但充分借鉴国际上 LNG 码头的建设经验,因此,国内 LNG 接受站在 LNG 码头硬件条件、通航环境及有效监管等方面都具有较高的水平。

(3)有《液化天然气码头设计规范》(JTS 165-5—2009)中第 4.2.4 条的规定作为重要依据。"液化天然气船不宜在夜间进出港和靠离泊作业,当需要夜间靠离泊或航行时应进行专门的安全评估"[10],该条规定为我国 LNG 码头实施夜间靠离泊作业提供了一个十分重要的依据。

4 关于我国实施 LNG 船舶夜航的一些建议

目前,我国现有通航安全管理规定禁止 LNG 船舶夜间靠离泊作业,但开展 LNG 夜间靠离泊的研究与我国现有规定并不发生冲突,相反与我国大力发展和利用 LNG 的能源战略和政策是一致的。LNG 夜航现在的禁止并不能代表将来的情况,关于这个问题笔者提出以下几条建议[11]:

(1)有针对性地开展夜航研究。由于港口环境不同,人员素质不同,每个 LNG 港口均存在各自不同的风险,且因港口的发展随环境的变化而变化。结合港口自身条件对 LNG 船舶夜航做出限定是国际上这一问题的发展趋势。

(2)制定并逐步完善夜间通航规定。LNG 船舶夜间进出港、靠离泊作业风险因素较多,风险较大,应制定严格的夜间通航规定,并严格遵照执行。

(3)加强相关人员的培训工作。包括 LNG 码头作业人员、港口相关管理人员、后勤保障人员、引航员和拖轮船长等,制订夜航培训计划,做好人才储备和应急保障工作,为 LNG 船舶夜间通航做好前期准备。

(4)加强相关部门间的合作。LNG 船舶的夜间航行安全的顺利实施,涉及许多部门,需要各方面的合作才能顺利完成,要及时建立各部门的协调、沟通机制,以便有效应对可能出现的不利因素。

(5)加强助导航设施的维护。航标等导助航设施是指示船舶正确航行在航道水域内的依据,是船舶航行安全的重要保障,对于夜航船舶来说尤为重要,因此,必须加强对航标的维护保养工作。

(6)对夜间引航员配置的建议。引航机构应为 LNG 船舶夜间进出港至少安排两名引航员参与引航工作,引航员应对 LNG 船舶的操纵性十分了解,有白天引航大型 LNG 船舶靠离泊的经验且有夜间引航其他类型船舶的经验,并对 LNG 船舶夜间通航风险有一定的认识。

(7)夜间通航应分阶段实施。夜间风险因素较多,通航风险较大,船舶驾引人员尚没有夜间进行靠离泊作业的经验,考虑到港区的安全保障条件现状,可以分阶段实施夜间通航,即前期阶段先允许 LNG 船舶夜间进行离泊作业,待后期积累了一定的夜间离泊经验后再适当考虑 LNG 船舶的夜间靠泊作业,并对夜间允许靠泊的最大船型进行限制。同时尽量选择能见度良好的夜间进行,以降低夜间视线不良带来的风险。

5 应用实例

广东深圳大鹏液化天然气有限公司 LNG 码头坐落在深圳大鹏半岛湾畔,它是我国第一个对外开放的 LNG 码头口岸,,截至 2011 年 6 月底共成功接受 LNG 船舶 316 艘次共计

2 045 万 t液化天然气,通过长输管道网络,源源不断地进入珠江三角洲地区。通过对 LNG 码头夜间通航条件进行研究、综合安全评价,确定夜间通航的主要问题及安全保障措施,在准备工作、航线计划、登轮点的确定、拖轮配置、航行操纵要领、靠离泊操作要领方面,结合夜间通航的有利条件,严格落实各项通航安全保障措施和建议,进一步完善港区的通航安全保障条件,使得广东大鹏液化天然气码头 LNG 船舶夜间进行靠离泊作业的风险在可接受和可控的范围内,积累一定的工作经验之后,可以逐步实施夜间靠泊作业。

6 结语

目前,《船舶散装运输液化气体安全监督管理规定(征求意见稿)》已经公布,第二十三条:液化天然气船靠离泊作业应当在白天进行虽有利于保障 LNG 船舶的通航安全,但给 LNG 码头业主和相关能源公司也带来了较大的影响。本文对 LNG 夜航开展可行性研究,探讨了国外一些 LNG 码头夜航的具体实践和国内 LNG 码头的特点,从保障 LNG 船舶通航安全角度提出了一些具体的建议,可以为我国制定 LNG 船舶监督管理规定提供重要参考和依据。

总体上看,结合港口自身条件开展 LNG 船舶夜航研究不仅能增加码头的吞吐能力,提高码头运营效率,而且能降低码头运营风险,对我国已建和在建的 LNG 码头也将起到参照性和指导性作用,乃至对我国大力引进 LNG 资源的能源战略和能源安全也将起到重大的意义。

参考文献

[1] 李健胡. 美日中 LNG 接收站建设综述[J]. 2010,4(2):67-70.

[2] 夏芳,刑云,等. 对液化天然接收站安全距离的思考 [C]//第十二届石油工业标准化学学术论坛论文集,2009:992-999.

[3] Gladstone Ports Corporation. LNGVessel Operating Parameters in Port of Gladstone[Z]. Port Notice 2010,4(10). 125.

[4] Roger D Leick. Adriatic LNGTerminal[Z]. ExxonMobil Development Company, 2005. 3.

[5] SIMON MONTOLIO&CIA SA. Your Partner in Port of Sagunto 2011[Z]. Puerto Sagunto,2011.

[6] REN Atlântico, Terminal de GNL SA. Ship to Shore /Sines Port and LNG Jetty Data[R]. TA. G. SS. 001(Rev. 2),2007.

[7] Fluxys LNG. The Second Capacity Enhancement of the ZEEBRUGGE [Z]LNGterminal. Fluxys LNG, 2011-2-3,30.

[8] Facility Marine Operations Manual for Freeport LNGTerminal[R]. 2011-12-1.

[9] 臺中港液化天然氣船進出港與繫泊作業規定, 臺中港務局第 0950004608 號, 2006-5-16.

[10] JTS 165-5—2009 液化天然气码头设计规范[S]. 2010.

[11] 交通运输部水运科学研究院. 深圳大鹏 LNG 夜航通航安全评估报告[R]. 北京,2011.

应急交通疏散中的逆向车道操作研究

周亚飞　蔡　靖　程霄楠　谢天生

摘　要　为了降低台风、飓风、洪水等严重灾害造成的人员伤亡和财产损失，有必要将受影响区域的人员尽快撤离到安全区域。因此，应急交通疏散的研究变得越来越重要，如何更好地利用现有的道路网络也成为人们关注的焦点。本文以元胞传输模型（CTM，Cell Transmission Model）理论为基础，以最小化总的行程时间为目标函数，构建了逆向车道操作模型。将数值求解与微观交通仿真结合起来，对数学模型进行数值求解，利用微观交通仿真软件 VISSIM 对疏散过程进行微观仿真，并将数值结果与仿真结果进行比较分析，从而使应急交通疏散的研究更贴近于实际情况。最后对模型进行了案例应用，通过逆向车道操作可以提高道路网络的利用率，从而提高疏散效率。

关键词　应急交通疏散　元胞传输模型　数值求解　微观交通仿真　VISSIM

1　引言

台风、飓风、洪水等自然灾害可能对人员的健康和安全造成严重的风险和威胁。这种情况下，大规模和长距离的应急交通疏散就被用作保护人员远离潜在危害的手段[1]。而如何更好地利用现有的道路网络是改善疏散行动的关键。

逆向车道操作通过显著提高疏散网络的容量，从而更好地利用现有道路网络。逆向车道操作，或车道逆转操作，是指将部分或全部向危险方向行驶的车道转变为向安全方向行驶，并供疏散车辆使用。这种操作是基于向危险方向行驶的车辆通常较少，而疏散车辆又通常超过向安全方向行驶的道路网络容量。

在美国东南部的飓风交通疏散研究中，PBS&J（2000）对一条四车道高速公路逆向车道操作的几种备选方案进行了检验，包括逆转两条车道和仅逆转一条车道[2]。FEMA（2000）通过研究得出相对于传统的两条出境车道结构，完全逆转两条车道可以将容量增加 70%，而逆转一条车道可以将容量增加 30%[3]。美国大西洋和墨西哥湾沿岸 9 个州的负责机构在制定飓风疏散计划时已广泛采用逆向车道操作（Urbina，2002[4]；Urbina 和 Wolshon，2003[5]），如乔治亚州和南卡罗莱纳州在 1999 年的飓风“Floyd”疏散中就执行了高速公路逆向车道计划。Tuydes 和 Ziliaskopoulos（2004）提出了逆向车道操作的链接—耦合技术，适用于在逆转时可以交换容量的网络段[6]。Tuydes（2005）引入了基于车道的容量可逆性（LCR）和全部或无容量可逆性（TCR）的概念[7]。Tuydes 和 Ziliaskopoulos（2006）提出了一个同时使用仿真分配和禁忌搜索算法的启发式算法，以应用在大规模疏散网络中[8]。Mahmassani 和 Sbayti（2005）使用仿真软件 DYNASMART，提出了一个优化方案用于动态容量再分配[9]。Wolshon（2001，2002）讨论了有关飓风疏散的逆向车道操作问题，并强调了逆转路段入口和出口处的车辆路线重新分配[10,11]。利用微观仿真程序 CORSIM，Theodoulou 和 Wolshon(2004)[12]以及 Lim 和 Wolshon(2005)[13]在评估新奥尔良市的飓风疏散计划时，分别分析了逆向路段的入口和出口设计。Kwon 和 Pitt(2005)使用仿真软件检验明尼阿波利斯市中心的疏散计划时也强调了逆向入口处的关键设计[14]。

为使应急交通疏散的研究更贴近于实际情况，本文将数值求解与微观交通仿真方法结合起来，以元胞传输模型(CTM，Cell Transmission Model)理论为基础，构建了逆向车道操作模型，对模型进行数值求解；利用微观交通仿真软件 VISSIM 对疏散过程进行微观仿真，并将数值结果与仿真结果进行比较分析，对模型进行验证。

2 逆向车道操作模型构建

2.1 元胞传输模型(CTM)理论

Daganzo(1994、1995)提出的元胞传输概念的基本思路是把道路链接转换成大小相等的部分，或称为元胞，可以以自由流动速度穿越一个单位时间间隔。然后，车辆在元胞中的移动用两种关系定义，即流量传播关系(基于上游/下游的交通条件来确定两个元胞之间的流量)和流量守恒方程[描述元胞状态(即每个元胞中的车辆数)随着时间的演变][15-16]。

2.2 逆向车道操作模型构建

逆向车道操作通过将入境车道逆转为出境车道，可以增加可用路网的容量。逆向车道操作的主要问题之一是确定从普通车道到逆向车道的入口位置。这些入口也被称为交叉口。

本文利用元胞传输模型构建了一个优化模型来辅助决策者确定逆向交叉口的位置，从而优化疏散行动。特别是在有最大数量限制时(由于人力和后勤)确定交叉口的最佳位置。

目标函数为：

$$\min \quad Z=\sum_{i\in C\backslash Cs}\sum_{t\in T}x_i^t\Delta t \tag{1}$$

约束条件如下：

$$x_i^t=x_i^{t-1}+\sum_{k\in\Gamma^{-1}(i)}y_{ki}^{t-1}-\sum_{k\in\Gamma(i)}y_{ki}^{t-1}\quad\forall i\in C\backslash(C_{\mathrm{R}}\cup C_{\mathrm{S}}),\forall t\in T \tag{2}$$

$$x_i^t=x_i^{t-1}+d_i^t-\sum_{k\in\Gamma(i)}y_{\mathrm{ki}}^{t-1}\quad\forall i\in C_{\mathrm{R}},\forall t\in T \tag{3}$$

$$x_i^t=x_i^{t-1}+\sum_{k\in\Gamma^{-1}(i)}y_{ki}^{t-1}\quad\forall i\in C_{\mathrm{S}},\forall t\in T \tag{4}$$

$$\sum_{k\in\Gamma(i)}y_{\mathrm{ki}}^t\leqslant x_i^t\quad\forall i\in C\backslash C_{\mathrm{S}},\forall t\in T \tag{5}$$

$$\sum_{k\in\Gamma^{-1}(i)}y_{ki}^t\leqslant Q_i^t\quad\forall i\in C\backslash C_{\mathrm{R}},\forall t\in T \tag{6}$$

$$\sum_{k\in\Gamma(i)}y_{ik}^t\leqslant Q_k^t\quad\forall i\in C\backslash C_{\mathrm{S}},\forall t\in T \tag{7}$$

$$\sum_{k\in\Gamma^{-1}(i)}y_{ik}^t\leqslant N_k^t-x_k^t\quad\forall i\in C\backslash C_{\mathrm{R}},\forall t\in T \tag{8}$$

$$x_i^t\leqslant\delta_i^tN_i^t\quad\forall i\in C_{C_{\mathrm{r}}},\forall t\in T \tag{9}$$

$$\sum_{i\in C_{C_{\mathrm{r}}}}\delta_i^t\leqslant \mathrm{Max}C_{\mathrm{r}}\quad\forall i\in C_{C_{\mathrm{r}}},\forall t\in T \tag{10}$$

$$x_i^t\geqslant0,\forall i\in C \tag{11}$$

$$y_{ik}^t\geqslant0,\forall(i,j)\in H \tag{12}$$

$$0\leqslant\delta_i^t\leqslant1,\delta_i^t\text{ 为整数} \tag{13}$$

$$x_i^0 = \overline{x_i} \quad \forall i \in C \tag{14}$$

$$y_{ij}^0 = x_{\overline{ij}} \quad \forall (i,j) \in H \tag{15}$$

式中：C——元胞的集合，它包括一般元胞 C_O、汇合元胞 C_M、发散元胞 C_D、源元胞 C_R、库元胞 C_S 和交叉口元胞 C_{C_r}。交叉口元胞也属于一般元胞；

H——元胞之间链接的集合，它包括源链接 $H_R = \{(i,j) \mid j \in C_R\}$、库链接 $H_S = \{(i,j) \mid j \in C_S\}$、一般链接 $H_O = \{(i,j) \mid i \in (C_O \cup C_M), j \in (C_O \cup C_D)\}$、汇合链接 $H_M = \{(i,j) \mid i \in C_O \cup C_{C_r}, j \in C_M\}$ 和发散链接 $H_D = \{(i,j) \mid i \in C_D, j \in (C_O \cup C_{C_r})\}$；

x_i^t——时刻 t 元胞 i 中的车辆数；

Q_i^t——元胞 i 在时刻 t 的最大流量；

N_i^t——元胞 i 在时刻 t 可以容纳的最大车辆数；

d_i^t——起点 i 在时刻 t 的需求；

y_{ik}^t——时刻 t 从元胞 i 迁移到元胞 k 的车辆数；

$\text{Max}C_r$——交叉口的最大数量；

T——总的分析时间；

$\Gamma(i)$——元胞 i 下游元胞的集合；

$\Gamma^{-1}(i)$——元胞 i 上游元胞的集合。

模型中的式(1)为总的行程时间。优化模型的目标是最小化总的行程时间。

式(2)表示汇合元胞、发散元胞和普通元胞的流量守恒约束。式(3)和式(4)分别表示源元胞和库元胞的流量守恒约束。

式(5)和式(6)是定义元胞向下一个元胞传送能力的约束条件。式(7)和式(8)是定义从前面元胞接收车辆能力的约束条件。式(5)～式(8)确保了从一个元胞转移到下一个元胞的车辆数需要小于上游元胞的发送能力和下游元胞的接收能力。

式(9)在约束条件中引入了一个二进制变量 δ_i^t。这个变量保证了交叉口元胞在不运行时可以没有车辆[17]。

如果 $\delta_i^t = 0$，则式(9)变为 $x_i^t \leq 0$；其他情况则为 $x_i^t \leq N_i^t$。因此，当 δ_i^t 为 0 时，车辆不能通过交叉口进入逆向车道。

式(10)规定了运行的交叉口数不超过允许的最大数量($\text{Max}C_r$)。如前所述，交叉口数量受限于维持交叉口运行的可用人力资源数量。

式(11)和式(12)为非负约束。式(13)说明了 δ_i^t 是一个二进制变量。式(14)和式(15)为初始条件。

这个模型也可根据需求和交通条件，在每个时间步长确定最佳的交叉口位置。在事故或车辆燃料耗尽而造成不可预见的道路拥堵时，动态交叉口会尤其有用[6-8,18-20]。

2.3 模型的数值求解方法

在构建完逆向车道操作的数学模型后，利用 MathProg 语言和 Lp_solve 求解器对其进行求解。

MathProg 是一种建模语言，用于描述线性数学规划模型[21-22]。Lp_solve 是一款免费的线性(整数)规划求解器，它基于修正的单纯形法和分枝定界法[23]。

3 微观交通仿真软件 VISSIM

VISSIM 是德国 PTV 公司开发的微观交通流仿真软件系统,用于分析交通系统中的各种运行。VISSIM 是一个离散和随机的微观仿真软件,时间步长为 1/10s。车辆的横向运动(车道变换)采用了基于规则(Rule-based)的算法,纵向运动采用了德国 Karlsruhe 大学 Wiedemann 教授的“心理—生理跟车模型”。该软件系统在分析交通运行情况时考虑车道类型、交通组成、交通信号控制、停让控制等众多条件,功能包括分析、评价、优化交通网络、设计方案比较等,是分析许多交通问题的有效工具[24-25]。

VISSIM 采用的核心模型是 Wiedemann 于 1974 年建立的生理—心理驾驶行为模型。该模型示意如图 1 所示,基本思路是:一旦后车驾驶员认为他与前车之间的距离小于其心理(安全)距离时,后车驾驶员开始减速。由于后车驾驶员无法准确判断前车车速,后车车速会在一段时间内低于前车车速,直到前后车间的距离达到另一个心理(安全)距离时,后车驾驶员开始缓慢地加速,由此周而复始,形成一个加速、减速的迭代过程[26]。

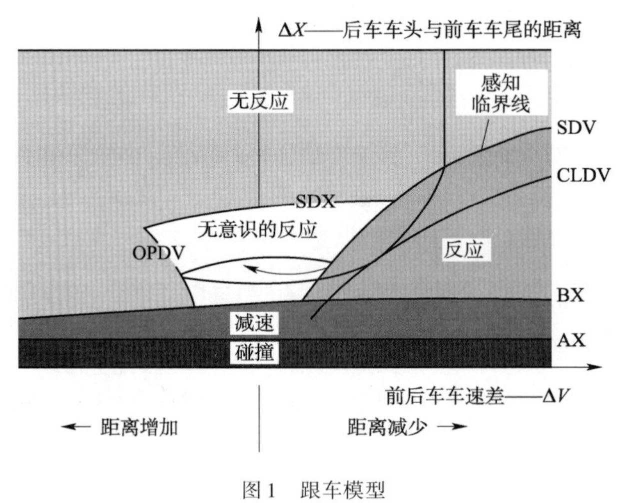

图 1 跟车模型

4 案例分析

本部分通过案例分析,对所构建的逆向车道操作模型进行验证,利用 MathProg 和 Lp_solve 对模型进行数值求解,利用微观交通仿真软件 VISSIM 对疏散过程进行仿真,并将数值结果与仿真结果进行比较分析。

4.1 疏散情景

以某疏散主干道为例研究逆向车道交叉口的设置,疏散情景如图 2 所示。

该疏散主干道长约 20km;图 2 中的两条路线分别为正向车道和逆向车道,其中上面的路线为逆向车道,下面路线为正向车道;OR1、OR2、OR3 为三个疏散起点,CR1、CR2、CR3 为供选择的交叉口。正向车道的最大车速为 40km/h,逆向车道的最大车速为 35km/h(由于不熟悉路况等驾驶因素)。根据各起点处的区民分布情况,确定各起点的交通需求如表 1 所示。

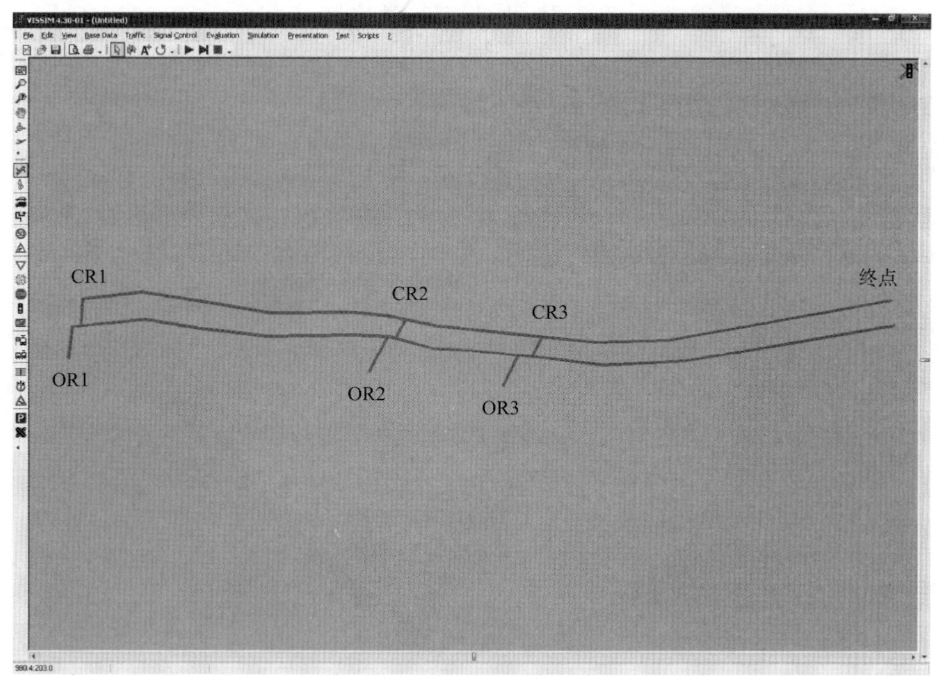

图 2　疏散情景

表 1　各起点交通需求

起点	总车辆数	加载速率(车辆/h)
OR1	7 200	2 400
OR2	4 200	1 400
OR3	5 400	1 800

下面分别数学模型进行数值求解、利用微观交通仿真软件 VISSIM 对疏散过程进行仿真,确定设置一个交叉口和两个交叉口时的最佳选择。

4.2　数值模型求解

选取 2min 为单位时间步长,将图 2 中的疏散路网转化为元胞连接图,则正向车道每个元胞长约 1 300m,逆向车道每个元胞长约 1 170m。元胞连接图如 3 所示,其中,方格中为元胞编号。

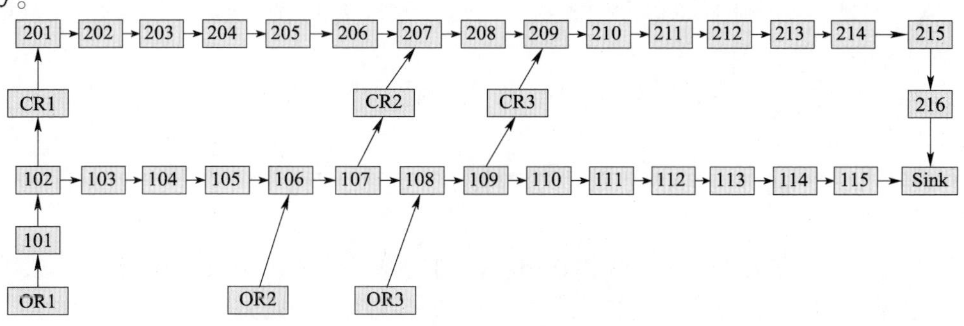

图 3　元胞连接图

根据各起点处的交通需求、元胞连接图、车辆行驶速度等参数,利用 MathProg 语言和 Lp_solve 求解器对逆向车道操作模型进行求解,可以得到不同情况下的最佳交叉口选择,如表 2 所示。

表 2　不同情况下的最佳交叉口

最大交叉口数量	一个交叉口	两个交叉口
交叉口设置	CR2	CR1,CR2
平均速度(km/h)	31.923	32.755
疏散完成时间(min)	223.327	219.774
总行程时间(h)	8 510.836	8 327.129

从表 2 中可以看出,当最多设置一个交叉口时,最佳交叉口为 CR2;当最多设置两个交叉口时,最佳交叉口为 CR1 和 CR2。

4.3　微观交通仿真

在 VISSIM 中对疏散路网进行建模。设置好各项参数后,运行 VISSIM。仿真结果如表 3 所示,到达终点处的车辆数变化如图 4 和图 5 所示。

表 3　微观仿真结果

疏散情景	平均速度(km/h)	疏散完成时间(min)	总行程时间(h)
CR2	31.649	230.466 7	8 602.207
CR1&CR2	32.397	231.133 3	8 441.344

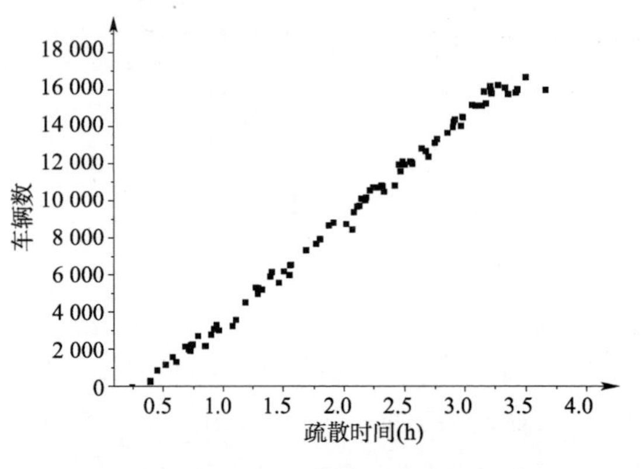

图 4　终点处车辆数随时间变化图(CR2)

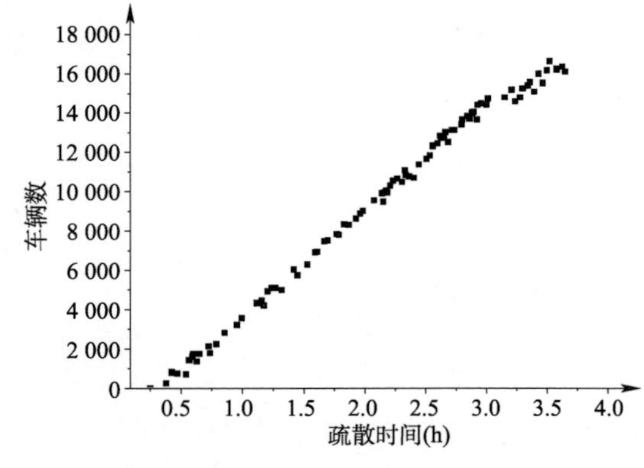

图 5　终点处车辆数随时间变化图(CR1&CR2)

从图 4 和图 5 两幅图中可以看出:

(1)在疏散开始的前 20min 内,几乎没有车辆到达终点,这说明车辆从起点加载到路网中需要一定的时间。

(2)随着疏散的进行,到达终点处的车辆数不断增多,且由于道路比较通畅,车辆数的增长率较大,基本呈线性变化。

(3)当交叉口为 CR2 时,在疏散开始 3h 后,到达终点处的车辆数变化趋于平缓,直到将车辆全部疏散出路网;而当交叉口为 CR1 和 CR2 时,在疏散开始 3h 40min 后,到达终点处的车辆数变化趋于平缓;这说明当选取两个交叉口时,疏散路网的利用率更高,道路上的拥堵现象更少。

4.4　数值结果与仿真结果的比较分析

数值结果与仿真结果的比较如图6～图8所示。

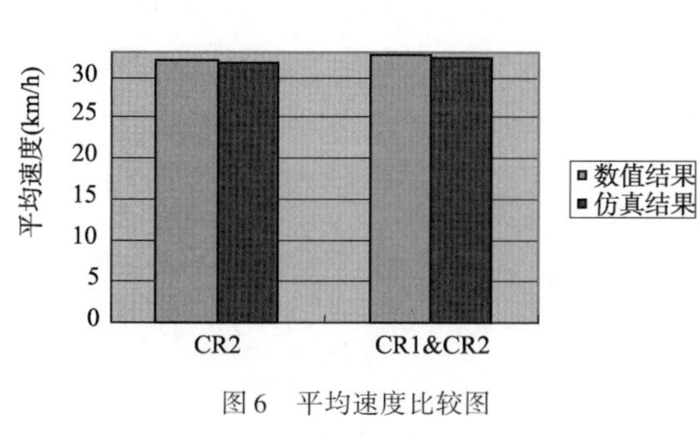

图6　平均速度比较图

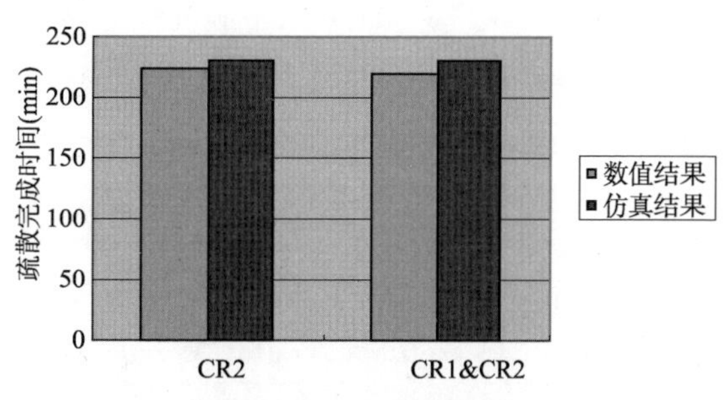

图7　疏散完成时间比较图

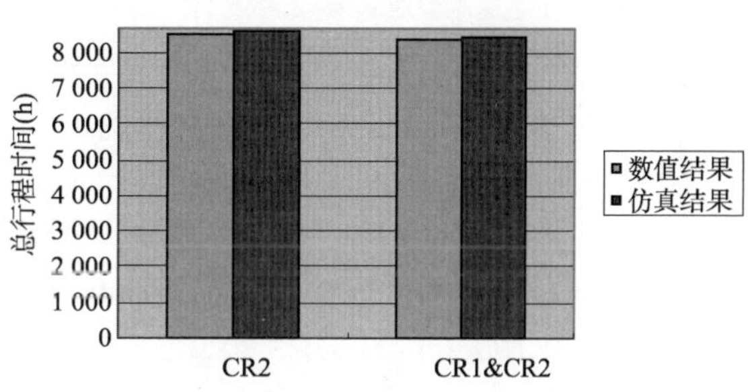

图8　总行程时间比较图

从图6～图8可以看出：

(1)数值结果与仿真结果的数值基本一致。

(2)数值结果中的平均速度较仿真结果大，因而相应的疏散完成时间和总行程时间较小。

(3)从图7和图8中可以看出，仿真结果中一个交叉口时的疏散完成时间小于两个交叉口，但总行程时间却大于两个交叉口时的情况，这说明两个交叉口时虽然疏散时间较长，但由于产生拥堵的情况较少，因此疏散速度较快，见图6。

5　结语

本文以元胞传输模型(CTM，Cell Transmission Model)理论为基础，以最小化总的行程时间为目标函数，构建了逆向车道操作模型，来确定最佳的逆向车道入口位置；以某长约20km的疏散主干道为例进行了案例应用，来确定不同最大交叉口数量时的最佳位置，得出数值求解与微观交通仿真结果具有较好的一致性。

通过逆向车道操作，可以提高疏散网络的容量，从而更好地利用现有道路网络，提高疏散效率；将数值求解与微观仿真方法结合起来，通过数值求解结果与微观仿真结果的比较分析，相互验证，可以使应急交通疏散的研究更贴近于实际情况，从而更好地为应急交通疏散提供决策参考和依据。

参考文献

[1] Sorensen JH, Shumpert BL, Vogt BM. Planning for protective action decision making: Evacuate or shelter-in-place[J]. Journal of Hazardous Materials, 2004, 109 (1): 1-11.

[2] PBS&J. Southeast United States Hurricane Evacuation Traffic Study-Technical Memorandum Number 3: Reverse Lane Standards And ITS Strategies[R]. Final Report for Southeast Unit-

ed States Hurricane Evacuation Traffic Study, 2000.

[3] FEMA. Southeast United States Hurricane Evacuation Traffic Study-Executive Summary[R]. Final Report for Southeast United States Hurricane Evacuation Traffic Study, 2000.

[4] Urbina E A. A state-of-the-practice review of hurricane evacuation plans and policies[R]. Thesis of the Louisiana State University, 2002.

[5] Urbina E, Wolshon B. National review of hurricane evacuation plans and policies: a comparison and contrast of state practices[J]. Transportation Research A, 2003,37 (3):257-275.

[6] Tuydes H, Ziliaskopoulos A. Network Re-design to Optimize Evacuation Contraflow[C]. presented at the 83rd annual meeting of transportation research board, 2004.

[7] Tuydes H. Network Traffic Management under Disaster Conditions[D]. Ph. D. Thesis, Northwestern University, 2005.

[8] Tuydes H, Ziliaskopoulos A. A Tabu-based Heuristic Approach for the Optimization of Network Evacuation Contraflow[C]. presented at the 85th annual meeting of transportation research board, 2006.

[9] Mahmassani H, Sbayti H. Optimal Scheduling of Contraflow Operations for Network Evacuation Planning[C]. Presented at the 2005 INFORMS Annual Meeting, San Francisco, 2005.

[10] Wolshon B. "One Way Out": Contraflow freeway operation for hurricane evacuation[J]. Natural Hazards Review, 2001, 2 (3): 105-112.

[11] Wolshon B. Planning for the evacuation of New Orleans[J]. ITE Journal, 2002,72 (2): 44-49.

[12] Theodoulou G, Wlshon B. Modeling and Analyses of Freeway Contraflow to Improve Future Evacuations[C]. Presented at the 83rd Annual Meeting of the Transportation Research Board, Washington, D. C., 2004.

[13] Lim E, Wolshon B. Modeling and performance assessment of contraflow evacuation termination points[C]. Presented at the 84th Annual Meeting of the Transportation Research Board, Washington, D. C., 2005.

[14] Kwon E, Pitt S. Evaluation of emergency evacuation strategies for downtown event traffic using a dynamic network model[C]. Presented at the 84th Annual Meeting of the Transportation Research Board, Washington, D. C., 2005.

[15] Daganzo F C. The cell transmission model: a dynamic representation of highway traffic consistent with the hydrodynamic theory[J]. Transportation Research. Part B, 1994, 28B (4): 269-287.

[16] Daganzo F C. The cell transmission model. II. network traffic[J]. Transportation Research. Part B, 1995, 29B(2): 79-93.

[17] Kalafatas G, Peeta S. An Exact Graph Structure for Dynamic Traffic Assignment: Formulation, Properties, Computational Experience [C]. TRB 2007, Annual Meeting CD-ROM, 2007.

[18] Tuydes H, Ziliaskopoulos A. The Network Evacuation Problem and Solution Algorithms

[C]. Presented at the 2005 INFORMS Annual Meeting, San Francisco, 2005.

[19] Liu Y. An Integrated Optimal Control System for Emergency Evacuation[D]. University of Maryland, 2007.

[20] Shen W, Nie Y, Zhang H M. A Dynamic Network Simplex Method For Designing Evacuation Plans[C]. TRB 2007 Annual Meeting CD-ROM, 2007.

[21] Robert Fourer, David M. Gay, Brian W. Kernighan. A Modeling Language for Mathematical Programming[J]. Management Science, 1990(36): 519-54.

[22] Andrew Makhorin. Modeling language GNU MathProg[EB/OL]. [2012-11-16]. http://lpsolve. sourceforge. net/5. 5/MathProg. htm.

[23] Software Foundation, Inc. Lp_solve reference guide menu[EB/OL]. [2012-11-16]. http://lpsolve. sourceforge. net/.

[24] PTV-AG. VISSIM user Manual-Version 4. 20[EB/OL]. [2012-11-16]. http://www. vissim. de/index. php? id = 1801.

[25] 武汉理工大学. VISSIM 教程[EB/OL]. [2012-11-16]. http://www. zhinengjiaotong. com/. Wuhan University of Technology. VISSIM tutorial[EB/OL]. [2012-11-16]. http://www. zhinengjiaotong. com/.

[26] R Wiedemann. Modelling of RTI-Elements on multi-lane roads[C]. Advanced Telematics in Road Transport edited by the Commission of the European Community, DG XIII, Brussels, 1991:1001-1010.

台风灾害综合风险评价研究

周亚飞　程霄楠　蔡　靖　谢天生　刘　茂

摘　要　台风灾害是我国沿海及部分内陆地区经常发生的一种气象灾害,是世界上最严重的自然灾害之一。台风登陆后会带来暴雨、大风、风暴潮等灾害性天气,造成严重的人员伤亡和财产损失。因此,有必要对台风灾害的风险进行综合评价并进行等级区划,确定风险较高的地区,为决策部门的资源配置、防灾减灾规划提供参考和依据。本文综合考虑台风灾害的危险性、脆弱性、暴露性和当地的防灾减灾能力,构建了台风灾害的综合风险评价指标体系,根据历史统计资料等数据对各评价指标进行量化,利用 GIS 的空间分析功能将各评价指标按其权重进行叠加分析,得出台风灾害的风险等级区划。最后以浙江省为例,对台风灾害的综合风险评价进行了案例应用研究。

关键词　台风灾害　综合风险评价　GIS　风险等级区划

1　引言

台风灾害是我国沿海及部分内陆地区经常发生的一种气象灾害,是世界上最严重的自然灾害之一[1]。在世界十大自然灾害中,台风灾害排名第一。台风登陆后会带来暴雨、大风、风暴潮等灾害性天气,造成严重的人员伤亡和财产损失。面对台风灾害对社会和经济的严重影响,制订有效措施降低其造成的人员伤亡和财产损失是十分必要的。如何对台风风险进行综合分析,并进行风险等级区划,为防灾减灾规划提供指导和参考,已越来越成为人们关注的焦点。

日益严重的台风灾害,引起了国际社会的广泛关注。2003 年,联合国危机预防和恢复发展规划署[United Nations Development Programme Bureau of Crisis Prevention & Recovery (UNDP/BCPR)]对全球风险和脆弱性指标趋势进行了综合分析,其中通过统计分析研究了各国受台风影响的脆弱性变化规律,并提出了一些减灾措施[2]。2004 年,亚洲灾害预防中心(Asian Disaster Preparedness Center)发起的亚洲城市灾害减缓项目对亚洲地区易发生台风灾害的地区进行了统计分析,据此得出了台风的脆弱性和后果影响范围和程度区划图,并提出了一些规划指南[3]。CRICHTON(1999)提出了自然灾害的"风险三角形",认为自然灾害的风险由危险性、暴露性和脆弱性三部分构成[4]。这个概念得到了广泛的认可和应用(如 PEDUZZI 等人(2002)和 GRANGER(2003))[5,6]。2010 年,北卡罗来纳大学全球灾害减缓联盟的 Walter Hays 教授提出了台风灾害减缓的政策框架,并归纳出了简单的台风风险评价程序,他在对台风灾害进行风险分析时,除了考虑自然灾害的"风险三角形",还兼顾了研究区域的防灾减灾能力[7]。

ZHONG Xingchun 等人考虑危险性、脆弱性和暴露性对中国的台风风险进行了分析,得出了台风灾害的损失期望分布[8]。刘利群根据历史台风灾害数据以及台风对水产养殖的影响情况,选取了三个风险因子作为台风灾害危险性评价指标,建立了相应的风险评估模型,在 GIS 中绘制出台风灾害危险性等级区划图[9]。叶小岭等人以新中国成立以来的台风为样本,建立了预测台风损失的 BP 神经网络模型[10]。薛根元等人以“云娜”台风为例,分析了台风灾害的基本特点和规律,对成灾原因进行了分析[11]。周子康和刘为纶根据 1949 ~ 1992 年的有关资料,从诱发因子、素质因子和孕灾环境因子三个方面,对台风灾害的成因和危害进行了分析[12]。张永恒等人选取了 20 个台风所造成灾害进行分析,采用模糊数学方法建立了影响评估模型,预测台风可能造成的损失程度[13]。陈香利用灾害风险指数法和加权综合评价法对福建省的台风灾害进行了风险评估,并在 GIS 中进行了等级区划[14]。王美双[15]和唐丽丽[16]基于台风灾情数据和台风数据分析了台风的灾情和时空特征,并考虑致灾因子、孕灾环境和承灾体对台风灾害进行了风险评估及区划。

本文通过对台风灾害的危险性、脆弱性、暴露性和当地的防灾减灾能力进行综合分析,构建台风灾害的综合风险评价指标体系,在对各评价指标进行量化后,利用 GIS 的空间分析功能将各评价指标按其权重进行叠加分析,并进行风险等级区划,从而为资源配置和防灾减灾规划等决策提供参考和依据。

2 台风灾害综合风险评价原理与方法

2.1 台风灾害风险指数(TDRI)

为了对台风灾害的风险进行综合评价,本文引入了台风灾害风险指数(TDRI,Typhoon Disaster Risk Index)的概念。TDRI 类似于生活质量指数,但不同于生活质量指数反映各地区的相对生活质量水平,TDRI 反映的是各区域的台风灾害风险相对水平。与以往台风风险通常只关注损失估计不同的是,这个指数考虑了研究区域对预期破坏的应对和恢复能力。

TDRI 可以帮助各级政府机构:进行资源配置;进行高层规划决策;提高公众对台风风险、产生原因、风险管理方式的了解。TDRI 易于评估和理解,可以整体(即考虑所有相关因素)明确的提供有关台风风险的具体原因[17]。

2.2 台风灾害风险评价原理

利用台风灾害风险指数(TDRI)对台风灾害进行综合风险评价应考虑台风灾害的危险性、脆弱性、暴露性和研究区域的防灾减灾能力[7-18-19]。台风灾害风险评价原理如图 1 所示。

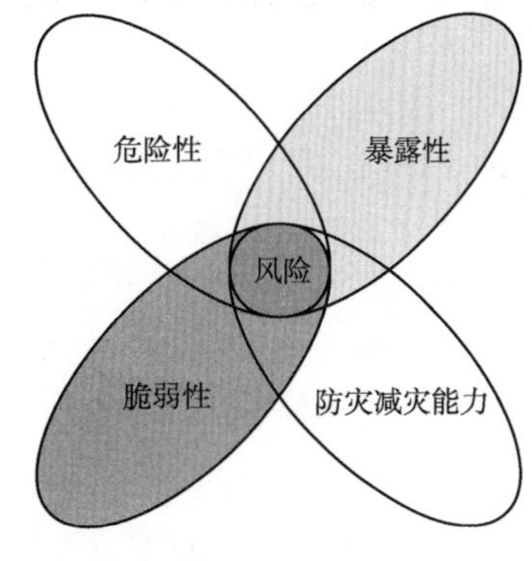

图 1 台风灾害风险评价原理

台风灾害是指严重扰乱一个社区或社会,造成超出其自身资源应对能力的广泛的人员、物质、经济或环境损失的台风[20]。

台风灾害风险是指台风在特定时间内对处于危险的元素造成有害后果或预期损失的概率[21]。台风灾害风险可用下面公式表示:

$$台风风险 = 危险性 \times 脆弱性 \times 暴露性 \times 防灾减灾能力 \quad (1)$$

危险性(Hazard)是指可能导致生命损失或伤害、财产损失、社会和经济混乱、环境退化的潜在的破坏性的物理事件、现象或人类活动。台风灾害的危险性包块风场(顺时针或逆时针)、风暴潮、强降水、滑坡(泥石流)、沿海侵蚀、龙卷风等[20]。

脆弱性(Vulnerability)代表暴露实体如何受台风灾害影响。人员的脆弱性是指使个人或群体受台风灾害影响而受伤、死亡、流离失所、日常生活受到破坏的特征,或者是可以恢复其受到的影响的特征[22-24]。

暴露性(Exposure)是指台风时暴露于灾害中且受到不利影响的人员数量、建筑或活动的价值[17]。

防灾减灾能力(Emergen Response and Recovery Capability)代表一个地区如何有效地从短期和长期影响中恢复过来,是研究区域当地预防应对台风灾害和灾后恢复的能力[20]。

2.3 台风灾害综合风险评价指标体系构建

综合考虑台风灾害的危险性、脆弱性、暴露性和研究区域当地的防灾减灾能力,本文构建了台风灾害的综合风险评价指标体系。其中危险性选取的参数为台风的24h最大降雨量、过程降雨量和最大风速;脆弱性选取的参数为台风的因灾死亡率、影响范围、经济损失和社会影响等级;暴露性选取的参数为经济密度、建筑密度和人口密度;防灾减灾能力选取的参数为当地的人均GDP、医疗能力、道路状况和应急疏散能力。台风灾害的综合风险评价流程图如2所示。

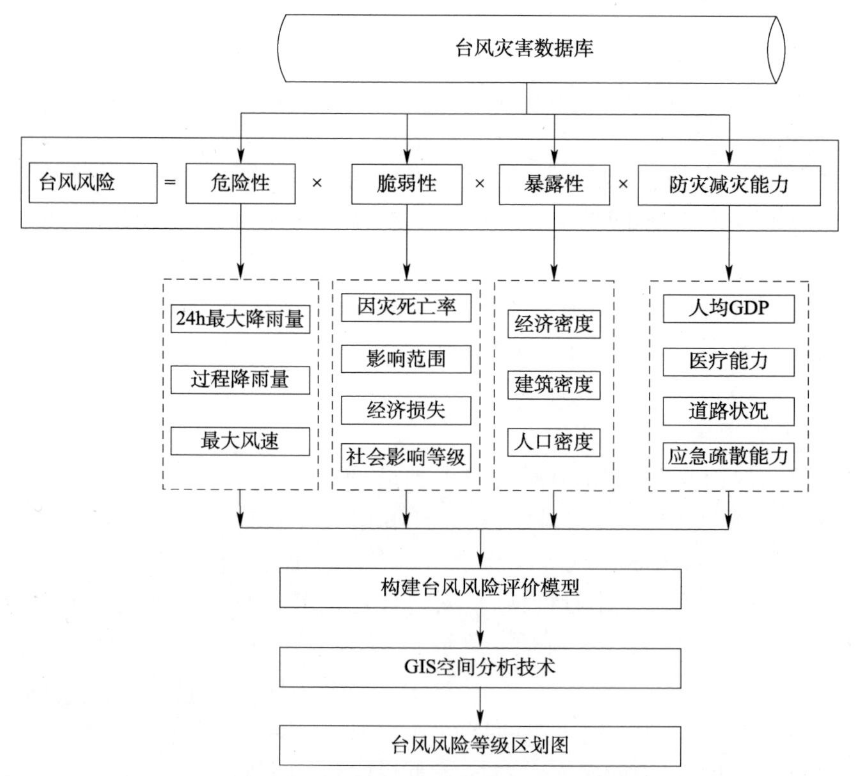

图2　台风灾害的综合风险评价流程图

(1)台风灾害综合风险评价数学模型

本文采用的台风风险评价模型为:

$$\mathrm{TDRI} = (H^{W_H})(V^{W_V})(E^{W_E})(R^{W_R}) \tag{2}$$

式中： TDRI——台风灾害风险指数；

H——台风危险性指数；

V——台风脆弱性指数；

E——台风暴露性指数；

R——防灾减灾能力指数；

W_H、W_V、W_E、W_R——分别为危险性、脆弱性、暴露性和防灾减灾能力的权重。

H、V、E、R 由下面公式计算得出：

$$(H,V,E,R) = \sum_{i=1}^{n} D_{ij} \cdot W_i \tag{3}$$

式中：D_{ij}——因子 j 对应指标 i 的归一化值；

W_i——指标 i 的权重；

n——指标数。

(2)评价指标的归一化处理

不同量纲的原始数据需要进行标准化处理，从而统一评价标准(每个指标值在 0 ~ 1 之间)。采用极值标准化法对指标体系中的原始数据进行标准化处理。将所有指标按照正向指标(即指标值越高风险越大)与逆向指标(即指标值越高风险越小)，采用下列公式进行处理[25]。

对于正向指标： $$y_{ij} = \frac{x_{ij}}{\max(x_{ij})}$$

对于逆向指标： $$y_{ij} = \frac{\min(x_{ij})}{x_{ij}}$$

式中：x_{ij}，y_{ij}——分别为指标的原始值和标准值；

$\max(x_{ij})$——该指标中的最大值；

$\min(x_{ij})$——该指标中的最小值。

(3)评价指标的权重计算

权重是衡量各项指标和准则层对其目标层贡献度大小的物理量。本文采用层次分析法(AHP)和德尔菲法相结合的方法来确定各评价指标的权重[26]。

判断矩阵中，不同元素间的比较根据 T. L. Saaty 的 1 ~ 9 标度方法进行打分，根据重要程度不同而赋予不同的分值，各标度的含义如表 1 所示。

表 1 判断矩阵各元素的 1 ~ 9 标度方法

标度	含 义
1	两个元素同样重要
3	其中一个元素比另一个元素稍微重要/有优势
5	其中一个元素比另一个元素比较重要/有优势
7	其中一个元素比另一个元素十分重要/有优势
9	其中一个元素比另一个元素绝对重要/有优势
2,4,6,8	介于上面两个相邻判断值的中间
倒数	若 i 与 j 的判断值为 a_{ij}，则 j 与 i 的判断值为 $1/a_{ij}$

3 案例分析

3.1 研究区域概况

本文以浙江省为例,对其各地市的台风灾害风险进行综合评价。浙江省位于我国东南沿海,海岸线长,受太平洋西行台风影响频繁,且易引发风暴潮。近年来,随着人口密度的不断增大和经济发展的不断加快,台风灾害的影响越来越受到人们的关注和重视[27-29]。浙江省的行政区划图如3所示。

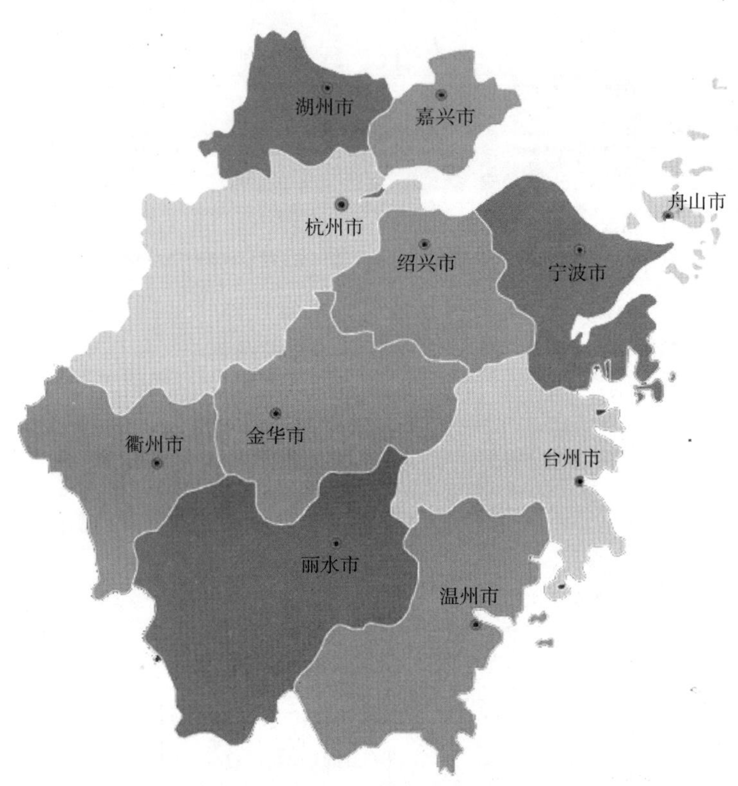

图3 浙江省行政区划图

3.2 评价指标权重的计算

通过专家打分,利用层次分析法和德尔菲法计算得出各评价指标的权重,浙江省台风灾害综合风险评价的指标权重如表2所示。

3.3 评价指标原始值及标准化

本研究根据《热带气旋年鉴》[30]和《浙江统计年鉴》(2010)[31]中的相关数据,对各评价指标赋值并进行归一化处理。

(1)评价指标原始值

表3～表6分别为浙江省各地市危险性、脆弱性、暴露性、防灾减灾能力指标的原始值。由于某些指标没有确切的数据,因此将其分为5个等级,分别用分值1～5表示。分值越大,表明相应的指标等级越高。

表 2　浙江省台风灾害综合风险评价指标权重

目标层	权重	准则层	权重	方案层	权重
台风风险	1.000	危险性	0.227 7	24h 最大降雨量	0.168 2
				过程降雨量	0.374 4
				最大风速	0.457 3
		脆弱性	0.394 7	因灾死亡率	0.385 5
				影响范围	0.134 9
				经济损失	0.245 8
				社会影响等级	0.233 8
		暴露性	0.113 1	经济密度	0.286 3
				建筑密度	0.191 9
				人口密度	0.521 7
		防灾减灾能力	0.264 6	人均 GDP	0.223 4
				医疗能力	0.272 8
				道路状况	0.135 5
				应急疏散能力	0.368 3

表 3　浙江省各地市台风危险性指标原始值

地市名称	24h 最大降雨量(mm)	过程降雨量(mm)	最大风速(m/s)
杭州市	190	330	32
宁波市	170	360	32
台州市	200	400	108
温州市	410	630	38
丽水市	130	260	32
衢州市	110	170	32
金华市	110	180	32
绍兴市	200	360	32
嘉兴市	270	460	34
湖州市	200	360	32
舟山市	200	510	100

表 4　浙江省各地市台风脆弱性指标原始值

地市名称	因灾死亡率	影响范围	经济损失	社会影响等级
杭州市	3	3	3	5
宁波市	3	4	4	4
台州市	3	4	4	3
温州市	5	4	5	4

续上表

地市名称	因灾死亡率	影响范围	经济损失	社会影响等级
丽水市	2	2	1	1
衢州市	1	1	1	1
金华市	2	2	1	2
绍兴市	3	3	3	3
嘉兴市	3	3	3	3
湖州市	2	2	3	2
舟山市	4	5	2	3

表5　浙江省各地市台风暴露性指标原始值

地市名称	经济密度(亿元/km^2)	建筑密度	人口密度(人/km^2)
杭州市	1.235	5	1 383
宁波市	0.429	4	582
台州市	0.298	3	781
温州市	0.361	4	1 003
丽水市	0.031	1	149
衢州市	0.070	1	283
金华市	0.161	2	424
绍兴市	0.455	3	726
嘉兴市	0.483	3	878
湖州市	0.191	2	445
舟山市	0.370	2	672

表6　浙江省各地市台风防灾减灾能力指标原始值

地市名称	人均GDP(元)	医疗能力(病床数/张)	道路状况(里程数/km)	应急疏散能力
杭州市	74 924	34 832	14 265.88	5
宁波市	73 998	22843	9 271.55	4
台州市	35 148	15 455	10 671.00	3
温州市	32 595	20 380	7 566.00	4
丽水市	21 139	6 514	12 607.31	2
衢州市	24 764	6 618	7 039.00	1
金华市	38 179	14 148	11 295.64	4
绍兴市	54 309	14 552	8 536.00	3
嘉兴市	56 607	12 842	6 984.90	3
湖州市	42 942	9 304	6 951.92	3
舟山市	55 106	3 755	1 528.34	1

(2)评价指标标准化值

表7～表10分别为浙江省各地市危险性、脆弱性、暴露性、防灾减灾能力指标的归一化值。其中危险性、脆弱性、暴露性为正向指标,防灾减灾能力为逆向指标。

表7　浙江省各地市台风危险性指标标准值

地市名称	24h 最大降雨量	过程降雨量	最大风速
杭州市	0.463 4	0.523 8	0.296 3
宁波市	0.414 6	0.571 4	0.296 3
台州市	0.487 8	0.634 9	1.000 0
温州市	1.000 0	1.000 0	0.351 9
丽水市	0.317 1	0.412 7	0.296 3
衢州市	0.268 3	0.269 8	0.296 3
金华市	0.268 3	0.285 7	0.296 3
绍兴市	0.487 8	0.571 4	0.296 3
嘉兴市	0.658 5	0.730 2	0.314 8
湖州市	0.487 8	0.571 4	0.296 3
舟山市	0.487 8	0.809 5	0.925 9

表8　浙江省各地市台风脆弱性指标标准值

地市名称	因灾死亡率	影响范围	经济损失	社会影响等级
杭州市	0.6	0.6	0.6	1
宁波市	0.6	0.8	0.8	0.8
台州市	0.6	0.8	0.8	0.6
温州市	1	0.8	1	0.8
丽水市	0.4	0.4	0.2	0.2
衢州市	0.2	0.2	0.2	0.2
金华市	0.4	0.4	0.2	0.4
绍兴市	0.6	0.6	0.6	0.6
嘉兴市	0.6	0.6	0.6	0.6
湖州市	0.4	0.4	0.6	0.4
舟山市	0.8	1	0.4	0.6

表9　浙江省各地市台风暴露性指标标准值

地市名称	经济密度	建筑密度	人口密度
杭州市	1.000 0	1	1.000 0
宁波市	0.347 6	0.8	0.420 6
台州市	0.241 3	0.6	0.564 7
温州市	0.292 3	0.8	0.725 2

续上表

地市名称	经济密度	建筑密度	人口密度
丽水市	0.025 4	0.2	0.107 6
衢州市	0.056 6	0.2	0.204 3
金华市	0.130 7	0.4	0.306 4
绍兴市	0.368 4	0.6	0.524 9
嘉兴市	0.391 1	0.6	0.634 9
湖州市	0.154 7	0.4	0.322 1
舟山市	0.299 9	0.4	0.485 9

表 10 浙江省各地市台风防灾减灾能力指标标准值

地市名称	人均 GDP	医疗能力	道路状况	应急疏散能力
杭州市	0.282 1	0.107 8	0.107 1	0.20
宁波市	0.285 7	0.164 4	0.164 8	0.25
台州市	0.601 4	0.243 0	0.143 2	0.33
温州市	0.648 5	0.184 2	0.202 0	0.25
丽水市	1.000 0	0.576 5	0.121 2	0.50
衢州市	0.853 6	0.567 4	0.217 1	1.00
金华市	0.553 7	0.265 4	0.135 3	0.25
绍兴市	0.389 2	0.258 0	0.179 0	0.33
嘉兴市	0.373 4	0.292 4	0.218 8	0.33
湖州市	0.492 3	0.403 6	0.219 8	0.33
舟山市	0.383 6	1.000 0	1.000 0	1.00

3.4 台风灾害风险指数(TDRI)计算

利用式(3)分别计算浙江省各地市危险性、脆弱性、暴露性和防灾减灾能力指数，然后利用式(2)计算台风灾害风险指数(TDRI)，得出各地市的台风灾害综合风险。计算结果如表11所示。

表 11 浙江省各地市台风灾害综合风险值

地市名称	危险性	脆弱性	暴露性	防灾减灾能力	综合风险值
杭州市	0.409 6	0.693 5	0.999 9	0.180 6	0.449 1
宁波市	0.419 2	0.722 9	0.472 5	0.223 1	0.445 8
台州市	0.777 1	0.676 1	0.478 8	0.342 8	0.560 8
温州市	0.703 5	0.926 3	0.615 6	0.314 6	0.624 3
丽水市	0.343 3	0.304 1	0.101 8	0.581 2	0.327 8
衢州市	0.281 7	0.200 0	0.161 2	0.743 2	0.298 6
金华市	0.287 6	0.350 8	0.274 0	0.306 5	0.314 6

续上表

地市名称	危险性	脆弱性	暴露性	防灾减灾能力	综合风险值
绍兴市	0.431 5	0.600 0	0.494 5	0.304 4	0.455 0
嘉兴市	0.528 1	0.600 0	0.558 3	0.315 6	0.487 7
湖州市	0.431 5	0.449 2	0.289 1	0.372 6	0.403 0
舟山市	0.808 6	0.681 9	0.416 1	0.862 3	0.713 3

3.5 计算结果可视化

利用 ArcGIS 9.3 绘制出浙江省各地市的危险性、脆弱性、暴露性、防灾减灾能力、综合风险指数等的空间分布图,并进行等级区划,如图 4 ~ 图 8 所示。

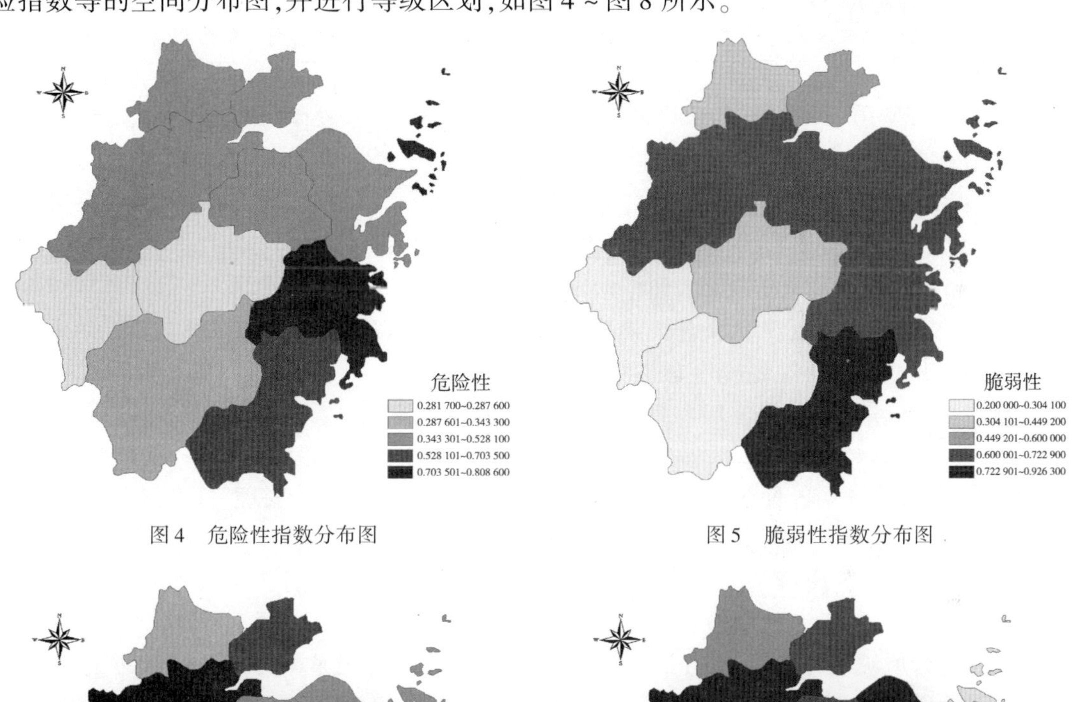

图 4 危险性指数分布图

图 5 脆弱性指数分布图

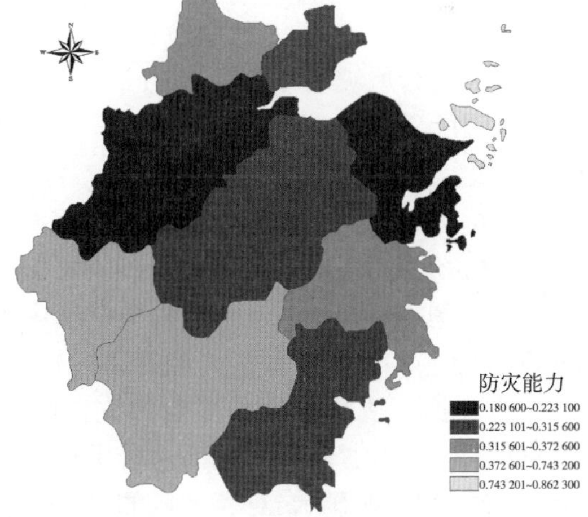

图 6 暴露性指数分布图

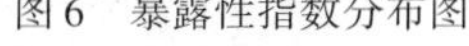

图 7 防灾减灾能力指数分布图

图 4 中颜色越深的区域表示台风灾害的危险性越大。可以看出,浙江省台风灾害危险性比较大的区域主要集中在沿海地区,这些地区发生台风灾害的频率较高,受台风灾害带来

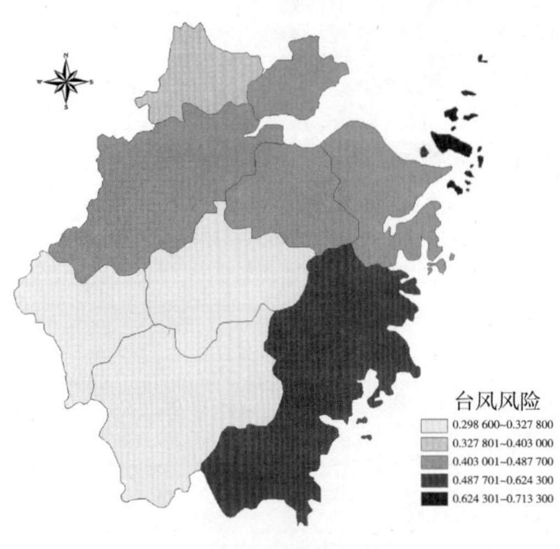

图8　浙江省各地市台风灾害综合风险分布图

的大风、强降雨、风暴潮等灾害的影响较大。

图5中颜色越深的区域表示台风灾害的脆弱性越大。由于人口、经济、社会等原因,脆弱性越大,则该地区在台风灾害时造成的人员和财产损失也越大。

图6中颜色越深的区域表示暴露性越大。可以看出,人口和经济密度大、经济比较发达的杭州和温州等地区的台风灾害暴露性比较大。

图7中颜色越深的区域表示防灾减灾能力越高。由于防灾减灾能力指数对台风灾害综合风险为逆向相关,所以表现为指数越小其防灾减灾能力越高。可以看出,经济比较发达、医疗设施和应急疏散规划等比较好的地区其对台风灾害的应对和恢复能力越好。

浙江省各地市台风灾害综合风险分布图见图18,图18中颜色越深的区域表示台风灾害综合风险越高。可以看出,浙江省台风灾害风险相对最严重的是舟山市,其次为沿海的台州和温州市,而靠近内陆的衢州、丽水和金华市的台风灾害风险则相对较小。

通过对各地市的台风灾害综合风险进行比较分析,可以为当地决策部门分配应对台风灾害的资源、相关的高层规划提供参考和依据。

4　结语

台风灾害的风险受各种各样因素的影响,包括气象、工程、应急管理、社会经济以及灾害成因和物理影响等。台风灾害的风险评价需要综合考虑这些因素,从而通过对不同区域台风灾害风险的对比,为决策部门的资源配置和高层规划提供参考,并提高公众对台风灾害的认识。本文通过对台风灾害风险评价理论的研究,得到以下几点结论和成果:

(1)提出台风灾害风险指数(TDRI)的概念。通过充分考虑危险性、脆弱性、暴露性和防灾减灾能力等台风灾害风险影响因素,构建了台风灾害风险指数(TDRI)的数学模型和计算方法,来表征台风灾害的综合风险。

(2)构建了台风灾害综合风险评价指标体系。选取了发生频率、淹没范围和深度构成台风灾害的危险性指标;因灾死亡率、经济损失和社会影响等级构成台风灾害的脆弱性指标;经济密度、建筑密度和人口密度构成台风灾害的暴露性指标;当地的人均GDP、医疗能力、道路状况和应急疏散能力构成当地的防灾减灾能力指标。

(3)以浙江省为例,进行了台风灾害风险评价案例应用。结合统计数据对各评价指标进行量化,计算得出浙江省各地区的台风灾害风险指数(TDRI),并在GIS中进行可视化,对各指标进行更直观地显示,对各区域的台风灾害风险进行更直观的比较。

参考文献

[1] 刘俊. 关注台风[M]. 北京:军事科学出版社,2010.

[2] United Nations Development Programme Bureau of Crisis Prevention & Recovery (UNDP/BCPR). Global Risk And Vulnerability Index Trends per Year (GRAVITY). Phase IV: Annex to WVR and Multi Risk Integration[R]. www-fourier. ujf-grenoble. fr/ ~mouton/Publis_HDR.../ew_gravity4. pdf.

[3] Asian Disaster Preparedness Center. Asian Urban Disaster Mitigation Program[R]. Klong Luang: Asian Disaster Preparedness Center(ADPC), 2004.

[4] CRICHON, D.. The Risk Triangle[J]. Natural Disaster Management. Jon Ingleton (Ed.), Tudor Rose, London, 1999.

[5] PEDUZZI, P., Dao, H., HEROLD, C.. Global Risk and Vulnerability Index Trends per Year (GRAVITY), Phase Ⅱ: Development, analysis and results, scientific report[R]. UNDP/BCPR, Geneva, Switzerland, 2002.

[6] GRANGER. Quantifying Storm Tide Risk in Cairns[J]. Natural Hazards, 2003(30): 165-185.

[7] Walter Hays. UNDERSTANDING DISASTER-RISK REDUCTION FOR SEVERE WINDSTORMS[R]. www. pitt. edu/ ~super4/39011-40001/39531-39541. ppt.

[8] ZHONG X. C, SHI X. W, FANG W. H., LIN W.. Typhoon Risk Assessment of China [R]. www. boku. ac. at/iwhw/idrim2010/docs/presentations/.../3_Zhong. pdf.

[9] 刘利群. 基于 GIS 的湛江水产养殖台风灾害危险性评估研究[J]. 安徽农业科学, 2010, 38(15): 8032-8033, 8060.

[10] 叶小岭,刘程波,张颖超,等. 基于 BP 神经网络的浙江台风损失预测[J]. 信息技术, 2011(10): 59-61.

[11] 薛根元,余善贤,何凤翩,等. 云娜台风灾害特点与浙江省台风灾害初步研究[J]. 自然灾害学报, 2006, 15(4): 39-47.

[12] 周子康,刘为纶. 浙江省台风灾害的成因因子与危害分析[J]. 科技通报, 1994, 10(3): 156-160.

[13] 张永恒,范广洲,马清云,等. 浙江省台风灾害影响评估模型[J]. 应用气象学报, 2009, 20(6): 772-776.

[14] 陈香. 福建省台风灾害风险评估与区划[J]. 生态学杂志, 2007, 26(6): 961-966.

[15] 王美双. 浙江省台风灾害分析与风险评估[D]. 南京:南京信息工程大学,2011.

[16] 唐丽丽. 基于 GIS 的台风灾害灾情及风险评估研究-以浙江省为例[D]. 北京:首都师范大学,2011.

[17] Davidson R A, Lamber K B. Comparing the hurricane disaster risk of U. S. coastal counties[J]. Natural Hazards Review, 2001(8): 132-142.

[18] Walter Hays. DISASTER SCENARIOS- A PRIMER OF KNOWLEDGE THAT CAN MULTIPLY AND SPILL OVER FOR THE BENEFIT OF MILLIONS[R]. www. pitt. edu/ ~super4/39011-40001/39571. ppt.

[19] Walter Hays. UNDERSTANDING AND PREPARING FOR SEVERE WINDSTORMS[R]. www. pitt. edu/ ~super4/41011-42001/41711. ppt.

[20] UN/ISDR. Glossary-Basic Terms of Disaster Risk Reduction[R]. http://www.unisdr.org/unisdr/eng/library/lib-terminology-eng%20home.htm, 2004.

[21] JONES R, CAWOOD M, DURHAM K. An Australian innovation in emergency risk management[J]. Int. J. Risk Assessment and Management, 2001, 2(3/4): 288-302.

[22] IFRC. Vulnerability and Capacity Assessment-An International Federation Guide, Geneva [R]. http://www.proventionconsortium.org/files/vca.pdf, 1999.

[23] GARATWA W, BOLLIN C. Disaster Risk Management. Working Concept. GTZ Eschborn [R]. http://www.gtz.de/themen/cross-sectoral/download/kv-papier-english.pdf, 2002.

[24] Blaikie P, Cannon T, Davis I, Wisner B. At risk: Natural hazards, people's vulnerability, and disasters[M]. Routledge, London, 1994.

[25] 尹占娥.城市自然灾害风险评估与实证研究[D].上海:华东师范大学, 2009.

[26] Saaty T L. The analytic hierarchy process[M]. RWS Publications, Pittsburgh, 1990.

[27] 吕振平,姚月伟.浙江省台风灾害及应急机制建设[J]. 灾害学, 2006, 21(3): 69-71.

[28] 薛根元,俞善贤,何风翩,等.云娜台风灾害特点与浙江省台风灾害初步研究[J]. 自然灾害学报, 2006, 15(4): 39-47.

[29] 刘庭杰,施能,顾骏强.浙江省台风灾害的统计分析[J]. 灾害学, 2002, 17(4): 64-71.

[30] 中国气象局.热带气旋年鉴[M]. 北京: 气象出版社,2006.

[31] 浙江统计局.浙江统计年鉴[M]. 北京: 中国统计出版社, 2010.

水运工程重大危险源评价方法及技术研究

侯志强　刘敏燕　徐宏伟　张　霞

摘　要　近年来,随着交通水运基础设施建设投资的增加,随之水运工程施工的安全问题也越来越突出,水运工程施工重大危险源(工序)缺乏有效的风险评价方法已经成为水运工程建设领域重大事故多发的一个重要原因。本文在调研施工企业现状的基础上,结合水运工程施工特点,从风险的基本概念出发,制定了事故后果衡量指标的分值评定标准和事故可能性衡量指标的分值评定标准,从而实现了对重大危险源(工序)的定量评价和分级,为今后水运工程施工项目重大危险源(工序)风险评价提供了依据。

关键词　水运工程　施工　危险源　风险　评价

1　前言

《职业健康安全管理体系规范》(GB/T 28001—2001)将"危险源"定义为:可能导致伤害或疾病、财产损失、工作环境破坏或这些情况组织的根源或状态[1]。《重大危险源辨识》(GB 18218—2000)中将"重大危险源"定义为:长期或临时地生产、加工、搬运、使用或储存危险物质,且危险物质的数量等于或超过临界量的单元,该标准适用于危险物质的生产、使用、储存和经营等各企业或组织[2]。长期以来,各级交通建设安全监管部门、建设单位和施工企业都在沿用"危险源"和"重大危险源"的概念。针对公路水运工程施工危险源和重大危险源的定义,交通行业的专家和学者一直有着不尽相同的认识和看法。为了统一认识,2008 年 12 月 31 日和 2009 年 2 月 10 日,国家交通运输部有关部门专门组织部属四个研究院的相关安全专家和科研人员进行研讨,经过充分讨论,最终达成了共识,针对交通工程施工的特点和危险源的分布,将公路、水运工程危险源定义为:在公路水运工程施工过程中可能造成人员伤亡、财产损失的施工作业活动、危险物质、不良自然环境条件等。公路水运工程重大危险源就是在危险源定义的基础上突出人员伤亡、财产损失的重大程度。

2　水运工程施工特点及本文研究的重点

水运工程属于土木工程的范畴,水运工程所从事的工作内容和应用技术与土木工程其他类型工程基本上相同或相通,仅仅是它的服务对象着重于水运行业[3]。水运工程项目大多需要野外作业和水上作业,多工序交叉作业频繁,施工船舶和大型起重机械较多,同时工作面狭窄,受台风、洪水、风暴潮、滑坡等自然灾害的影响尤为突出,因此,容易引发起重伤害、物体打击、车辆伤害、机械伤害、触电、淹溺等重大人身伤亡和财产损失事故。

近年来,随着港口工程向大型化发展,码头向深水、远离岸线区域转移,专业化码头越来越多,改扩建码头工程和危险货物码头工程也越来越多;内河航运枢纽工程比例逐步上升。工程难度和施工环境发生了质的变化,施工建设过程中的工程安全问题较为突出[4]。从以往事故原因分析发现:对重大危险源(工序)缺乏有效的辨识和风险评价手段,从而不能有针对性地制定出专项安全施工方案和提出有效的工程安全控制措施,是水运工程建设领域重大事故多发的一个重要原因。

在国家标准《重大危险源辨识》(GB 18218—2000)和国家安全生产监督管理总局《关于开展重大危险源监督管理工作的指导意见》(安监管协调字〔2004〕56 号)中对危险物质有明确的规定。本文限于篇幅,只对水运工程重大危险源(工序)风险评价技术进行探讨。

3 水运工程重大危险源(工序)评价方法选择

安全评价方法是进行定性、定量安全评价的工具。按照安全评价结果的量化程度,安全评价方法可分为定性安全评价方法和定量安全评价方法。目前主要采用的定性评价方法有:预先危险性分析、危险可操作性研究、故障假设分析法与故障假设/检查表分析法、故障类型和影响分析法等;定量评价法有:美国道(DOW)化学公司的火灾、爆炸指数法,英国帝国化学公司蒙德评价法,概率理论分析方法,事故树分析法,故障树分析法等;半定量评价法有:作业条件危险性评价法(LEC)、打分的检查表法等。各种风险评价方法都有它的特点和适用范围,根据系统的复杂程度和评价的目的,可以采用定性、定量或半定量的评价方法。具体采用哪种评价方法,还要根据行业特点等因素进行确定[5]。

水运工程重大危险源(工序)风险评价目的是对重大危险源(工序)进行定性定量评价,然后进行分级,进而根据分级结果对水运工程重大危险源(工序)制定出施工控制和管理措施。由于水运工程水上施工的特点,就某一具体施工工序而言,不同的施工工艺、不同的施工单位、不同的地理位置,施工的风险大小都可能不一样,因此,定量评价水运工程重大危险源(工序)是个难点。

笔者调研了我国主要的水运工程施工企业:中国交通建设集团有限公司所属的第一航务工程局、第三航务工程局、第四航务工程局的相关施工公司以及上海港务工程公司、长江重庆航道工程局等企业,目前调研的所有企业对重大危险源风险评价均采用的是作业条件危险性评价法(LEC)。作业条件危险性评价法是评价人们在某种具有潜在危险的作业环境中进行作业的危险程度,该方法简单易行,危险程度的级别划分比较清楚[6]。但是,由于它主要是根据经验来确定三个因素的分数值及划定危险程度等级,受评价人员主观因素影响较大,评价过程不能与施工工艺、施工条件有机结合起来,从调研的结果看,各企业在评价过程中各因素取值差别较大,因此评价的结果与现实也不尽相同。因此,制订出一种适合水运工程重大危险源(工序)的评价方法已经势在必行。

4 水运工程重大危险源(工序)评价技术

水运工程施工项目作为一个系统,现代安全科学理论认为,安全是系统运行过程的状态描述量,是和危险互为对偶的两个系统过程的状态量。水运工程施工项目作为一个系统具有模糊性,工序危险性是系统工作状态的一个方面,它同样具有模糊性。因此,要准确、客观地描述重大危险源(工序)的危险性十分困难,必须要与工程的施工工艺、施工条件等施工的实际情况结合起来来考虑。

本文针对水运工程的施工特点，通过制订水运工程重大危险源（工序）衡量指标的判定标准实现了从定性向定量的转化，结合工程的实际施工情况对水运工程重大危险源（工序）进行定量计算，从而实现了对重大危险源（工序）的风险分级。

4.1 水运工程重大危险源（工序）的风险评价原理

在我国职业安全健康管理体系中，风险定义为"某一特定危险情况发生的可能性和后果的组合"。水运工程施工重大危险源（工序）的风险是该工序施工过程中发生事故的可能性与后果的乘积，用公式表达为：

$$R = P \times C$$

式中：R——风险值；

P——事故发生的可能性；

C——事故一旦发生时将造成的后果。

4.2 水运工程重大危险源风险评价的步骤

水运工程重大危险源风险评价包括以下六个步骤，如图 1 所示。

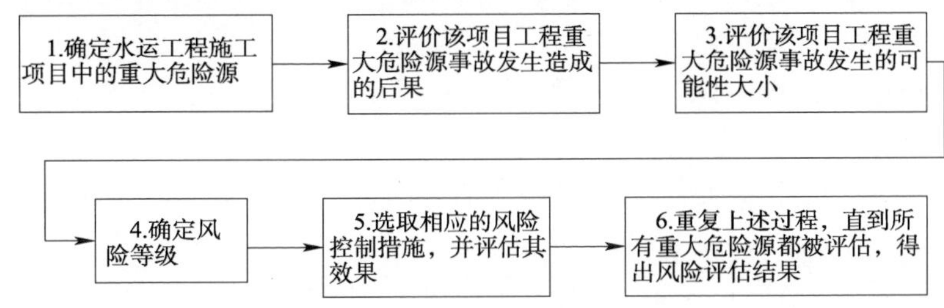

图 1　水运工程重大危险源风险评价步骤图

4.3 水运工程重大危险源（工序）事故发生的后果与可能性的衡量指标

4.3.1 水运工程重大危险源（工序）事故发生的后果

（1）衡量水运工程重大危险源（工序）事故发生的后果主要有两方面的指标：人员伤亡和经济损失。

（2）事故后果的评估。

表 1 给出了事故后果衡量指标的分值判定标准。

表 1　事故后果衡量指标的分值判定标准

后果衡量指标	判定标准	分值
人员伤亡（I）	3 人以上死亡	3
	1～3 人死亡	2
	无死亡，有人员受伤	1
经济损失（L）	对设备设施、船舶、岸坡等造成严重破坏，短时期内难以恢复，经济损失大，经济损失大于 1 000 万元	3
	对设备设施、船舶、岸坡等造成较大破坏，经济损较大，经济损失在 100 万～1 000 万元之间	2
	经济损失较小，在 100 万元以下	1

注：无人员伤亡、经济损失或环境影响时，分值为 0。

首先依据表1,分别得到人员伤亡(I)、经济损失(L)两个衡量指标的分值(分别用相应字母代表),然后相加再除以2,得到后果的分值(C_s),即:

$$C_s = (I + L)/2 \tag{1}$$

根据表1的判定标准,针对某项具体的水运工程项目工艺流程中的重大危险源(工序)进行一一取值、计算。

4.3.2 水运工程事故发生的可能性

(1)衡量事故发生可能性大小的指标有五个:

①事故的可信度:根据同类型工程(工序)或类似工程(工序)事故发生情况,并结合有关部门提供的情报来判定。事故的可信度越高,其发生可能性就越大。

②出现(暴露)频率:表示在工程(工序)施工中,人员所处的作业环境(临边或水下)和构件的状态(悬空)的情况及可预测性。人员和构件出现(暴露)频率越高,可预测性越高,发生伤害、破坏的可能性就越大。

③对自然条件的敏感性:表示工程(工序)施工时对自然条件(风、浪、雷雨雪、雾、潮差、潮汐等)的敏感程度。自然条件对工程(工序)影响越大,事故发生的可能性也就越大。

④工艺的成熟性:表示对该工艺的熟练程度。工艺越不成熟,事故发生的可能性也就越大。

⑤劳动力密集程度:表示工程(工序)施工时对劳动力的需求程度。作业的人数越多,发生事故的伤亡量可能性就越大。

(2)事故发生可能性评估。

首先依据表2,分别得到事故的可信度(R)、出现(暴露)频率(F)、对自然条件的敏感性(A)、工艺的成熟性(S)和劳动力密集程度(L)等五个衡量指标的分值(分别用相应字母代表),然后相加再除以5,得到发生可能性的分值(P_r),即:

$$P_r = (R + F + A + S + L)/5 \tag{2}$$

根据表2的判定标准,针对某项具体水运工程项目工艺流程中的重要工序再一一进行取值计算。

表2 事故可能性衡量指标的分值判定标准

可能性衡量指标	判定标准	分值
事故的可信度(R)	较高。例如事故在同类型工程(工序)或类似工程(工序)发生过多次,或者有关部门提供的情报显示该事件很可能发生	3
	一般。例如事故在同类型工程(工序)或类似工程(工序)中曾经发生过,或者有关部门提供的情报显示该事件有可能发生	2
	较低。例如事故在同类型工程(工序)或类似工程(工序)中很少或尚未发生,或者有关部门提供的情报显示该事件发生的可能性较小	1
出现(暴露)的频率(F)	较高。例如在工程(工序)施工中,人员一直或连续处于临边或水下作业,或在固定的时间临边作业;构件一直处于悬空状态,或大部分时间处于悬空状态	3

续上表

可能性衡量指标	判 定 标 准	分值
出现（暴露）的频率（F）	一般。例如在工程（工序）施工中，人员出现几次处于临边或水下作业；构件有几次处于悬空状态。或人员处于临边作业和构件处于悬空状态时间可以预计	2
	较低。人员处于临边作业和构件处于悬空状态时间很短	1
对自然条件的敏感性（A）	较高。如工程（工序）施工受自然条件（风、雨、雾、雪、潮汐等）影响较大	3
	一般。如工程（工序）施工受自然条件（风、雨、雾、雪、潮汐等）影响，但不显著	2
	较低。如工程（工序）施工不受自然条件（风、雨、雾、雪、潮汐等）影响，或影响较小	1
工艺的成熟性（S）	不成熟。如工程（工序）施工工艺从未用过	3
	一般。如工程（工序）施工工艺用过，但不常用	2
	成熟。如工程（工序）施工工艺是常用的方法	1
劳动力密集程度（L）	较高（10 人以上）。如临边临水作业或人机（主要指大型机械、构件等）直接接触的作业活动劳动力密集程度较高	3
	一般（3～10 人）。如临边临水作业或人机（主要指大型机械、构件等）直接接触的作业活动劳动力密集程度一般	2
	较低（3 人以下）。如临边临水作业或人机（主要指大型机械、构件等）直接接触的作业活动劳动力密集程度较低	1

注：当与某项指标无关时，分值取 0。

4.4 水运工程重大危险源风险等级的划分

水运工程某一工序的风险值（R_i）等于后果分值（C_s）与发生可能性分值（P_r）的乘积：

$$R_i = C_s \times P_r$$

水运工程重大危险源的风险可划分为三个等级：

低：风险值 $R_i<3$，为三级重大危险源；

中等：$3\leqslant$风险值 $R_i<6$，为二级重大危险源；

高：风险值 $R_i\geqslant6$，为一级重大危险源。

对照上述划分标准，根据计算得到的风险值 R_i，可确定所评估的重大危险源（工序）的风险等级。

5 结语

本文结合我国水运工程施工特点提出的一套完整的水运工程重大危险源（工序）评价技术方法和程序。通过在唐山曹妃甸港区通用码头二期工程和天津北疆港区北港池 5～7 号泊位工程的应用，以及征求施工企业和工程管理人员的意见，该方法具有以下三个特点：

（1）适用范围广，操作简单易行。该方法不仅适用于施工企业对工程项目中的重大危险源（工序）自评，也适合安全监管部门、建设单位或中介机构对重大危险源（工序）的评价；该方法操作方便，计算简单，方便各层次文化水平人员的应用。

(2)理论依据充分,考虑的因素全面。该方法是从基本的安全系统工程原理出发,根据风险的基本理论,结合水运工程施工的特点提出来的。将评价方法与工程特点有机地结合起来,评价过程考虑到施工工艺和施工条件等因素的差别,保证了评价的全面性。

(3)评价过程层次清晰,评价结果客观。本文提出了水运工程重大危险源风险评价步骤以及事故后果与可能性定值判定标准,进而提出了水运工程重大危险源的风险等级划分方法。结构合理,层次清晰,方便应用。通过在上述两个工程项目的应用表明评价结果客观可靠、可信度高。

参考文献

[1] GB/T 28001—2001　职业健康安全管理体系规范[S].

[2] GB 18218—2000　重大危险源辨识[S].

[3] 刘家豪.水运工程施工技术[M].北京:人民交通出版社,1998.

[4] 侯志强,刘敏燕.水运工程施工危险源辨识研究初探[J].港工技术,2008(1):34.

[5] 罗云,樊运晓,马晓春.风险分析与安全评价[M].北京:化学工业出版社,2004.

[6] 王显政.安全评价(上册)[M].3版.北京:煤炭工业出版社,2005.

基于 HAZOP 的原油罐区储运风险控制研究及案例分析

唐海齐　吕广宇　夏　庆

摘　要　相比与其他风险评估方法,HAZOP 能够系统地排查石油化工工艺中的事故隐患并评估可能导致的事故后果,因而在在国内外石油化工行业中广泛应用。然而研究发现目前 HAZOP 在原油罐区储运工艺风险评估中尚未得到推广和应用。本文首先简要论述了 HAZOP 分析的一般流程,然后着重分析归纳了 HAZOP 方法在原油罐区应用的一般模式,并对我国北方地区某原有储库 10 万 m^3 原油储罐储运工艺进行了 HAZOP 实例分析。通过一般模式归纳以及具体案例分析,展示如何将 HAZOP 应用于原油罐区储运工艺风险控制,以推广 HAZOP 在石油储运行业的应用,从而完善石化企业安全风险控制体系。

关键词　原油储罐　HAZOP　风险控制

1　引言

我国大型能源储备区通常建设有大规模的原油罐区,能量巨大,一旦发生火灾爆炸,将产生严重的事故后果,如 2010 年中石油大连“7-16”输油管道爆炸火灾事故、2013 年青岛“11-22”输油管道爆炸事件等。因此,审查罐区是否存在设计缺陷、储罐装卸作业等过程中是否存在安全隐患、罐区现有的安全附件和设备是否完备和操作工艺是否存在安全隐患等问题对于石油化工企业来说极为必要。

2　现有罐区工艺风险分析方法

目前我国石油化工企业常用的罐区工艺过程危险分析方法和技术主要有:安全检查表(Checklist)、故障假设分析(What-If)、故障类型和影响分析(FMEA)、预危险性分析(PHA)、故障树分析(FTA)和危险和可操作性分析(HAZOP)等方法。相比于其他方法,危险和可操作性分析(HAZOP)因其针对工艺且分析全面、系统、细致和深入等突出优点,更适合于进行原油罐区储运风险控制。

危险与可操作性分析(Hazard and Operability Analysis,HAZOP)是由英国化学工程师克莱兹于 20 世纪 60 年代发明,其作为生产装置及工艺流程安全系统评价方法,可应用于装置、设备的完整生命周期[2]。经过不断改进与完善,HAZOP 现已广泛应用于各类工艺过程和项目的风险评估工作中,如英国已通过立法手段强制在工程建设项目中应用 HAZOP。该方法以系统工程为基础,通过引导词和标准格式寻找工艺偏差,对分析对象进行系统化的审查,分析工艺过程中偏差产生的原因和可能导致的后果,可有效识别工艺过程中的潜在风险,对预防事故特别是重特大事故有非常好的效果[3-4]。

目前,HAZOP在我国的应用还处于起步阶段,除中石油、中石化等几家大型石化企业已开始着手将HAZOP应用于工艺危害分析,国内绝大部分化工企业管理者和安监人员对HAZOP方法还不了解。掌握HAZOP方法并能够应用于化工过程分析的人才和团队则十分缺乏,即便是大型央企、安全评价机构等几家少数组织能够执行HAZOP分析,但水平却也参差不齐。自2000年以来,国家安全生产监督管理总局监管三司和中国化学品安全协会始终致力于HAZOP方法在国内的宣传与推广应用,已受到石油和化工企业的广泛关注,部分企业已开始着手培养自己的HAZOP人员和团队[8-9]。

本文主要研究HAZOP在原油罐区工艺风险控制中的应用,提出原油罐区储运风险HAZOP分析的一般模式,通过对某大型油港10万m^3原油罐工艺的HAZOP分析,详细阐释HAZOP分析的过程,根据分析结果,提出原油罐区储运风险控制新措施。

3 原油罐区储运风险 HAZOP 分析

在进行原油罐区储运风险HAZOP一般模式分析归纳之前,简要介绍HAZOP方法的一般性理论如:节点、偏离引导词等概念、HAZOP分析步骤和HAZOP适用阶段等有助于理解一般模式的论述。

3.1 HAZOP方法一般性理论

3.1.1 节点、偏离、引导词

节点:在开展HAZOP分析时,通常将复杂的工艺系统分解成若干"子系统",每个子系统称作一个"节点"。将复杂系统划分为若干节点,可以将复杂系统简化,有助于分析团队集中于某一点深入讨论。

偏离:偏离所期望的设计意图。如某储罐内设计压力为$P_0 \sim P_1$,该储罐内压力高于P_1或低于P_0的现象都称为偏离。

引导词:一个简单的词或词组,用来限定或量化意图,并且联合参数以便得到偏离,如"没有"、"较多"、"较少"等等。例如偏离"没有流量"由引导词"没有"和参数"流量"构成。

3.1.2 HAZOP分析步骤

HAZOP分析通常由项目负责人(项目经理)启动,项目负责人确定开展分析的时间,确定分析团队主席,并提供开展分析必需的资源,由HAZOP分析主席确定分析小组成员并组织分析会议。HAZOP分析过程包括4个基本步骤,见图1[6]。

HAZOP分析关键环节是HAZOP工作会议,通常的做法是成立一个由相关多领域专家及操作经验丰富的操作人员组成的研究小组进行HAZOP工作会议。该组人员以"有组织的自由讨论"形式一起工作。在HAZOP会议前,由HAZOP分析主席将被研究的系统或设施分解成若干节点。小组成员中的工艺设计人员把每个研究节点的设计意图向研究小组其他成员进行解释,然后小组成员根据各自的专业知识及经验对P&ID图上表示的设计内容进行系统分析,以此来识别危险及其后果,并提出保护措施。具体方法:用引导词来系统的识别因不符合设计意图而可能出现的潜在的危险性或可操作性问题,分析讨论这种偏离可能的原因、有关的后果、现有的保护措施是否充分性以及解决措施等,并将讨论的内容及分析结果记录在HAZOP分析工作表上。HAZOP分析会议流程如图2所示。

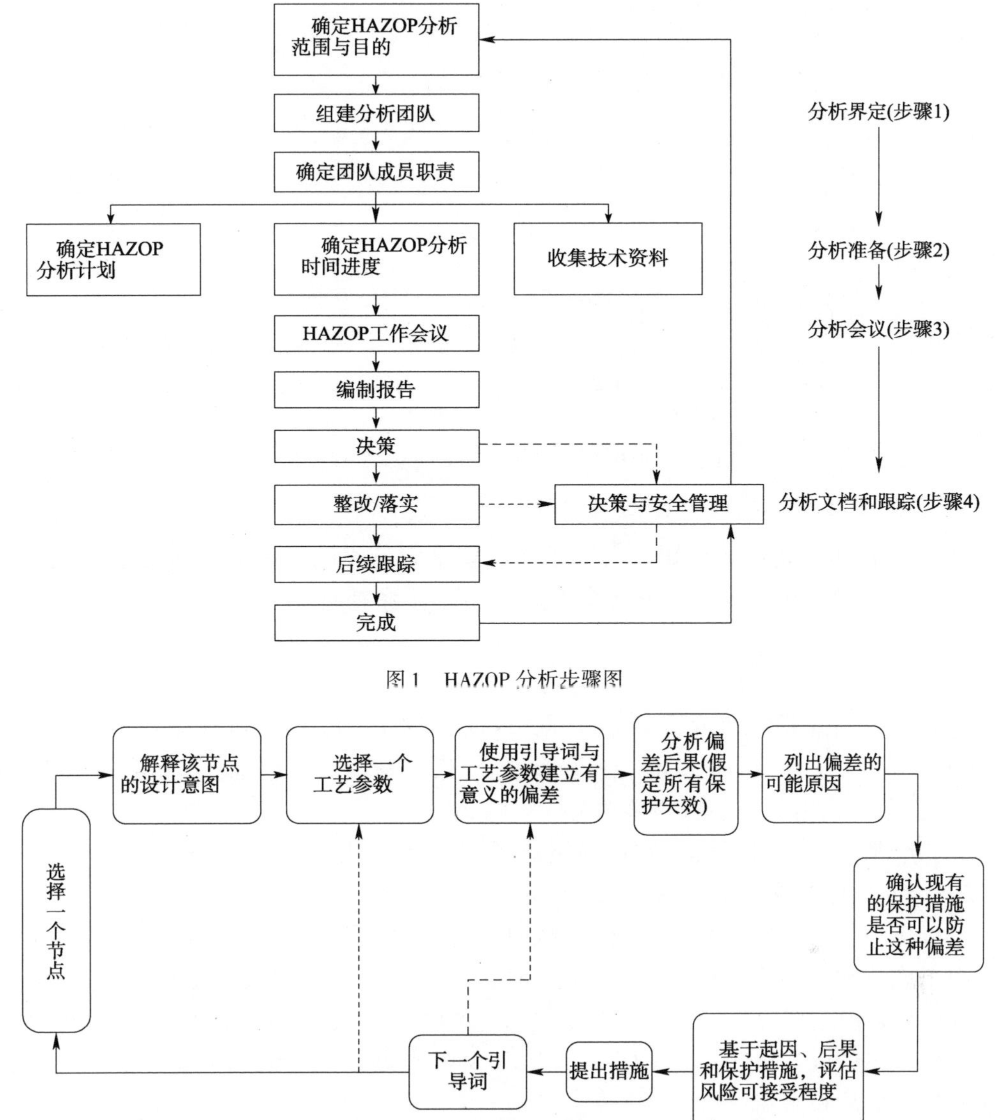

图 1　HAZOP 分析步骤图

图 2　HAZOP 分析会议流程图

3.1.3　HAZOP 适用阶段

在石油化工装置建设与运营的过程中，工艺系统的可行性研究、初步设计、详细设计、建设安装/开车、正常操作和维护、报废等不同阶段都需要进行危险性分析，制定安全对策，为过程的安全管理提供决策依据[5]。初步设计阶段是实施 HAZOP 分析的最佳阶段，在该阶段实施 HAZOP 分析可以帮助企业建造一个本质安全的装置系统，同时可以避免由于不合理的设计导致的频繁的工艺改造，提高了系统工作效率同时节约了成本，具有良好的经济效益。生产运行阶段实施 HAZOP 分析，能够系统全面地分析识别出工艺系统的事故隐患，完善针对潜在重大事故的预防性安全措施，从而避免危险事故发生或减小事故损失[6]。石油化工生命周期及设计变更费用比较见图 3。

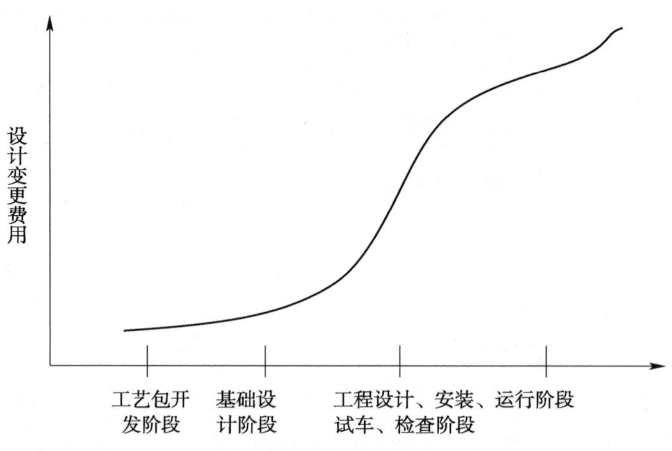

图3　石油化工生命周期及设计变更费用比较[7]

3.2　原油罐区储运风险 HAZOP 分析模式

HAZOP 方法可以逐一分析罐区储运工艺和安全设备设施等方面存在的潜在风险,查找事故隐患及可能导致的后果,提出相应的安全措施,弥补现有原油罐区安全分析方法的不足。

对罐区进行 HAZOP 分析的典型程序为:

(1)准备工作:包括组成分析小组、获取分析所需资料(PID 图、PFD 图等)。

(2)HAZOP 工作会议:HAZOP 分析需要将工艺图或操作程序划分为分析节点或操作步骤,然后用引导词找出各个节点的事故危险。

(3)分析结果文件:分析结果常以表格的形式记录。

3.2.1　对罐区开展 HAZOP 分析的准备工作

组成分析小组。组建 HAZOP 分析团队时,首先应保证小组所有成员熟悉罐区工艺,其次要求小组成员知识结构尽可能包括各个相关专业,并确保小组成员全程参与。小组成员包括:HAZOP 分析主席、记录员、工艺设计人员、罐区操作人员、仪表与控制工程师、安全专家等。分析小组的人数以 5～7 人为宜,人数太少可能导致分析结果不够全面准确,而人数太多又容易降低分析效率。

获取分析资料。翔实的资料是 HAZOP 分析结果质量的重要保证,分析资料具体包括:原油储罐工艺工艺流程图、原油储罐施工图、原油储罐安装图、管道仪表流程图(P&ID)、先前的故障假设分析和预危险分析报告、现有的操作流程和规范以及主要的部件的设计规格。分析小组在获取分析资料的时候,要重点澄清以下问题:

(1)明确所要分析的罐区是在役还是新建的。

(2)明确储罐的类型。

(3)明确工艺介质,了解工艺介质的理化性质(如 pH 值、闪点、易燃度、反应活性等)。

(4)罐区的其他相关条件,如储罐的容积、数量、分布、边界条件等。

划分节点和制订 HAZOP 分析会议日程安排。在进行 HAZOP 会议前,由 HAZOP 分析主席划分工艺流程节点,并安排分析会议日程。在节点划分上,由于储罐单元虽然油品储量大,但机械设备少、工艺过程简单的特点,所以通常将一种油品的收油流程和付油流程划分在一个节点内。分析会议开始前,制订会议日程安排是 HAZOP 分析会议顺利高效进行的有力保障。

3.2.2 罐区 HAZOP 分析工作会议

对于罐区进行 HAZOP 分析时,决定 HAZOP 分析结果质量的关键环节就是 HAZOP 分析会议。高效的分析会议是 HAZOP 分析结果质量的保证。罐区 HAZOP 分析工作会议步骤如下:

(1) 选择一个要分析的节点。

(2)由工艺设计人员为分析小组成员解释节点的工艺指标和操作步骤,保证每个组员都正确理解节点的设计意图。

(3)针对节点,选择工艺参数,如:液位、流量、压力和温度等。

(4)针对节点的工艺参数,选择引导词,如:高、低、相反等。

(5)将工艺参数与引导词组合,构建成有意义的偏差,如:温度高、压力低等。

(6)分析导致偏差的原因。

(7)确定偏差所能导致的后果,分析后果时,假设已有的保护措施是失效的。

(8)识别已有设计或已安装的保护措施,如:液位报警器、温度监测装置等。

(9)评估结果存在的风险是否在可接受范围内,如不可接受,则提出可行的建议措施。

(10)对工艺参数使用下一引导词,构成有意义的偏差(如液位过低),重复(5) (10),直到所有的引导都分析完毕。

(11)选择下一个工艺参数(如流量)构建有意义的偏差,重复(4)~(11),直到所有的工艺参数都分析完毕。

(12)选择下一个节点,重复(2)~(12),直到将罐区内所有节点分析完。

(13)整理记录生成报告阶段。

(14)罐区主管开展会议,对 HAZOP 分析报告进行讨论,对建议筛选和采纳。

3.2.3 输出分析结果文件

HAZOP 分析得到的结果为:

(1)偏差的原因、后果、保护装置、建议措施、事故频率、危害等级,风险等级。

(2)需要更多的资料才能对偏差进行进一步的分析。

4 应用实例

在综合分析现有资料和信息上,选定我国北方地区某原油储库 10 万 m^3 原油储罐储运工艺进行了 HAZOP 实例分析。

4.1 原油储运工艺流程

原油装卸工艺流程主要包括卸船流程、装船流程、原油倒罐流程、抽底油流程和辅助制氮系统及扫线流程。

卸船流程如下:

油轮→船泵→输油臂→流量计→储罐

装船流程如下:

储罐→装船泵→流量计→输油臂→油轮

4.2 节点划分和偏离的确定

相对复杂的化工工艺流程,原油储罐储运流程相对简单,因此将原油储罐装置划分为1个节点,即从卸料总管到储罐,包括氮封管线,排净管线以及放空管线。根据对工艺过程的理解,在分析前HAZOP小组在前期准备中依据规则过滤了一些偏离。本次HAZOP分析共使用参数17个,偏离23个。偏离的全面使用能够充分地识别出系统中存在的潜在危险,但是可能导致所用时间较长。如果使用的参数较少,则会遗漏一些问题。表1列出了本次HAZOP分析所使用的偏离。

表1 偏离及描述

序号	参数	引导词	偏离及描述
1	温度	过多	设备中温度过高
2		过少	设备中温度过低
3	压力	过多	设备中压力过高
4		过少	设备中压力过低
5	流量	反向	进入管线或容器的流体反向流动
6		伴随	进入管线或容器的流体掺入杂质
7		异常	进入管线或容器的流体完全替代
8	液位	过多	容器中液位过高
9		过少	容器中液位过低
10		无	容器中无液位
11	泄漏		内漏和外漏
12	仪表		节点中仪表、自控、联锁方面的缺陷
13	维护		维护需要的便利性条件是否具备,停车检修时发生的危险,日常维护可能发生的危险
14	采样		识别取样过程可能发生的危险(比如中毒、滑倒、泄漏等),化验分析数据不准可能产生的误判并导致误操作
15	压力分界		考察高压串低压,不同压力等级的设备承受同样的压力,由于技改现场装置与图纸的标识是否一致
16	布置位置		考察当前节点中由于布置不当不方便操作或维修的、不便于逃生等
17	启动与停止		启动或停止时需要与其他装置或岗位的协调与配合要求,正常开、停车时本节点的注意事项及风险,异常情况下的启停可能带来的风险
18	振动		识别设备的非正常振动
19	静电		识别由于流体流动摩擦产生静电积累
20	噪声		识别有没有超过人体承受的噪声
21	腐蚀		识别化学药剂对设备和管线造成的腐蚀
22	公用工程		蒸汽、循环水等公用工程失效对此装置的影响
23	以往事故		参考以往事故对此装置的影响

4.3 HAZOP 分析结论

会议对装置工艺进行了全面、系统地 HAZOP 分析，划分了 1 个节点，对节点涉及的偏离、原因、后果、保护措施进行了详尽的分析。如图 4 所示，建议措施共 11 条，细分为 4 项：设备（包括仪表、管线）相关的措施、更新操作规程相关的措施、DCS 相关措施（高低报及其联锁）、其他。

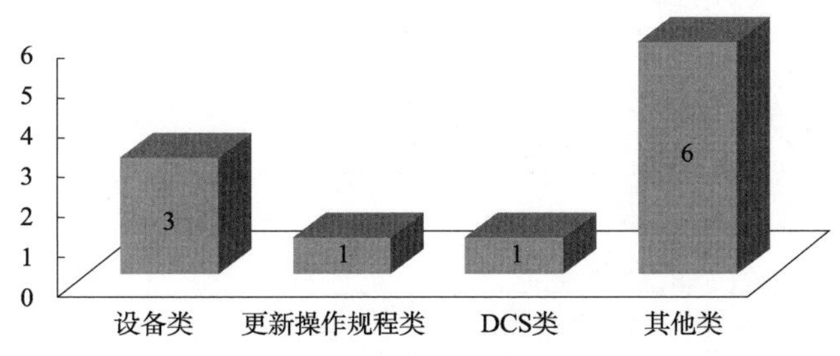

图 4　建议措施汇分类统计图

5　结语与展望

从实例分析可以看出，使用 HAZOP 分析方法不但可以对罐区现有设计进行风险评估，还可以挖掘出设计和操作中的安全隐患并提出相应解决措施。具体来看，HAZOP 分析能对工艺设计进行全面系统的分析研究和审查，发现潜在危险，甚至更微小隐蔽但又可导致从来没有发生过的事故隐患，提出解决方案；同时，HAZOP 分析能对生产操作人员的操作错误及由此而产生的后果进行分析和预测，并针对性地提出措施；其次，通过 HAZOP 的分析审查，可以排除工艺装置在设计和操作中可能发生的突然停车、设备破坏、产品不合格以及爆炸、着火中毒等恶性事故，从而提高装置生产效率和经济效益；最后，通过 HAZOP 分析，参与人员能更加全面深入地了解装置的性能，从而完善设计、保证装置的安全生产、充实操作规程和事故预案以及提高操作人员的培训质量。

高质量的 HAZOP 对于罐区安全风险控制具有极大促进，而成功的 HAZOP 分析需要企业领导重视，HAZOP 分析小组成员积极参与和通力配合；需要企业各方提供齐全的资料和充分的准备；需要一个经验丰富的 HAZOP 分析主席和具备较高 HAZOP 分析辨识能力和对岗位的业务知识比较精通的 HAZOP 分析成员。

在储罐区进行 HAZOP 分析可以有效发现工艺系统中潜在风险及隐患，企业可以根据实际情况进行合理的工艺风险控制，科学投入并落实安全措施，提高装置的安全水平，降低重大事故发生的可能性，为企业安全、平稳生产提供保障。

参 考 文 献

[1] 蔡胜梅，余武斌. HAZOP 分析方法及在小型危险化学品企业的应用 [J]. 浙江化工，2013，44(5)：39-42.

[2] 李娜，孙文勇，宁信道. HAZOP、LOPA 和 SIL 方法的应用分析[J]. 中国安全生产科学技术，2012，8(5)：101-106.

[3] 杨仕刚，王三明. HAZOP 方法的定量改进措施研究 [J]. 中国安全生产科学技术，2012，8

(10):208-211.

[4] 中国石油天然气集团公司安全环保与节能部.HSE管理体系基础知识[M].北京:石油工业出版社,2012.

[5] 杨光福,王晓文,费文博.HAZOP分析方法在石油化工装置生命周期中的定位[J].安全,2013(7):4-6.

[6] 中国化学品安全协会.危险与可操作性分析(HAZOP)应用指南[M].北京:中国石化出版社,2012.

[7] 中国化学品安全协会.危险与可操作性分析(HAZOP)基础及应用[M].北京:中国石化出版社,2012.

[8] AQ/T 3049—2013 危险与可操作性分析(HAZOP分析)应用导则[S].

[9] 国家安全监管总局2011年危险化学品和烟花爆竹安全监管重点工作安排(安监总厅管三〔2011〕16号).

我国煤炭海铁联运物流网络复杂性及安全可靠性的研究

崔　迪

摘　要　本文运用复杂网络的相关理论与方法分析煤炭海铁联运物流运输网络，进一步结合煤炭海铁联运物流网络的实际，详细探讨了煤炭海铁联运物流网络的复杂性及安全可靠性，旨在提高突发事件发生后煤炭海铁联运的物流供应保障水平和效益。

关键词　海铁联运　煤炭物流网络　复杂性　安全可靠性

1　引言

煤炭是我国重要的战略能源，在我国一次性能源结构中处于主导地位，对我国经济发展所起到的作用是其他能源无法比及的。但是我国的煤炭储量主要集中在晋陕蒙地区，但是煤炭消费却相对集中在经济发达的东部和南部省份，长期以来就形成了我国煤炭“北煤南运”和“西煤东运”的基本运输格局。这种长距离大量的煤炭运输造成煤炭生产和消费对运输的高度要求。虽然煤炭供需格局的形成取决于资源、生产和消费等要素，而供需格局的平衡则离不开物流运输环节和政府的宏观调控。尤其是运输环节，已成为煤炭供需平衡的关键所在。煤炭的主要运输方式包括铁路、水路和公路，或单方式直达运输，或铁、公、海多式联运。从市场份额看，铁路煤炭运输量约占整个煤炭运输总量的60%左右，水运为30%左右，公路为10%左右。

由于历史原因及煤炭的自身特点决定，煤炭的运输是大部分是依靠铁路完成内陆部分，海运完成调转运输，最终达到降低成本、提高运输资源利用率、满足客户需求的目的。我国现行的煤炭运输体系以海铁联运系统为主，公路运输为辅。据统计仅我国煤炭的运输就占全国铁路和水路年货运总量的45%左右。

2　煤炭海铁联运物流网络的复杂性

煤炭海铁联运物流过程实质上是物质煤炭流动的过程。该网络本质上具有一个复杂网络的特性，决定了可以将煤炭海铁联运物流网络抽象为复杂网络，进而应用复杂网络的相关理论和方法研究煤炭海铁联运物流网络组织及优化相关问题，加深人们对煤炭海铁联运物流网络系统结构的深入了解，具有非常重要的现实价值。

(1)煤炭海铁联运物流网络的节点多。

煤炭物流网络中的节点主要指煤炭移动过程中的停顿点，多为煤场、港口和货运站等。煤炭产品在开采完毕后要经过物流中心—铁路车站——港口——铁路车站——煤炭物流中心—用户等，在煤炭海铁联运物流网络的港口也作为物流节点。众多的物流节点就需要煤炭物流强化协同运作的效应,取得煤炭海铁联运物流系统的最大增值。但是,过多的节点会导致煤炭价格的增加,所以减少中间的运输环节是十分必要的。目前,我国煤炭海上运输通道的主要下水港为:秦皇岛港、天津港、沧州港、京唐港、青岛港、日照港、连云港。在煤炭海运下水量中,北方七港占全国外贸煤炭发运量的97.78%,内贸煤炭发货量的82.30%。尤其是秦皇岛港、天津港、沧州港和京唐港等四港合计占全部一次下水量的94.7%。其中我国的山西和内蒙古的煤炭主要通过天津港和秦皇岛港下水。陕西的煤炭主要通过天津港和沧州港下水。山东的煤炭主要通过日照港下水转运。

(2)煤炭海铁联运物流网络的节点动态演化。

煤炭海铁联运网络的节点规模是随着港口建设在不断得扩大的。同时,新港口的增加也对老港口的业务量产生一定的影响。例如,唐山港曹妃甸港区建设是河北省第一号工程,最终规模为2亿t,将接近或超过秦皇岛港目前的规模。唐山港曹妃甸港区将凭借其优势,直接与秦皇岛港展开货源与客户的竞争。再如,天津港是我国目前第二大北煤南运中转港,所承担的下水煤炭来源与运输经路与秦皇岛港基本相同,但是陆上运输距离较秦皇岛港略短。天津港通过服务创新、业务创新和管理创新赶超秦皇岛港,成为秦皇岛港的第一层次的竞争对手。由此可见,煤炭海铁联运网络关系随着港口的新业务量的增加而动态演化。

(3)煤炭海铁联运物流网络的节点度分布服从幂律分布。

煤炭海铁联运物流网络的度是指该节点拥有相邻节点的数目,或者说与该节点关联的边的数目。其中,网络中节点的度的分布情况可以用分布函数$P(k)$来描述。$P(k)$表示的是一个随机选定的节点的度恰好为k的概率。煤炭海铁联运物流网络的度分布图见图1。节点度服从幂律分布就是说具有某个特定度的节点数目与这个特定的度之间的关系可以用一个幂函数近似地表示。幂函数曲线是一条下降相对缓慢的曲线,这使得度很大的节点可以在网络中存在。对于随机网络和规则网络,度分布区间非常狭窄,几乎找不到偏离节点度均值较大的点,故其平均度可以被看作其节点度的一个特征标度。

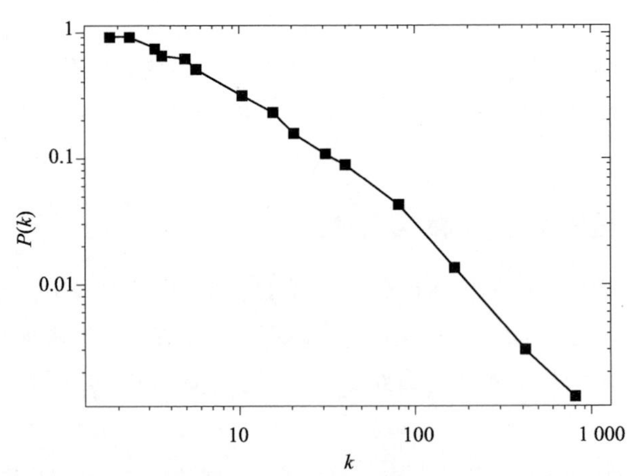

图1　我国煤炭海铁联运物流网络的度分布

煤炭海铁联运物流网络具有无标度网络的一些重要的特性:大部分节点,即煤炭海铁联运的港口,是孤立的或者只有少数几个连接,而某些节点,如秦皇岛港、天津港、沧州港、京唐港等港口企业，却拥有与煤炭海铁联运物流网络中的其他节点的大量连接。这些遇有大量连接的节点我们就称之为“集散节点”，其所拥有地连接可能高达数十甚至上百。煤炭海铁联运物流网络往往存在一些较大的关键节点（秦皇岛港），一般是信息网络节点或是重要的港口、战略装车铁路站点、物流中心等物流通道节点，对整个煤炭海铁联运物流网络的畅通起着非常关键的作用。

（4）煤炭海铁联运物流网络的模块特性。

煤炭海铁联运物流网络由若干个相互依赖、相互作用的功能网络模块构成，并通过各功能网络群模块之间的相互协助运输以及地方政府发展区域经济来凸显其分布的整体性结构特征。另外，煤炭海铁联运交易具有多样性的特点，使得煤炭海铁联运物流网络间的连接关系变得多样化，包括相对稳定的关系、单次合作关系、多次合作关系、竞争关系等。例如：环渤海湾港口群根据空间分布状况大致可分为三大子港口群：东北港口群（大连港、葫芦岛港、锦州港、营口港、丹东港）；山东港口群（青岛港、龙口港、威海港、烟台港）；京津港口群（天津港、秦皇岛港、唐山港、沧州港）。三大子港口群间形成“三足鼎立”的模块态势，目前由于缺少明确的功能定位和分工，其间既有分工合作又有着激烈竞争。通常来说，已经被广泛接受的群落结构的概念是由 Newman 等人引进的一个衡量网络划分质量的标准——模块度。考虑某种划分形式，它将网络划分为 k 个群落。定义一个 $k \times k$ 维的对称矩阵 $E = (\tilde{e}_{ij})$，其中，元素 $\tilde{e}_{ij}$ 表示网络中连接两个不同群落的节点的边在所有边中所占的比例，这两个节点分别位于第 i 个群落和第 j 个群落。这里所有的边是在原始网络中的，而不必考虑是否被群落结构算法移除。因此，该模块度的衡量标准是利用完整的网络来计算的。设矩阵中的对角线上各元素之和为 $Tre = \sum_i \tilde{e}_{ij}$。它给出了网络中连接某一个群落结构内部各节点的边在所有边的数目中所占的比例。定义每行（或者每列）中各元素之和为 $a_i = \sum_j \tilde{e}_{ij}$。它表示与第 i 个群落结构中的节点相连的边在所有边中所占的比例。在此基础上，模块度的衡量标准有如下的定义：

$$Q = \sum_i (\tilde{e}_{ii} - a_i^2) = Tre - \| \tilde{e}^2 \|$$

式中：$\| x \|$——矩阵 x 中所有的元素之和。

根据上式及我国的 2008 年交通年鉴的统计数据计算得出，我国煤炭海铁联运物流网络的平均模块度为 $Q \approx 0.357$。这说明煤炭海铁联运物流网络的模块度在一定程度上是存在的，同时模块与模块之间的合作性也很强。例如，文中所提到的东北港口群、山东港口群及京津港口群的大批煤炭都是运往我国南方港区（舟山煤炭中转码头、宁波港、东莞港、广州港等），所以这三大港区与我国的南方港区的煤炭海铁联运物流网络的模块度系数很小 $Q \approx 0.213$，最终导致我国煤炭海铁联运物流网络的平均模块度为 $Q \approx 0.357$。

（5）煤炭海铁联运物流网络动力学的复杂性。

煤炭海铁联运物流网络节点自身通常是一个行为主体，其行为会不停地变化，而且在不同时期，不同的节点都有不同行为特征。煤炭海铁联运物流网络自身的动态组织性和适应性以及该物流网络节点的动态选择性和变化性，会不断地推动着煤炭海铁联运物流网络的优化。煤炭海铁联运物流网络结构的优化一方面直接影响煤炭物流产业的演化，和煤炭物流产业结构的优化，另一方面对于配套铁路线路和港口线路的运作和相关产业的发展也将产生巨大的推动作用,这也正是煤炭海铁联运物流网络辐射效应的体现。

3 煤炭海铁联运物流网络的安全可靠性分析

2008年初,我国南方部分省市发生的持续低温冰冻雨雪灾害性的天气使得我国的高速公路网络、铁路大动脉、航空运输陷入瘫痪的状态。许多国计民生的必备物资必须采用水运方式来进行运输,使得本来就很抢手的水运市场更加备受追捧。许多工业原材料和工业能源的水路运输出现拥堵瓶颈。港口的煤炭运输压力增大,南方地区煤炭供应紧张,北煤南运任务迫在眉睫。我国17个省市的电厂因为严重缺煤,而导致拉闸限电。有限的煤炭运输能力严重影响并制约着我国工业生产和经济增长。2010年1月的大雪又导致我国的13个省市拉闸限电,煤炭运输再次告急。2010年1月9日以来,交通运输部接连下发紧急通知,要求各级交通运输管理部门和企业高度重视保民生、保运行工作,精心组织电煤抢运。2010年1月11日,交通运输部召开专题会议,再次研究部署电煤抢运工作。

秦皇岛港、天津港和沧州港是我国最重要的电煤输出港,东南部地区电力用煤的60%由此转运。据了解,目前秦皇岛港、天津港、沧州港、唐山港等北方七港煤炭年下水能力达到5.5亿t,未来两三年还将新增下水能力2.4亿多吨。港口装卸和船舶运力完全能够满足我国北煤南运的增长需求。在内贸煤炭下水总量中,仅上海、江苏、浙江、福建、广东五省市的煤炭接卸量就占全部下水量的88.5%。上海、江苏、广东的煤炭来源较平均,运量超过100万t的主要来源港口超过五个。浙江、福建的主要来源港口很集中,其中,浙江接卸的煤炭主要来自秦皇岛港、天津港两个港口,福建接卸的煤炭主要来自秦皇岛港、天津港、沧州港三个港口。假设把煤炭海铁联运物流网络中的重要港口枢纽作为网络的节点,节点与节点之间的业务往来作为网络中的关联的边的数目,对该网络的安全可靠性进行动态仿真模拟研究。

针对煤炭海铁联运物流网络中的节点采取两种去除策略:一是随机故障策略(random),即完全随机地去除该网络中的一部分节点;二是蓄意攻击策略(intentional),即从去除该网络中度最高的节点开始,有意识地去除该网络中一部分度最高的节点,见图2。假设去除的节点数占原始网络总节点数的比例为f,可以用最大连通子图的相对大小S和f的关系来度

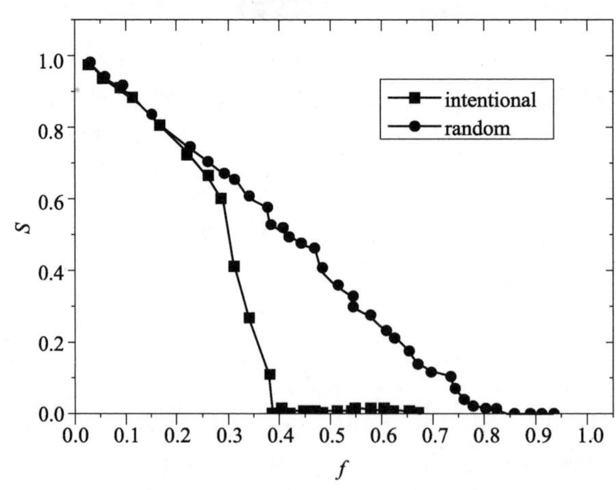

图2　我国煤炭海铁联运网络在蓄意攻击和随机攻击条件的安全可靠性

量煤炭海铁联运物流网络的安全可靠性(图2)。如果集散节点(如秦皇岛港、天津港)遭受蓄意攻击,也就是说,当某些大型煤炭海铁联运物流枢纽港物遭受破坏(雪灾、地震、恐怖袭击等)撤出该物流网络时,可能会导致整个煤炭海铁联运物流网络一定程度上的瘫痪。认识到煤炭海铁联运物流网络的这一复杂特性,对今后设计出更为有效的网络拓扑结构和连接策略,以提高整体的煤炭海铁联运物流网络的运作效率和安全可靠性将十分有益。

安全可靠性业务功能是煤炭海铁联运物流网络最基础的,也是必须具备的功能,物流网络安全可靠性效应则是煤炭海铁联运物流网络最核心的功能。只有在充分发挥好煤炭海铁联运网络安全可靠效应的基础上,才可能形成煤炭海铁联运网络辐射效应,而良好的煤炭海铁联运网络辐射效应(即该网络的运输通达能力)将是煤炭海铁联运物流网络运作所追求的最高目标。

4 结语与展望

研究煤炭海铁联运物流系统网络结构是一个复杂的系统工程。煤炭海铁联运物流系统网络结构由若干不同区域系统组成,每个系统又由若干作业环节组成,这些环节和系统相互联系作用,但彼此相对独立。所以,对煤炭海铁联运物流系统网络结构的研究应从对各个环节的管理和控制入手,并针对专门环节进行优化。在此基础上,实现对整体煤炭海铁联运物流系统网络结构的优化。煤炭企业应该加快对综合运输理论的研究和引入,建立和完善煤炭海铁联运物流系统网络结构体系。实施煤炭综合运输物流工程,提高煤炭企业的经济效益和市场竞争力,促进煤炭工业可持续发展。

参考文献

[1] 荣朝和.煤炭物流对我国铁路运输的影响和挑战[J].中国铁路,2007(12):31-35.

[2] 徐杰.物流组织网络结构及运作问题研究[D].北京:北京交通大学,2007.

[3] 汤希峰,余静.煤炭物流系统体系结构的研究[J].物流技术,2004(10):16-18.

[4] 2008中国交通年鉴[M].中国交通年鉴社,2008,10.

[5] 赵国智,王喜富,张仲义.煤炭物流网络的复杂性分析及优化方法研究[J].物流技术,2008(8):117-119.

[6] Cui D, Gao Z Y. The scale - free property and its weight of construction supply chain networks [C]. 2007, International Conference on Construction and Real Eastate Managemant G0032.

[7] Cui D, Gao Z Y, Zhao X M. Cascades in small - world modular networks with CML'S method[J]. Modern Physics Letters B, 2007, 21(30): 2055-2062.

国外丙烯腈运输相关法律法规对我国的启示

田晓洁

摘　要　本文以我国内河"禁运"丙烯腈以及2011年12月1日出台的《危险化学品安全管理条例》为背景,通过研究国际相关法律法规及规章中对丙烯腈的要求,希望我国可以借鉴国外丙烯腈运输的法律规章,加快制定出我国丙烯腈运输的具体要求和规则。

关键词　水路运输　丙烯腈　橙皮书　国际危规　欧洲AND　美国CFR

1　研究背景

2002年3月15日起实施的《危险化学品安全管理条例》第四十条规定:"禁止利用内河以及其他封闭水域等航运渠道运输剧毒化学品以及国务院交通部门规定禁止运输的其他危险化学品"。

2003年6月24日,公安部、国家环境保护总局、卫生部、国家质量监督检验检疫总局、铁道部、交通部和中国民用航空总局对剧毒化学品作出了定义。其中就包含丙烯腈(6.1类毒性物质)。自此,丙烯腈在我国内河水域禁运。

禁运后,在内河以及其他封闭水域运输剧毒化学品,在内河特别是长江沿岸地区引起了很大反响。长江沿岸化工企业众多,大都建有码头,长江"禁运"后,化工企业的码头闲置,并且进口化工原料必须从水路改经陆路中转。如镇江奇美化工有限公司,2004年以前,进口丙烯腈原料直接从长江运至自己企业码头,"禁运"后,丙烯腈只能运到离镇江较近的海港,如连云港,再从连云港由槽车陆路运输至奇美化工厂。从而造成了运输中转成本的增加,也间接加大了道路交通事故的风险。

2　国外丙烯腈运输相关法律法规

在我国内河航运持续发展的今天,我们尝试着通过研究国外法律法规对丙烯腈运输的相关要求和规定,对我国制定"禁运"目录以及相应的政策提供一些借鉴意见。

我们主要从以下四个方面来研究国外丙烯腈运输的法律法规和规章等。

2.1　《关于危险货物运输的建议书·规章范本》

《关于危险货物运输的建议书·规章范本》,也就是我们通常说的橙皮书,其中第3.2章危险货物一览表中对丙烯腈的要求如下,具体见表1。

联合国编号:1093。

类别或项别:3,易燃液体。

次要危险性:6.1,毒性物质。

联合国包装类别：Ⅰ，显示高度危险性的物质。

有限数量：0，指不允许按照3.4章运输。

例外数量：E0，不允许例外数量运输。

包装规范：P001，是对液体的包装规范，但其是使用容器（中型散货箱和大型容器除外）的包装规范。

便携式罐体和散装货箱规范：T14，对便携式罐体的规范要求。

便携式罐体和散装货箱特殊规定：TP2，不得超过4.2.1.9.3规定的装载度；TP13，运输这种物质时必须配备自持式通气设备。

表1　橙皮书中对丙烯腈的相关要求

联合国编号	名称和说明	类别或项别	次要危险性	联合国包装类别	特殊规定	有限和例外数量		容器和中型散货箱		便携式罐体和散装货箱	
						a 有限	b 例外	包装规范	特殊规定	规范	特殊规定
(1)	(2)	(3)	(4)	(5)	(6)	(7a)	(7b)	(8)	(9)	(10)	(11)
—	3.1.2	2.0	2.0	2.0.1.3	3.3	3.4	3.5	4.1.4	4.1.4	4.2.5/4.3.2	4.2.5
1093	丙烯腈，稳定的	3	6.1	Ⅰ	—	0	E0	P001	—	T14	TP2 TP13

从上述橙皮书中对丙烯腈的各项要求来看，丙烯腈属于第6.1项，且包装类别为第Ⅰ类包装毒性物质。属于橙皮书第1.4章安全规定中表1.4.1（有严重后果的危险货物指示性清单）中的有严重后果的危险性物质。

对于橙皮书中表1.4.1中所列的有严重后果的危险货物，橙皮书在第1.4章（安全规定）和7.2.4（公路、铁路和内陆水道运输的安全规定）中给出了相应的规定，如下：

（1）第1.4章安全规定中规定的要求，旨在解决以各种方式运输危险货物的安全问题。具体运输方式的安全规定，可查阅7.2章。国家和各种运输方式的管理机关还可适用在交运或运输危险货物时应予考虑的补充安全规定。

（2）在执行本国的安全规定方面，主管当局应考虑制订方案，确定从事有严重后果的危险货物（见橙皮书中第1.4章表1.4.1）运输的托运人和承运人，以便传达有关安全的信息。

（3）运输危险货物的公路车辆、火车和内陆水道船只的每个乘务人员，在运输过程中须随身携带有照片的身份证件。

（4）在需要和已经装备的情况下，应使用运输遥测或其他跟踪方法或装置，监测有严重后果的危险货物的流动。

（5）承运人应确保运输有严重后果的危险货物的车辆和内陆水道船只，装有防止车辆、内陆水道船只或其货物被盗的装置、设备或做出相应安排，并应确保这些装置、设备或安排随时可以使用和有效。

（6）货物运输装置的安全检查，应包括适当的保安措施。

对于6.1项毒性物质，橙皮书中第7.1.7中给出了下列特殊规定：

①与食物隔离：标明或已知为毒性（Ⅰ、Ⅱ、Ⅲ类包装）的物质与标明或已知为粮食、饲料

以及供人或动物食用的其他食物的物质,不得装在同一铁路货车、汽车、船舱、飞机隔舱或其他货物运输装置中运输。

②货物运输装置的洗刷消毒:装运过标明或已知为毒性(Ⅰ、Ⅱ、Ⅲ类包装)的物质的铁路货车、汽车、船舱、飞机隔舱或其他货物运输装置,再次使用前,必须进行污染检查。被污染的铁路货车、汽车、船舱、飞机隔舱或其他货物运输装置,在污染没有清除之前,不得再次使用。

综上,我们查阅橙皮书中丙烯腈的相关要求,可以得出如下结论:

(1)丙烯腈是属于第3类、6.1、Ⅰ类包装的危险物质。

(2)丙烯腈属于橙皮书第1.4章安全规定中表1.4.1(有严重后果的危险货物指示性清单)中的有严重后果的危险性物质。各国和各种运输方式的管理机关可以制定本国该物质的有关安全规定。

(3)橙皮书中对丙烯腈的包装规范要求是使用容器(中型散货箱和大型容器除外)的包装规范,即该包装规范无法指导通过中型散货箱和大型容器运输丙烯腈。

(4)橙皮书中只对丙烯腈采用便携式罐体运输做出了规定。未对丙烯腈采用散装货箱运输做出规定。

这些结论和橙皮书中的"相关建议不适用于遵守专门的国际或国家规定的远洋或内陆散装货船或油轮的散装危险货物运输"吻合。

2.2 《国际海运危险货物规则》

《国际海运危险货物规则》(简称《国际危规》)中对丙烯腈的相关要求(见表2和表3)和橙皮书中对丙烯腈的要求基本相同,增加了Ems(船舶载运危险货物应急措施)和积载与隔离两项内容。

Ems:船舶载运危险货物应急措施。

Ems火灾:F-E非遇水反应易燃液体,在《国际危规》补充本火灾应急措施表E中对非遇水反应易燃液体提出了相应火灾应急措施的要求。

Ems溢漏:S-D易燃液体,在《国际危规》补充本溢漏应急措施表D中对易燃液体提出了相应溢漏应急措施的要求。

积载与隔离:积载类E。

货船或载客限额不超过25人或船舶总长每3m不超过1人的客船,以数额较大者为准——舱面或舱内。

载客超过限制数额的其他客船——禁止装运。

表2 《国际危规》中对丙烯腈的要求——左半部分

UN No.	正确运输名称(PSN)	类别或小类	副危险	包装类	特殊规定	限量免除		包装		中型散装容器	
						限量	免除量	导则	规定	导则	规定
(1)	(2)	(3)	(4)	(5)	(6)	(7a)	(7b)	(8)	(9)	(10)	(11)
	3.1.2	2.0	2.0	2.0.1.3	3.3	3.4	3.5	4.1.4	4.1.4	4.1.4	4.1.4
1093	丙烯腈,稳定的	3	6.1	Ⅰ	—	0	E0	P001	—	—	—

表 3 《国际危规》中对丙烯腈的要求——右半部分

可移动罐柜与散装容器			Ems	积载与隔离	特性与注意事项	UN No.
IMO 罐柜导则	罐柜导则	规定				
(12)	(13)	(14)	(15)	(16)	(17)	(18)
—	4.2.5 4.3	4.2.5	5.4.3.2 7.3	7.1 7.2		
—	T14	TP2 TP13	F-E, S-D	积载类E。避开生活居住处所	无色、易流动液体,带有轻微刺激性气味。闪点:-5℃ c. c。爆炸极限:3% ~17%。部分与水混溶。吞咽、与皮肤接触或吸入会中毒。实践已表明该物质会从通常能够防止其他化学品溢漏的包件中漏出	1093

综上,通过查阅《国际危规》中丙烯腈的相关要求,我们发现《国际危规》中对丙烯腈的要求和橙皮书中的要求大致相同,仅增加了 Ems 船舶载运的应急措施和积载隔离两项内容。

《国际危规》要求对载运丙烯腈的船舶要按照《国际危规》补充本中火灾应急措施表 E 和溢漏应急措施表 D 的相关要求来采取应急措施。

《国际危规》规定丙烯腈为积载类 E,即丙烯腈积载于舱面或舱内。

2.3 欧洲 ADN《国际内河危险货物运输欧洲协议》

欧洲对内河运输危险化学品主要是通过 AND 进行的。ADN 规定禁止以任何载运形式运输的危险化学品品种范围,共 14 种,见表 4。其中不包含丙烯腈。

表 4 AND 中禁运的化学品品种

UN 编号	运 输 名 称	类别	小类
0020	毒性弹药,带有起爆装置、发射剂或推进剂	1	1.2K
0021	毒性弹药,带有起爆装置、发射剂或推进剂	1	1.2K
1798	王水	8	COT
2186	冷冻液态氯化氢	2	3TC
2249	对称二氯二甲醚	6.1	TF1
2421	三氧化二氮	2	2TOC
2455	亚硝酸甲酯	2	2A
3097	易燃固体,氧化性,未另作规定的	4.1	FO
3100	氧化性固体,自热性,未另作规定的	5.2	OS
3121	氧化性固体,遇水反应,未另作规定的	5.1	OW
3127	自热固体,氧化性,未另作规定的	4.2	SO
3133	遇水反应固体,氧化性,未另作规定的	4.3	WO
3137	氧化性固体,易燃,未另作规定的	5.1	OF
3255	次氯酸叔丁酯	4.2	SC1

另外,AND 中对危险品的分类和橙皮书基本一致,对丙烯腈的要求,增加了对船型的要求,要求船舶应为平铺甲板,双层壳型,带有双层船体空间,双层底,但不设围阱。货舱可由船舶内壳体构成或被安装在货舱空间,作为独立货舱。其他规定和橙皮书规定相同。

2.4 美国 CFR《联邦法规汇编》

CFR 中对丙烯腈的要求和橙皮书中的基本一致,只是增加了下列几项规定,具体要求见表5。

表5 CFR 中对丙烯腈的要求

Symbols	Hazardous materials descriptions and proper shipping names	Hazard class or Division	Identification Numbers	PG	Label Codes	特别条款 Special Provisions (§ 172.102)	(8) 包装 Packaging (§173.×××)			(9) 数量限制(净重) Quantity Limitations (see §§ 173.27 and175.75)		(10) 船舶装载要求 Vessel Stowage	
							Exceptions	非散装 Non－bulk	散装 Bulk 173.24b	载客的飞机或轨道车 Passenger aircraft/rail	货运飞机 Cargo aircraft only	Location	Other
(1)	(2)	(3)	(4)	(5)	(6)	(7)	(8A)	(8B)	(8C)	(9A)	(9B)	(10A) 172.101	(10B) 176.84
A	Acrylonitrile, stabilized	3	UN1093	I	3.6.1	B9,T14,TP2,TP13	None	201	243	Forbidden	30 L	E	40

(1)特别条款中,增加了 B9。B9 是指 Bottom outlets are not authorized(船底泄孔是不合法的)。

(2)对散装包装进行了规定,见 CFR 第 49 卷中的 173.243(Bulk packaging for certain high hazard liquids and dual hazard materials which pose a moderate hazard. 散装一定的危险性高的液体和构成中度危害的双重危险物质)。173.243 中对轨道车、货舱、便携式罐体以及中型散装容器四类散装包装进行了规定。其中规定中型散装容器不适用于装载Ⅰ类包装的液体。对货舱的规定如下:对于装载第 3 类或 6.1 的物质,罐体设计压力大于 172.4kPa(25 磅)的,要满足下列要求:

①泄压系统:每个货舱必须配备相匹配的泄压系统。

②船底泄孔。每个货舱必须配备截止阀,并能在 30s 内远程关闭。对于一些特定的物质,还需要配备内部自动关闭截止阀。

(3)对船舶积载给出了要求:分别见 CFR 第 49 卷中的 176.63 和 176.84。

①CFR49 中 172.101 对丙烯腈的装载位置做了如下规定:积载类 E。即:

货船或载客限额不超过 25 人或船舶总长每 3m 不超过 1 人的客船,以数额较大者为准——舱面或舱内；

载客超过限制数额的其他客船——禁止装运。

②CFR49 中 176.84 对丙烯腈的规定如下：避开生活居住处所。这个和《国际危规》中相同。

3 对我国的启示

从上面我们对国外丙烯腈运输相关法律法规的研究，可以看出，《关于危险货物运输的建议书·规章范本》是联合国危险货物运输专家委员会编写的适用于所有运输形式的危险货物运输最低要求。《国际危规》、AND、CFR 以及我过对危险化学品的相关规定均是按照橙皮书的要求来制定，只是个别增加了一些规定。如《国际危规》中增加了 Ems(船舶载运危险货物应急措施）和积载与隔离的要求；AND 中增加了船型的要求；CFR 中增加了散装包装和积载的要求等。从这些法律规章中，可以看出，国外并没有禁止在内河水域运输丙烯腈，只是对其做了相应的要求。

我国目前内河“禁运”给长江沿岸企业造成了一定的影响，结合 2011 年 12 月 1 日起实施的《危险化学品安全管理条例》中，第五十四条规定：“禁止通过内河封闭水域运输剧毒化学品以及国家规定禁止通过内河运输的其他危险化学品。禁止通过内河运输的剧毒化学品以及其他危险化学品的范围，由国务院交通运输主管部门会同国务院环境保护主管部门、工业和信息化主管部门、安全生产监督管理部门，根据危险化学品的危险特性、危险化学品对人体和水环境的危害程度以及消除危害后果的难易程度等因素规定并公布。”目前新的“禁运”范围尚未公布，仍使用以前的目录。希望我国可以借鉴国外丙烯腈运输的法律规章，加快制定出我国丙烯腈运输的具体要求和规则。

参 考 文 献

[1] 联合国危险货物运输专家委员会.《关于危险货物运输的建议书·规章范本》第十六修订版.[Z].纽约和日内瓦：联合国,2009.

[2] 联合国危险货物运输专家委员会.《关于危险货物运输的建议书·规章范本》第十六修订版.[Z].纽约和日内瓦：联合国,2009.

[3] 国际内河危险货物运输欧洲协议[Z].

[4] 美国 CFR《联邦法规汇编》[Z].

水运工程施工危险源信息化预警控制系统

张　霞　徐　晖

摘　要　水运工程施工危险源管理工作难度大，且效果往往不够理想。本文根据水运工程施工危险源的特点，结合信息技术进行水运工程施工危险源的预警管理方法的研究，提出了构建以施工项目危险源的辨识模型、多种评价方法进行危险性评价的数据处理模型、施工管理的数字化模型为核心的水运工程施工危险源信息化预警控制系统的设想，系统的建立可以提高水运工程施工危险源管理的效果和效率，为管理人员的经验交流提供平台，并为水运工程安全管理的信息化进程提供思路。

关键词　水运工程　施工　危险源　信息化　预警　控制

1　引言

国内外多年的统计资料表明，施工项目中安全事故的发生率较高，由于事故带来的损失较大[1-2]，因此安全管理显得十分重要。施工项目的安全管理往往从消除危险源或降低危险源所带来的风险入手[3]。危险源是导致事故的根源，其定义为可能导致人员伤亡或物质损失事故的、潜在的不安全因素[4]。

水运工程施工危险源具有点多、面广、影响因素复杂、辨识不易等特点并且容易引发重大事故[5]，因而其管理工作难度大且效果往往不够理想。经济的需要，带来海外孤岛工程、改扩建码头工程、专业化和危险货物码头工程、内河航运枢纽工程的增多，工程难度和施工环境发生了质的变化[6-7]，必然增加施工危险源管理的难度。

如何提高其危险源管理的效果和效率，成为亟待解决的问题，信息技术的利用可以提供帮助。国外建筑行业施工安全管理的信息化程度较高[8]，20 世纪 80 年代，美国就曾推出施工安全管理专家系统[9]，施工危险源管理进入信息化时代。2000 年，Richard Coble 提出了利用网络技术实现项目进度计划与安全管理相结合的理论[10]，强调了网络技术的应用。而国内建筑行业尤其是水运施工企业在危险源管理的信息技术应用方面仍相对落后。

笔者基于信息技术提出了建立水运工程施工危险源信息化预警控制系统的设想，以期为水运施工企业的安全管理系统的发展提供依据。

2　水运工程施工危险源的预警管理

水运工程施工危险源的预警管理，就是通过科学的管理手段实现施工危险源的监控、预测、评价和控制。监控，对施工过程进行监测，判断日常活动过程与结果是否满足管理目标的预期要求；预测和评价，根据监控结果，通过判断危险源所处的状态，来确定施工过程处于

"事故状态"或"正常状态";控制,由预测和评价结果,做出相应的应对措施,即,在确认事故隐患发生的情况下,采取既定手段调控其运行过程,使之恢复正常状态。

建立危险源预警管理系统将有效地改变水运工程安全监督管理模式,加强内部监督制约机制。

3 水运施工危险源信息化预警控制系统

3.1 系统的概念

信息技术(Information Technology),利用计算机和现代通信手段获取和处理信息等技术的总称。

水运施工危险源信息化预警控制系统,就是将信息技术应用于水运工程施工危险源的预警管理,把施工过程中危险源的监控、预测、评价、控制等管理要素标准化、程序化,并结合网络技术统一与中心计算机进行管理的系统。这里的信息技术主要包括数字监控技术、网络技术和软件技术。

信息技术的运用,可以有效地实现对点多、面广、量大的水运工程施工危险源的统一管理,提高管理效率,并将改变安全监管部门过去那种看报告、听汇报、下基层视察等原始工作方法,实现对具体项目安全生产状态的具体管理转变到对施工企业安全生产行为的管理转变,使整体的水运施工危险源管理走向规范化、制度化、标准化。

3.2 系统建立的基础

该系统模型的建立,要解决以下几个问题:

(1)信息的收集和处理:进行危险源相关信息的收集和处理,并把它们输入计算机,包括:危险源信息清单,预防措施,处理和解决方案等。

(2)软件技术,利用软件技术将危险源的管理要素有机结合。软件的编制要由软件公司和水运工程安全管理的研究部门共同开发。

(3)硬件设施的配备,包括:计算机和相应的配套设施,例如网络通信设施、数字监控设备等。

3.3 信息处理技术

危险源相关信息的处理包含两个环节:

(1)准备阶段,建立危险源信息库,将危险源的相关信息根据不同工程和施工工序进行分类,以模块儿的形式存储入计算机。

(2)危险源辨识与评估阶段,进行数据库中未知危险源的辨识与评价。

3.3.1 水运工程施工危险源的辨识

危险源辨识应选择适于建立体系的方法:

(1)对生产组织进行调查研究,包括:与现场有经验的人员询问、交谈;查阅相关记录;现场观察和填写安全检查表;成员工作任务分析等。

(2)获取相关的外部信息:从有关类似组织、文献资料、专家咨询等方面获取有关危险源信息。

(3)危险与可操作性研究(hazard and operability study):通过指导语句和标准格式寻找工艺偏差,以辨识系统存在的危险源。

(4)事件树分析(event tree analysis):从初始原因事件起,分析各环节事件"正常"或"失效"的过程,并预测各种可能结果的方法,通过对系统各环节事件的分析,辨识危险源。

(5)故障树分析(FTA):根据系统可能发生的或已经发生的事故结果,去寻找与事故发生有关的原因、条件和规律,辨识有关危险源。

为建立危险源信息库组织危险源的辨识时,需综合运用以上方法,以全面地识别危险源。

3.3.2 水运工程施工危险源的评价

危险源的危险性评价方法分为定性评价、定量评价和综合评价。综合评价结合定性和定量评价方法,综合考虑施工工艺、设备、环境、管理等方面,从整体出发,对系统危险源进行危险性评价。

适用于水运工程施工危险源评价的方法很多,建立危险源信息库时,可主要采用模糊综合评价法,其他1～2种方法辅助。进行未知危险源评价时,则要根据危险源及施工工艺的特点选择方法。表1归纳了常用评价方法的评价目标、方法特点、应用条件及水运工程施工危险源适用性评价。

表1 危险源评价方法比较

评价方法	评价目标	定量/定性	方法特点	应用条件	水运工程施工危险源评价适用性评价
安全检查表(SEL)	危险有害因素分析,安全等级	定性、半定量	根据检查表,逐项检查、赋分评定安全等级	事先编制检查表、赋分和评级标准	简便易行,编制检查表难度及工作量大准确性不高
预先危险性分析(PHA)	危险有害因素分析,危险性等级	定性	通过讨论分析,评定危险性等级	—	适用于施工前的初步评价简便易行,受人主观因素影响
故障类型和影响分析(FMEA)	故障(事故)原因影响等级	定性	列表分析系统故障类型、原因、影响,评定影响程度等级	事先编制分析用表格	适用于局部工艺的分析和评价较复杂、详尽,受人主观因素影响
事件树分析(ETA)	事故原因,触发条件,事故概率	定性、定量	由初始事件判断事故原因及条件,由事件概率归纳系统事故概率	熟悉元素间的因果关系及各事件发生概率	适用于局部工艺的分析和评价,对资料要求多,简便易行,受人主观因素影响
故障树分析(ITA)	事故原因,事故概率	定性、定量	演绎法,由事故和基本事件逻辑推断事故原因,由事件概率计算事故概率	同上(事件树分析的要求)	适用于局部工艺的分析和评价,精确、但对资料要求多,工作量大,故障树编制有误容易失真
LEC法、MES法、RC法等	危险性等级	定性、半定量	按规定分项赋分,计算后评定危险性等级	—	简便实用,受人的主观因素影响,准确度不高,重点不够突出

续上表

评价方法	评价目标	定量/定性	方法特点	应用条件	水运工程施工危险源评价适用性评价
六阶段法	危险性等级	定性、定量	检查表法定性、基准局法定量、类比资料复评、1级危险性装置用ETA等方法再评价	掌握有关方法，有类比资料	将危险性装置变为工艺，准确性高，但工作量过大、重复工作多
MLS法	危险性等级	定性、半定量	按规定分项赋值，计算后评定危险性等级	—	简便实用，考虑了固有危险、监测、控制措施，准确性较LEC法高，重点不够突出
德尔菲法（专家评价法）	危险性等级	定性、定量	组织专家评审和按规定分项赋值，计算后评定危险性等级	组织和邀请专家要有针对性	专家会议的模式减少了主观因素的影响但成本较高
层次分析法（AHP）	危险性等级	定性、定量	将主要因素按隶属关系构成层次模型，利用各因素间相对重要性判断及计算解决问题	不适用于构筑的层次模型下级别因素较多的情况	将专家打分变为相关因素间的重要性判断，减小了主管影响但应注意适用条件
蒙塔卡洛法	危险性等级	定量	据给定的概率分布进行取样，利用取得的样本进行仿真模拟，利用统计学原理进行判断	需要预先统计样本分布	有效性取决于样本分布的准确性与取样次数，适用于采用计算机仿真进行的危险源风险评价
模糊综合评价法	危险性等级	定性、定量	集成了专家打分法、层次分析法和模糊数学方法的综合性分析方法	更适用于没有确定数据的情况	数学模型简单，对多因素、多层次的复杂问题评判效果较好

3.4 水运施工危险源预警管理系统模型

3.4.1 总体模式

水运工程施工危险源信息化预警管理系统以施工项目危险源信息的数字化数据处理模型和危险源的综合辨识、评价方法为核心。系统由监控平台、管理平台两大模块组成，监控平台由危险源监控系统、危险源辨识系统和危险源评价系统组成，管理平台包含日常管理模型、组织管理模型、危机管理模型三部分，系统模块之间通过网络通信平台进行信息的传递。同时借助网络通信技术实现系统和企业管理系统以及相关外部信息进行信息的沟通。危险源信息化预警管理系统构造如图1所示。

系统打破了以往通常以算法为主干的模式，采用以数据为中心的方式，同时，以模块的形式处理不同环节的数据，使得算法可配置系统，以获得更多的灵活性。这种灵活性可以更好地适应监控内容的改变，随着施工项目的变化，像组装的电脑一样为系统配备合适的监控平台和管理平台，同时也可以方便地为系统更新。

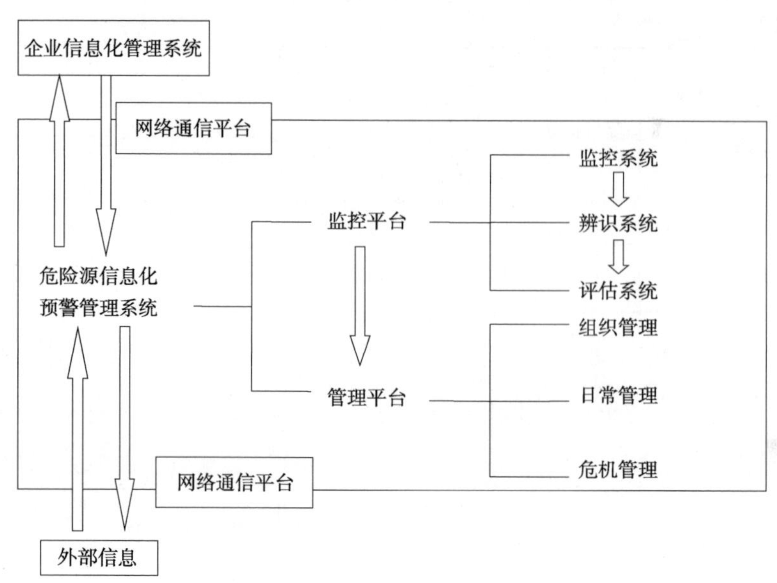

图1　水运施工危险源信息化预警管理系统

而对于确定的施工项目,模块更换并不是很频繁,提高了整体的运算速度。

3.4.2　监控系统

监控的任务有两个:一是过程检测,即对监测对象的活动进行全过程监视;二是对大量的监测信息进行处理,包括整理、分类、存储、传输、建立信息档案,进行历史的和技术的比较,确定常态和非常态,对于非常态的检测特性进行报告(进入下一个系统——辨识系统)。

过程检测可分为三个阶段,在系统编制的初级阶段,通过监控室内安全员的输入解决和中心计算机的对话;随着技术的方案,有望实现辨识方式的智能化,即,通过监控机器人识别并直接和计算机对话来完成监控过程。

在初级阶段,为了方便和降低技术难度,可以统一对危险源辨识库中的危险源进行编码,对于出现的异常情况同编码进行对应,这个时期将编码作为人机传递的语言。评估施工方案时,需要对方案进行分析,并将相关危险源编码化。

发展阶段,实现人机对话,计算机对输入的信息自动识别。如果输入的信息为施工方案或者模拟的施工过程,就可以完成方案的评估。

高级阶段,智能化系统阶段,监控系统自动完成识别以及和中心计算机的对话功能,实现自动化管理。

监控系统帮助安全员和安全监理对现场的全面控制,实现足不出户的现场管理和提前预警。

3.4.3　危险源辨识系统

监控发现的异常现象,通过对话功能传递至危险源辨识系统。危险源辨识系统结构如图2所示。

危险源辨识库提供了危险源的基本数据资料,将水运工程施工危险源信息按不同的施工工序分层次保存,水上作业的层次划分情况如表2所示。危险源信息包括所属工序,所属工艺,危险性等级。危险等级的划分为:5——极其危险;4——高度危险;3——显著危险;2——一般危险;1——稍有危险。

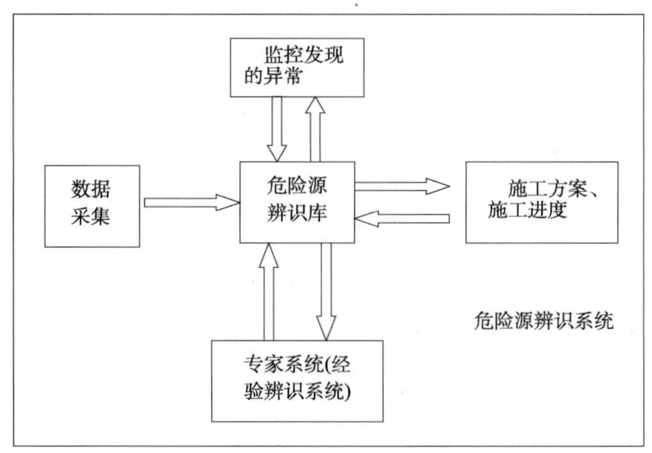

图2　危险辨识系统

表2　其他海上作业危险源辨识清单

工艺流程节点	序号	工序	序号	危险源	天气状况	危险性等级
水上作业	1	船上作业	1	舷梯、跳板或吊笼滑落造成登船时存在风险	正常情况	1
			2		风浪较大	3
			3	作业船舶甲板湿滑、遇风浪或撞到障碍物摇晃产生摔倒、坠海的危险	正常情况	2
			4		风浪较大	3
			5	船上饮酒或意识不清行走坠海	正常情况	3
			6		风浪较大	1
			7	晕船造成的意识不清坠海	正常情况	3
			8		风浪较大	4
			9	不遵守规章制度造成火灾、爆炸事故等		3
	2	水中建筑物上作业	10	作业人员失足滑落坠海	正常情况	1
			11		风浪较大	3
			12	人被风浪卷走	正常情况	1
			13		风浪较大	3
			14	突然涨潮，作业人员被淹没	正常情况	2
			15		风浪较大	4
			16	高空行走道湿滑成人员摔倒、坠落	正常情况	1
			17		风浪较大	3
			18	设备摇摆或安全措施的老化，造成作业人员坠落	正常情况	1
			19		风浪较大	4

危险源辨识库的数据来源于以往的相关研究，并通过各个施工项目的进行，不断完善，国家安全网络的建设，则可以集合全国的危险源信息。

专家支持系统，是施工项目危险源辨识库的“智能”组成部分，主要包含“专有”的专业信息,它的知识库包含众多安全专家的安全管理经验和技巧,利用系统分析的方法,判断监控中的异常情况是否需要进行评估,报告给评估系统。

3.4.4 危险源评估系统

危险源评估系统结构如图3所示,危险评估系统的信息核心是系统的通信中心,在收到辨识系统的报告后,将报告情况发送到专家系统进行方法选择和经验判断,然后进行如层次分析法、模糊综合评价方法等的计算来对系统危险源进行评价,评价结果反馈到专家系统,进行判断,确认结果可靠后将结果传递回信息核心。在系统危险源评价过程中,经过评价指标体系的确立、评价指标权重的设定和计算,然后综合评判危险源危险性等级。

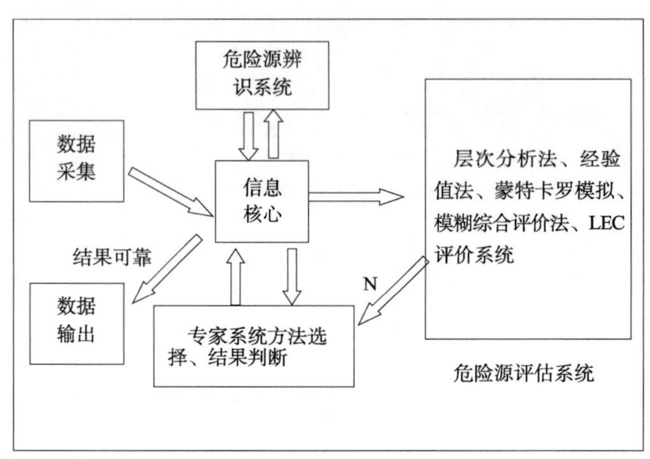

图3 危险源评估系统

3.4.5 管理平台

危险源信息化预警控制系统的目标,是实现对各种危险源的早期控制,并能在严重的事故形势下实施危机管理。系统的管理平台包括组织管理、日常管理、危机管理三个管理活动阶段。

(1)组织管理。正常的施工进度和施工计划。

(2)日常管理。包括两个方面,一是日常对策,二是危机模拟。日常对策针对危险源进行纠正活动,防止其发展为事故,逐渐使其恢复到正确状态。危机模拟,是在日常对策活动中发现事故因素难以有效控制,因而对可能的危机状态进行假设与模拟的活动,以此提出对策方案,为进入危机管理阶段做好准备。

(3)危机管理。危机管理是一种“例外”性质的管理,是只有在特殊情况下才采用的特别管理方式。它是在施工管理平台已无法控制事故状态的情况下,以特别的危机计划、领导小组、应急措施,介入施工活动的管理过程。

评估系统做出评价结果以后,报告给管理平台,管理平台根据报告的危险性等级选择管理模式:5——进入危机管理;4——停工并进入日常管理;2或3——进入日常危险源管理;1——或未接到异常报告,则进行组织管理。

3.5 监控设备

实现对现场的监控,首先要有监控设备。监控设备包括两部分,一是监视设备,其布置应能满足监视整个施工现场的需要;二是设备的监测设施,即对关键机械和施工车辆、船舶的监测。

软件系统通过计算机要能控制监控设备,尤其是发展到自动化管理阶段时,设备和软件要实现无缝相接。

4 结语

水运工程施工危险源点多、面广,影响因素复杂、辨识不易,由于施工状态的变化性,其管理是个动态过程。构建危险源信息化预警控制系统,可以建立危险源管理的快速反应机制,并最终实现管理的自动化,时时监控,及时发现事故隐患病并采取相对措施,最大限度地制止安全事故的发生。

此外,系统可以实现危险源信息共享,向缺乏安全经验的人员提供经验信息,为项目部间甚至施工企业间,交流危险源控制和管理经验提供信息平台。

总之,该系统的建立对于规范施工现场业务流程,提升水运施工企业安全生产的管理水平以及最终实现施工企业的信息化管理将有重要意义。

参考文献

[1] Sherrill R. Loss Control Comes of Age [J]. Professional Safety,1980,25(9):15-18.

[2] 方东平,黄新宇,等.建筑业安全事故经济损失研究[J].建筑经济,2000,3.

[3] 董大旻.建筑施工安全生产中的危险源管理研究[D].同济大学,2007.

[4] Willie Hammer , Dennis Price.职业安全管理与工程[M].第5版.北京.清华大学出版社,2003.

[5] 张霞.港口施工危险源评价方法应用研究[D].北京.首都经贸大学,2009.

[6] 刘方来.水运工程施工危险源辨识研究[A].江海直达船舶驾驶技术与安全管理论文集[C].2008.

[7] 侯志强,刘敏燕.水运工程施工危险源辨识初探[J].港工技术,2008,2(1):43-46.

[8] 田元福.建筑安全控制及其应用研究[D].西安建筑科技大学,2004.

[9] 徐伟,等.建筑工程施工的智能方法[M].上海,同济大学出版社,1997.

[10] Richard J Coble,Jimmie Hinze, Theo C. Haupt. Construction Safety and health management[M]. New Jersey: Prentice Hall,2000.

危险品集装箱 GPS 定位技术研究

赵　平

摘　要　为实现集装箱码头危险品箱的安全管理，通过对 GPS 系统实时动态定位技术及集装箱码头计算机化生产调度系统状况的分析，提出一个 GPS 集装箱定位实时控制系统方案。系统采用计算机网络技术、无线通信技术、地理信息系统技术、全球定位系统（GPS）技术，对进出货物、生产过程进行自动跟踪、智能调度、信息查询、数据分析、辅助运营决策等进行管理。GPS 集装箱定位实时控制系统方案已通过在某港集装箱码头试验证实为可行。

关键词　全球卫星定位系统　集装箱　实时控制　无线通信技术

1　概述

集装箱码头危险品箱的安全管理是港口作业工作中的不可回避的课题之一，当装有危险品集装箱发生泄漏或火灾爆炸时，不仅会对港口环境造成严重污染，而且会发生人员的伤亡和财产的损失，不仅会对港口企业造成巨大的损失，而且也会在社会上造成恶劣的影响。本文将探索通过采用 GPS 箱体定位技术，跟踪定位管理集装箱货物，尤其是危险品箱的安全跟踪管理，实现集装箱码头的作业安全。

集装箱码头计算机化生产调度系统是实现码头现代化管理、进一步提高工作效率的重要手段，其设计应结合实际运营模式，尊重现有生产调度流程。为此，本文提出了一种在集装箱码头上采用世界先进的计算机网络技术、无线通信技术、地理信息系统（GIS）技术、全球定位系统（GPS）技术，对集装箱箱体的装卸活动进行跟踪定位，从而实现对进出货物、生产过程进行自动跟踪、智能调度、信息查询、数据分析、辅助运营决策等，对集装箱货物，尤其是危险品箱的安全管理以及码头环境保护都有着积极的作用，同时该系统可以和内部办公自动化、人事考勤、财务管理等系统连接，做到内部信息共享。同时还可以建立 WEB 服务器，将集装箱信息发布到 Internet 上，有利于码头企业与港口管理等相关部门的联系和应急救援。

2　GPS 基本原理

GPS 系统（Global Positioning System）即全球卫星定位系统，它是美国国防部为军事目的建立的旨在彻底解决海上、空中和陆地运载工具的导航和定位问题，具有全球、全气候、连续实时的三维导航与定位能力[1]。GPS 系统投入应用以来，以其优异的性能得各界好评，其应用从最开始的军事定位导航发展到目前的农林、地矿、测量、调度以及控制领域，并不断发现其新的应用。

GPS 系统中每一颗卫星不间断地向 GPS 接收机发送自身的星历参数和时间信息，用户接收机收到后，经过计算输出接收机的三维位置、三维方向以及运动速度和时间信息。GPS卫星信号中包含有多种定位住处根据不同的要求，可以从中获得不同的观测参数，其中主要包括：根据载波相位观测得出的伪距；根据对相位观测得出的伪距；由积分多普勒计数得出的伪距差；由干涉法测量得出的时间延迟。

目前广泛采用的观测参数主要有两种：码相位观测量和载波相位观测量。其中载波相位观测即是测量接收机收到的具有多普勒频移的载波信号与接收机产生的参考载波信号之间的相位差，它是目前最精确的观测方法。本研究方案中的定位系统正是采用这种载波相位观测法来进行实时动态定位的。

2.1 GPS 载波相位测量定位原理[2]

载波相位测量是测定 GPS 载波信号在传播路程上的相位变化值。如图 1 所示，卫星 S 在任意时刻 T 发出一个载波信号，其在 T 时刻在卫星 S 处的相位为 ϕS，当该信号经距离 P 传播到地面接收机 K 处时，K 接收到该信号的相位 ϕK，则由卫星 S 至接收机 K 的相位变化为 $(\phi S - \phi K)$。$(\phi S - \phi K)$ 包括了整周数和不足一周的小数部分。为方便计，载波相位均以周长为单位，这样如果能测定 $(\phi S - \phi K)$，则可表示为：

$$\Delta\phi SK = \phi S - \phi K = N_0 + \Delta\phi \tag{1}$$

式中：N_0——载波相位 $(\phi S - \phi K)$ 的（T 时刻）整周数部分；

$\Delta\phi$——不足一周的小数部分。

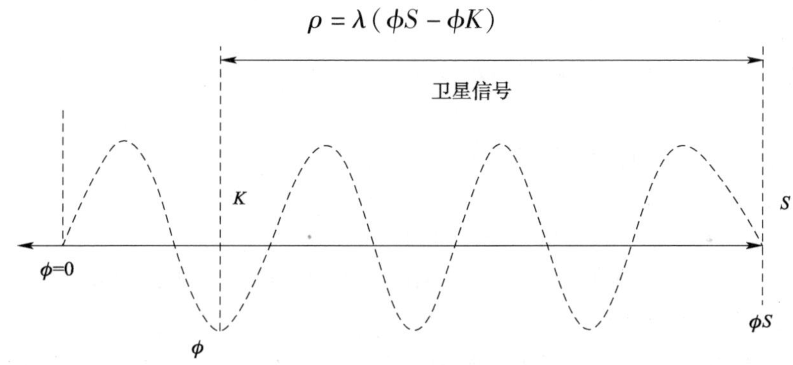

图 1 载波相位测量示意图

要测量载波相位，首先在接收机内要重新获取纯净的载波。这一工作称为重建载波。在获取了纯净的载波后，我们用以下原理进行载波相位测量，通过 GPS 接收机的振荡器产生频率和初相与卫星处载波信号完全相同的基准信号，$\phi KJ(T_i)$ 则任意时刻 T_i 在 GPS 接收机的基准信号的相位就等于卫星处载波信号的相位 $\phi S(T_i)$。而此刻到达接收机 K 处的载波信号的相位为 $\phi K(T_i)$。因此，测定基准信号与接收到的卫星载波信号的相位差 $[\phi S(T_i) - \phi K(T_i)]$ 可以表示为 $[\phi KJ(T_i) - \phi K(T_i)]$。载波相位测量原理见图 2。

2.2 GPS 载波相位实时动态定位原理

载波相位实时动态定位技术又称为 RTK 技术，是建立在实时处理两个测站的载波相位基础上的[3]。其实质是载波相位测量相对定位。

GPS 相对定位的方法是：将两台 GPS 接收机分别安置在基线的两端，同步观测 GPS 卫星以确定基线端点在协议坐标系中的相对位置或基线向量。由于有二台接收机同步观测卫星,同时卫星轨道误差、卫星钟差、接收机钟差及电离层和对流层的折射误差对观测量的影响具有相关性,因此,可以利用这些观测量的不同组合进行相对定位,便可以有效地消除或减弱上述误差,从而提高定位精度。

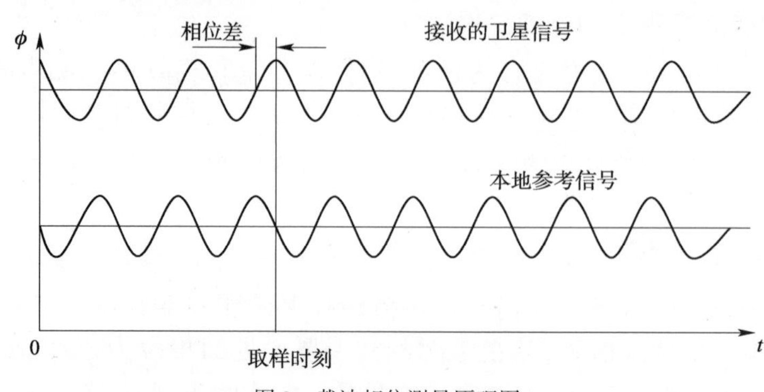

图 2　载波相位测量原理图

3　GPS 集装箱定位实时控制系统的组成及其作业流程

3.1　GPS 集装箱定位实时控制系统的组成

系统按照工业控制标准对户外及不间断运行设备的要求进行设计和选型,系统硬件符合 ISO、EMCC、FCC、IEEE802 等技术规范,系统具有高度的稳定性、可靠性、安全性,考虑了冗余配置。

系统主要由有线局域网、无线局域网、单频点无线数据广播、GPS 等子系统组成(图 3)。有线局域网可采用 100M 以太网,实现数据的存储和共享,调度和报表的产生,以及有线无线转换等功能,主调度中心和从调度中心依靠已有的光缆连接在一起。无线局域网可采用 11M 带宽的产品,满足移动点频繁的向调度中心发送 GPS 位置(单向)及工作状态信息(双向)[4],调度中心突发的与移动点传送调度指令(双向)等需求。单频点无线数据广播是为发送 GPS 差分纠正信息设计的,可采用 220M 或 450M 频点,无线速率 9.6K,差分广播信息和一般的调度信息采用两套无线系统主要因为无线局域网采用 TCP/IP 方式通信为点到点,而差分信息是广播发送,为了达到实时性和增加可靠性,故采用两套无线数据传输系统。GPS 系统由差分基站和移动点设备组成,作为调度系统对位置实时性和精确性的要求不是太高,数据更新率 2 次/s,定位精度 0.5m 应该能满足要求。系统的综合设计指标见表 1。

表 1　GPS 集装箱定位实时监控系统综合设计指标

序号	项 目 名 称	指　标
1	GPS 定位精度	0.5m
2	GPS 数据更新率	2 次/s
3	无线局域网数据速率	11Mbit/s(也可选用 22Mbit/s)
4	有线局域网数据速率	100Mbit/s
5	温度范围	-30～60℃

GPS 数据后处理模块的作用是节省差分信息广播无线数据电台,同样能达到 0.5m 的设计要求精度。外部接口是针对已有计算机系统。

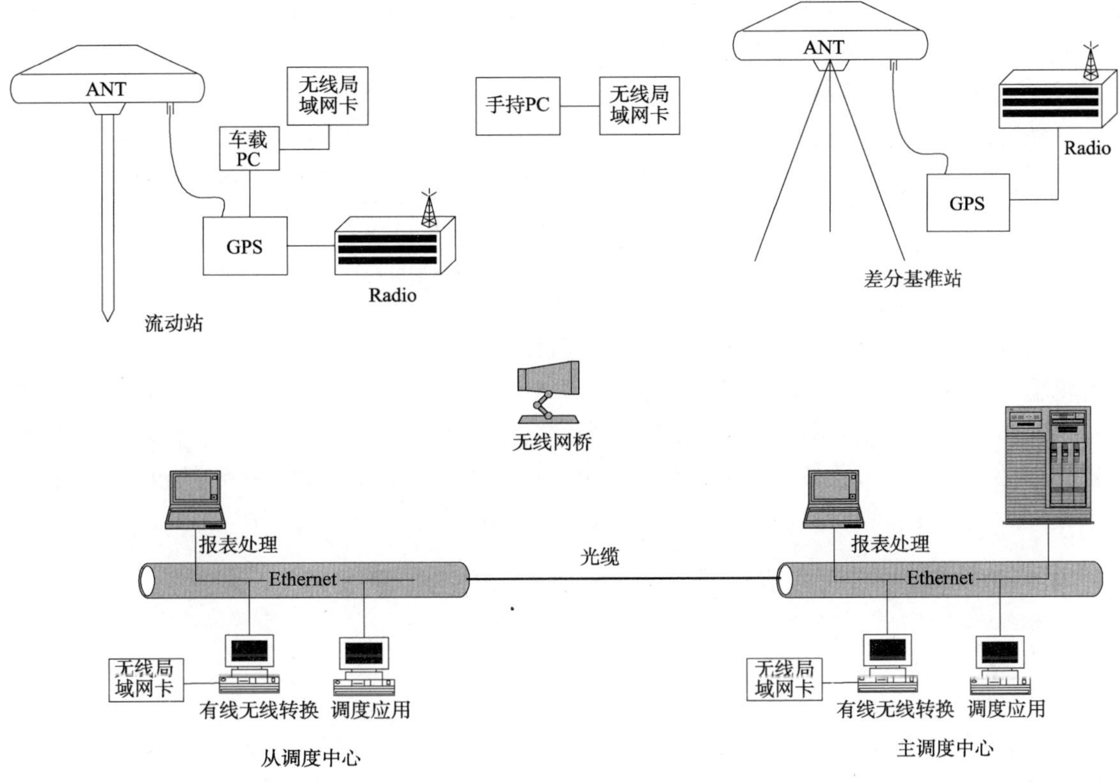

图 3　系统组成示意图

3.2　GPS 集装箱定位实时控制系统的作业流程

3.2.1　集装箱由船到场的作业流程

当中心操作员接到卸船任务后，按“集装箱入场”将集装箱、货主、场箱位信息输入数据库，并将信息发送到现场调度员，同时将调度信息存档；现场手持收到信息后振铃提示现场调度员，并显示信息内容；现场调度员指挥桥吊驾驶员完成指令任务后，向中心返回确认信息。中心收到现场调度员的确认信息后，根据场箱位和轮胎吊的位置状态信息，自动调出相关轮胎吊的信息，由操作员向合适的轮胎吊发送调度指令；轮胎吊上车载终端提示并显示调度指令，待 GPS 检测到集装箱被吊放到指定的位置后自动弹出确认信息，由驾驶员确认；中心收到确认信息后，中心软件显示本次调度完成。

3.2.2　集装箱由场到船的作业流程

中心操作员接到装船指令，按“集装箱上船”输入集装箱编号，系统自动搜索其场箱位并闪烁，提示操作员可选择的轮胎吊，操作员将信息发送到合适的轮胎吊，同时信息存档；轮胎吊车载终端收到指令后提示驾驶员并显示指令，待轮胎吊行驶到指定的场箱位并将集装箱吊放到集卡后，自动弹出确认信息，由驾驶员确认；中心收到确认信息后向现场调度员发出指令，提示箱已离场，待集卡进入船场地后，现场调度员指挥桥吊操作员将集装箱吊放到船上，并由现场调度员向中心确认指令完成；中心收到确认后场箱位停止闪烁，此次调度完成。

3.2.3　收箱及提箱的作业流程

检查桥收货员收箱，将箱号、车号、货主等信息输入数据库，系统自动向中心发信息提示有集装箱进场,中心为集装箱分配场箱位,并发调度信息到合适的轮胎吊,提示集卡已离门;待集卡进入预定场地,GPS 检测到轮胎吊将集装箱吊放到指定位置后,自动弹出确认信息,由轮胎吊驾驶员确认;中心收到确认信息后,提示此次调度完成。

中心接到提箱请求,输入箱号,系统确认合法性后向合适的轮胎吊发送提箱指令;轮胎吊车载终端提示驾驶员并显示信息,轮胎吊到达指定场位,GPS 检测到将集装箱吊放到集卡上后,自动弹出确认信息,由驾驶员确认后发送到中心;中心收到确认后提示检查桥箱已离场,集卡到时理货员确认出货;中心收到确认后显示此次调度完成。

3.2.4 倒箱的作业流程

中心接到倒场任务,操作员按"倒场"输入源场箱位和目的场箱位,发送到合适的轮胎吊;轮胎吊车载终端提示驾驶员并显示信息,轮胎吊移动到指定场位,GPS 检测到指定的集装箱被吊放到集卡上,弹出确认信息,由驾驶员确认;中心收到确认后,向另一台轮胎吊发出集装箱离位信息,轮胎吊移动到指定位置,GPS 检测到集装箱被吊放到指定的位置,弹出确认信息,由驾驶员确认后发送到中心;中心收到确认后,提示此次调度完成。

4 GPS 集装箱定位实时控制系统各子系统特性及功能

4.1 调度中心

建立存储所有的集装箱位置的数据库,包括场箱位和高程信息以及货物、货主的信息;建立存储所有的轮胎吊轨道信息的数据库,包括基于地理坐标的场区的轮廓数据、轮胎吊行驶路线数据、集卡行驶路线数据、场箱位数据;建立当前轮胎吊位置信息和工作状态的数据库,表明当前轮胎吊处于空闲还是执行任务状态,轮胎吊的信息可以通过中心和轮胎吊之间的通信链路传输。以上所有数据都可在控制中心的计算机屏幕上直观地显示出来,可以发送接收生产调度指令(包括指令轮胎吊对集卡吊装卸载集装箱,预先通知轮胎吊驶向将要工作的位置等)动态显示生产操作过程。通过服务器等软硬件最终实现集装箱管理、轮胎吊状态管理、调度管理、工作安排跟踪管理、调度监督、报表生成及打印、GIS 等功能。

4.2 差分基站

差分基站由 GPS、数字电台、天线组成,基站天线架设在较高、较空旷的地点,可以保证差分信息的准确性,基站发送功率可根据场地范围做调整。生成的差分信息通过 450M/900M/2G 的通信链路将信息传输至 GPS 系统,GPS 接收差分基站的信息,每秒输出精度为 0.5m 的地理坐标信息,通过串口发送到车载 PC,车载 PC 发送或接收调度中心的生产调度指令,系统数据流向见图 4。

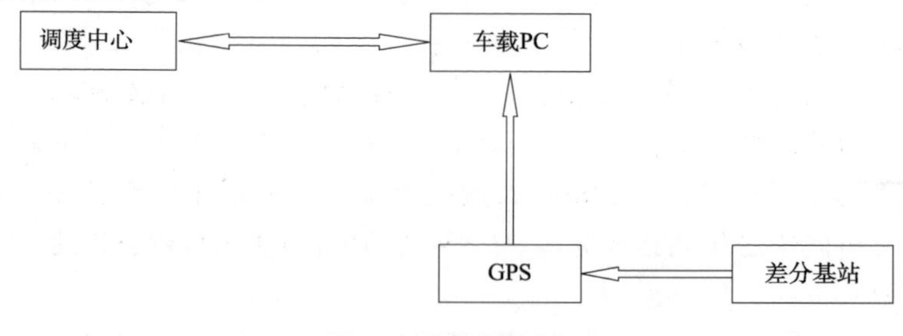

图 4 系统数据流向图

4.3 移动台

移动台由 GPS、工控 PC 以及显示部分组成(图 5),具体软硬件包括 GPS、数字接收电台、天线、工控 PC,可实现场箱位的定位确认,远期目标为实现轮胎吊的自动驾驶甚至最终实现无人智能化生产。

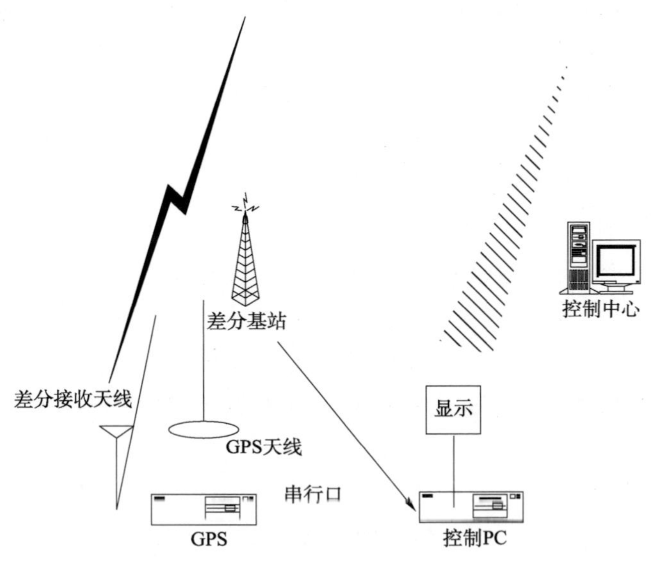

图 5 移动台子系统示意图

显示部分显示场地的基本信息,轮胎吊所处的场箱位情况,并显示总控中心的调度指令,可通过键盘、按键或触摸屏方式对调度信息进行应答。

GPS 接收差分基站的信息,每秒输出精度为 0.5m 的地理坐标信息,通过串口发送到 PC;这就要求 GPS 接收机产品具有高度集成、多功能、一体化、兼容性、可靠简便应用等特性[5],尤其对实时动态性能要求较高。

工业 PC 机中存储堆场信息,根据 GPS 信息和道路信息实时显示大车位置、堆场状况和小车相对位置。设备提供运行状态监控灯,表明设备加电、工作、定位可靠性等信息,输出为开关量 12V 电压。另外,码头生产环境对设备的要求较高,特别是防尘、防水、防震动、防盐碱腐蚀,对车载/手持 PC 还要求宽电源、显示清晰,对手持 PC 要求电池持续时间长、质量轻、防摔等。

移动台系统具有扩展性,以备配接更多的设备。可实现地图显示及地图匹配、场箱位判断、调度信息处理三个功能模块。

4.4 移动数字通信系统

为了能够在较广阔的范围内(如港区或校园城内)方便灵活地连入网络的要求,除了在一定范围内使用高效的专线和租用线路之外,还可采用供园区使用的高速高带宽无线传输方式,即无线局域网(WLAN :Wireless Local Area Network)。

无线局域网的拓扑结构可归结为两类:无中心或叫对等式(PEER TO PEER)拓扑和有中心(HUB - BASED)拓扑[6]。在有中心拓扑结构中,要求一个无线站点充当中心站,所有站点对网络的访问均由其控制。这样,当网络业务量增大时网络吞吐性能及网络时延性能的恶化并不据烈。由于每个站点只需在中心站覆盖范围内就可与其他站点通信,所以网络中心点布局受环境限制也小。此外,中心站为接入有线主干网提供了一个逻辑接入点。有中心网络拓扑结构的弱点是抗毁性差,中心站点的故障容易导致整个网络瘫痪,并且中心站点的引入增加了网络成本。

在实际应用中,无线局域网往往与有线主干网络结合起来使用。这时,中心站点充当无线局域网与有线主干网的转接器。

本研究系统中所有设备可通过无线局域网卡传输信号,或利用码头已有无线通信系统进行数字化改造,最终能达到的效果根据设置的站点数以及调度的频繁程度确定。硬件组成:无线网桥、无线网卡、避雷器、电缆等。

4.5 电子地图软件

电子地图的开发一般的思路是利用 ArcInfor 或 Mapinfor 平台进行二次开发,或利用 MapObject 等控件进行开发。这种开发思路的优点是开发周期较短,缺点是成本增加,买软件价格较高;功能设置不灵活,平台提供的某些功能可能无用,而用户强烈需要的功能却可能无法加强;运行速度慢,由于采用第三方电子地图引擎,软件体积庞大、对系统资源占用增大,导致运行速度变慢。

本研究在对地图数据深入了解的基础上,直接利用 VC 编写 GIS 软件,既可做到快速缩放、浏览地图,又可结合用户的需求量体定做功能模块。目前此技术在车辆调度监控领域已经广泛采用。

5 结语

GPS 集装箱定位实时控制系统方案的可行性已通过在某港集装箱码头,应用差分 GPS 技术控制轮胎吊的定位(其精度已小于1.5cm)试验而得到证实。方案中的 GPS 软件和硬件及系统组合利用新的信号处理技术,能有效地改进信噪比,成 10 倍减小周跳出现概率,能在每秒 20 次采样率的条件下可靠有效地实现实时动态显示,适应高动态和强冲击震动恶劣环境。

本文提出的系统其集成度高、软硬件完善,采用的全球定位系统(GPS)技术对集装箱箱体进行跟踪定位,同时应用现代通信技术、地理信息技术、计算机与网络技术,从而实现对集装箱码头的装卸作业过程进行自动跟踪、智能调度、信息查询、数据分析、辅助运营决策等安全与应急管理。该系统不仅有利于码头企业对集装箱货物,尤其是危险品箱存储、装卸进行实时跟踪和安全生产管理,同时该系统由于还可以建立 WEB 服务器,将集装箱信息发布到 Internet 上,方便码头企业与货主、港口相关管理和应急救援部门的联系,不仅有利于集装箱港口企业生产运营调度的日常安全管理,而且更有利于码头的应急救援工作,相信在未来有很大的应用和发展前景。

参考文献

[1] 张飞舟,黄继勋,王常荣,等. GPS/GLONA SS 组合导航定位技术在 ITS 中的应用[J]. 系统工程理论与实践,2001,1:114-119.

[2] 刘基余. GPS 卫星导航定位原理与方法[M]. 北京:科学出版社,2003.
[3] 李洁,高晋. GPS-RTK 技术在地形地籍测量中的应用[J]. 中国新技术新产品,2009,9.
[4] 中国航空无线电电子研究所. GPS 车辆监控、调度系统解决方案. 2005.
[5] 施久亮. 用 AT91R40008 设计高动态 GPS 接收机. Mi crocont rol lers & Emb edded Systems, 2004,6:53-55
[6] Marc Rennhard, Bernhard Plattner. Introducing MorphMix: PeertoPeer based Anonymous Internet Usage with Collusion Detection. Zurich, Switzerland:Computer Engineering and Networks Laboratory. 2002.

港口设施保安周界控制管理相关技术概述

杨　扬

摘　要　港口设施周界通道的控制管理在预防和减少港口保安威胁事件中起着重要保障作用。本文对目前我国主要港口周界通道的控制管理技术进行总结,一方面,有利于港口管理部门对企业的系统管理,另一方面,有利于企业对照查找自身的不足,采取改进措施。

关键词　周界通道　周界控制　港口设施保安　保安设备设施

1　引言

从2003年开始履约准备工作,到2004年7月1日正式履约,我国港口设施保安工作已开展10年,全国已有800余个港口设施,取得了《港口设施保安符合证书》,建立了较为完善的港口设施保安监管体系,为我国港口设施的安全以及国际海运安全起到重要的保障作用。

港口设施保安设备设施是预防和减少港口保安威胁事件的必要手段,而对港口设施周界通道控制管理的有效性是港口设施保安工作开展的基本保障。目前对周界通道控制管理所采用的主要技术包括:周界控制系统、通道控制系统、保安证件系统及辅助控制系统(包括保安检查技术、保安监控技术、保安通信技术)。

2　周界控制系统

周界控制系统是通过在被保护区周围设置围墙、栅栏、围网、河渠等来实现对保护区的封闭式保护。为加强被保护区的安全性,周界系统中采取以下保安措施来发现或防止非法入侵者跨越周界:周界入侵探测系统、监控系统、照明系统及人员巡逻等。

港口设施周界控制系统中包括海域周界和陆域周界,其中海域周界一般通过防波堤/护岸/护栏等与外界隔离,陆域周界通过围墙(栅栏、围网)等与外界隔离。陆域周界的高度、构造、材料应满足港口设施周界永久性封闭的安全要求。根据《港口设施保安设备设施配置及技术要求》(JT/T 844—2012 第5.1.1.1条),其高度不应低于2.5m。对于围墙(栅栏、围网)的构造和材料,应能阻止入侵者翻越或破墙而入。在围墙(栅栏)设计时应考虑:

(1)围墙(栅栏)下面不应该有排水沟、管道等入口,并用水泥加固围墙下部,以阻止入侵者从下面打洞进入。

(2)为避免保安巡逻死角,应尽量缩短围墙长度,对于透明性栅栏,可以考虑安装视频监控系统。

(3)围墙拐角处容易翻越,应尽量减少拐角。

(4)围墙上应该装有铁丝网、入侵探测系统、视频监控等反翻越设施,这些设施一方面可以有效防止非法入侵者跨越,另一方面也可以对那些企图由此经过的公众起到警示作用。

(5)围墙(栅栏)两侧地面应留出一段空地,清除任何便利入侵者翻越围墙的障碍物(如灯柱、路标、车辆等),应保证在围墙外围留出足够的无障碍区域,将围墙建在实际边界之后的一定距离内。

日常管理中,应对周界进行经常性的检查和维护,以保证周界完好而不被损害。

3 通道控制系统

通道控制系统是指对出入口、通道进行控制,允许合法通行,阻止非法进入的保安系统。通道系统主要通过人工控制和自动控制的方式对进出港口设施的人员/车辆/货物进行控制。

3.1 通道的人工控制

在港口设施的主要出入口(包括陆域和码头出入口)应设置门卫室,门卫室值班人员通过开启/关闭出入口、查验、登记证件等操作实现对通道的人工控制。为便于管理,出入口不宜设置过多。

一般在出入口设置的保安设备设施有:铁门/铁栅栏门、电动门、栏杆、门禁系统、虹膜识别系统、隔离墩、道钉等通道控制设备设施,采用视频监控系统、入侵探测系统等监控设备设施及安检门、手持金属探测器、车辆检查系统等保安检查设备设施对出入口的通行进行控制。

对港口设施出入口的通行管理是通道控制的关键环节。港口设施应建立通行证系统和严格的通行管理系统。进出港口设施的人员及随行车辆大致可以分为以下几类:公司员工、相关执法机构人员、外包单位工作人员、外来人员、施工/维修人员、船员、旅客(客运码头)等。针对以上各类人员及车辆的出入,应建立相关检查及管理制度,发放相关证件、制服或其他标志物,通过保安检查设备设施或查验相关证件、票据等予以确认通行,必要时可由保安人员或公司相关人员陪同,建立出入台账。

对于物资的出入也应建立相关通行检查制度,发放相关证件,如物资出门证,同时建立货物进出台账。针对外轮物供单位,目前,大部分港口设施基本采取在出入口处对物资及人员进行检查、登记的措施,实际在严格意义上来讲,港口设施经营人应要求外轮物供单位提供相关资质证明材料,如工商营业执照、港口经营服务许可证等,还需提供海关报关单、卫生检验检疫证明等相关政府部门的法律文件,此外,外轮物供的从业人员应提供有效身份证明、登轮证明及身份健康证明,还需向港口设施经营人申报供船物资的名称、数量及有无危险违禁物品等,最后,港口设施经营人应与外轮物供单位签订相关保安协议,明确权利和义务,以保证港口设施保安工作的相互配合与协调。

3.2 通道的自动控制

自动控制是利用密码识别、证件/信息卡识别、生物特征识别、车辆牌照自动识别、复合识别等自动识别技术,对出入口进行自动开关控制。通道的自动控制不仅可以实现通道的控制系统功能,还具有自动记录人员、车辆出入信息,与火警、匪警、视频监控终端联网时可联动报警等功能,可同时管理多个通道,为企业节省人力、物力。

我国部分港口在出入口处设有外来人员身份证识别系统,该系统与公安部门身份证识别系统联网,通过身份证件识别,可以对人员身份信息及犯罪记录等情况进行查询。

4　保安证件系统

港口设施经营人对进出港口设施相关人员/车辆发放的各类证件是控制人员/车辆进出的重要手段,对各类证件的制作、登记、发放、审核、更换、收缴、注销等环节进行有效管理,是港口设施保安工作的第一道防线。

港口设施经营人要规范人员、车辆、货物/物资出门证办理、审批程序,对各类证件的设计或制作单位进行授权,并制订专人负责证件管理。证件的发放应有相关部门负责人签字,对口管理单位必须明确出门证审批手续,并由专人负责填制,审批单实行一车一证,对口部门应制订详细的核查、填制和传递程序,并将负责人及签章印记存档。

对证件控制程序中,除了通过改进证件形式以防止伪造证件外,还应采取某种形式的控制措施,以预防持证人非法使用证件进入限制区域。证件控制措施可以看采取由个人自觉保管或建立专门机制对证件进行控制的手段。门卫值班人员应对所收取的出门单证进行查验,做好证件的收缴、注销工作。证件控制措施的最低标准是每个港口设施应指定专人负责港口设施保安有关证件的签发。

5　辅助控制系统

辅助控制系统包括保安检查技术、保安监控技术及保安通信技术。

5.1　保安检查技术

根据码头功能及类型(集装箱码头、石油化工码头、国际客运码头、多用途码头、干散货码头、修造船厂码头)的不同,对保安检查技术有不同的要求。但保安检查的项目一直,均包括:

(1)对人员、个人物品、车辆及车上物品的检查。

(2)对货物的检查。

(3)对船舶物料的检查。

(4)对非随身携带行李的检查。

保安检查一般在港口设施出入口瑞人员进行证件/票据检查,必要时可进行搜查或使用探测检查设备。一般对于集装箱码头、石油化工码头及国际客运码头来说,大多配备保安检查设备设施,常见的探测检查设备有:车底检查镜、生命探测仪、集装箱/车辆检查系统、防爆桶/防爆毯、安检门、X 光机、金属探测仪等。

5.2　保安监控技术

5.2.1　视频监控技术

由于视频监控具有远程、全天候连续监控及自动记录和处理图像的功能,不但可以扩大监控范围,还能节约人力成本,因此被广泛应用于监控港口设施码头前沿水域及陆域个出入口。此外,视频监控系统若与入侵探测系统相结合使用,可弥补危险、恶劣气象条件下人员巡逻盲区。

我国部分港口建立有车载视频监控系统,可将保安巡逻车辆沿线的监控视频通过无线网络实施传输到港口设施监控终端。

5.2.2 电子巡更系统

电子巡更系统是管理者考察巡更者是否在指定时间按巡更路线到达指定地点的一种手段。通过在港口设施主要出入口及边界设置电子巡更点,设定巡更路线、巡更频次及实时监控巡逻过程等,能够有效地对保安的巡逻工作进行管理。

5.2.3 照明设施

照明系统一方面可以为视频监控系统及保安人员提供足够的照度,另一方面可以对潜在保安事件制造者起到警示作用。在日常管理中,应加强对照明设备设施的维护保养,设置防雷保护接地及保护开关等保护设施。

5.3 保安通信技术

保安通信技术即保安工作相关人员之间、与船舶之间及外部进行信息联络的手段。主要包括电话、手机、对讲机、甚高频对讲机、计算机网络、广播、传真等。保安通信系统应确保可随时进行保安通信,并与通道控制系统及监控系统相协调。

保安通信技术中还包括保安标识、标志的设置,如在港口设施出入口处设置保安等级告知牌、保安信息联络告知牌等,能较好地起到港口设施保安的警示、提示作用。

6 结语

2012 年 9 月 14 日交通运输部发布了行业标准《港口设施保安设备设施配置及技术要求》,2013 年 1 月 1 日起实施,对港口设施周界的实体围墙或栅栏高度均有明确规定,港口设施经营人应遵照执行。

由于我国港口数量众多,由于企业规模和业务特点不同,港口设施周界管理现状差别较大。目前港口设施周界的保安设施能在一定程度上提供安全保护性能,然而由于技术的局限性,目前的防范手段依然存在缺点,如受环境影响损坏或误报警、水域及水下监控系统薄弱等,因此,应尽可能地采用新的技术手段,同时建立健全相关管理制度及对出入口值班人员的培训制度,并深入落实,通过技防和人防的紧密结合,打造平安港口。

参考文献

[1] 交通运输部 SOLAS 公约港口设施保安履约工作组. 港口设施保安培训教程[M]. 北京:人民交通出版社,2011.

[2] JT/T 844—2012 港口设施保安设备设施配置及技术要求[S].

新《条例》实施后的港口危险货物安全监管

曾亚梅　徐连胜

《危险化学品安全管理条例》(591 号令,简称新《条例》)的出台对港口行政管理部门安全监管工作提出了新要求,将原属于安监部门的监管职责全部划归港口行政管理部门,大大加重了港口行政管理部门的监管责任,带来了安全监管的新问题和新挑战。为切实做好新《条例》和《关于明确港口危险化学品安全监管管理若干问题的通知》(厅水字〔2012〕4 号)的贯彻落实工作,加强港口危险货物安全监督管理,全面、准确掌握新《条例》实施后港口危险货物安全监管现状,并提出来适应新形势下港口危险货物安全监管的主要建议,以满足港口危险货物安全监管需要。

1　港口危险货物码头、库区发展现状

根据调查,我国现有各类危险货物码头 2 035 座,其中,有 1 226 座沿海港口、809 座内河港口。在所有海港危险货物码头当中,有 84 座原油码头、899 座液体化工品(原油专用码头除外)码头、243 座从事危险品箱作业的集装箱码头;在所有内河危险货物码头当中,有 155 座原油码头、607 座液体化工(原油专用码头除外)码头、47 座危货集装箱码头。

在港口危险货物储存方面,据调查,我国港口区域内,原先由港口行政管理部门监管的原油储罐总罐容为 5 706 万 m^3,单体最大罐容为 150 000m^3,共有原油储罐 1 432 个;港口液体化工品储罐总罐容为 6 124 万 m^3,单体最大罐容为 160 000m^3(LNG 储罐),共有液体化工品储罐 14 639 个。新《条例》颁布后,原来由安监部门监管的港口区域内的危险品储罐部分移交给港口管理部门。据不完全统计,全国已移交到港口行政管理部门的储罐数量为 5 082 个,单体最大罐容为 15 万 m^3,总罐容达 5 242.687 6 万 m^3。

综上所述,从数据上看,港口行政管理部门危险货物安全监管的设施数量增加了近一倍,港口危险货物安全监管的难度加大,事故风险加剧,面临的形势和挑战极其严峻。

2　港口危险货物管理政策发展现状

随着近几年石化行业的快速发展,为进一步加强危险化学品安全管理,国务院对 2002 年颁布施行的《危险化学品安全管理条例》进行了修订。2011 年 2 月,交通运输部水运局组织成立了《港口危险货物管理规定》修订工作组,组织开展了《港口危险货物安全管理规定》的修订及相关配套规范性文件、标准规范的起草工作,完成了《港口危险货物安全管理规定》(修订稿),2011 年 9 月报政法司审议,同时配合交通运输部政法司在天津、大连、宁波三地开展了相关的调研工作。2011 年 12 月,交通运输部水运局发布了《关于安排 2012 年部分港口行政管理工作的通知》(厅水字〔2011〕274 号),布置了关于《港口危险货物安全管理规定》及其九项配套性规范文件和标准规范制定工作,明确了工作内容和责任单位,相关文件

和标准的制定、部级建设项目的安全审查等工作有序开展。

2012 年 1 月,交通运输部和国家安全监督管理总局联合发布了《关于明确港口危险化学品安全监督管理若干问题的通知》(厅水字〔2012〕4 号),明确了港口行政管理部门和安全生产监督管理部门各自对港口危险化学品的安全监管内容、安全监管范围和安全监管职责交接的相关要求。

2012 年 2 月,交通运输部发布了《关于当前港口危险货物安全管理工作的通知》(厅水字〔2012〕30 号),明确了港口危险货物建设项目安全审查和港口危险货物经营的要求。

2012 年 5 月,交通运输部水运局在上海召开了全国部分省市港口行政管理部门安全处长座谈会,就港口危险货物监管工作交接情况、安全监管工作存在的问题和港口危险货物安全监管工作的建议进行了研讨,提出了具体工作要求,有效地保障了各地的安全监管职责交接工作的顺利完成。

2012 年 12 月 11 日《港口危险货物安全管理规定》(交通运输部令 2012 年第九号)颁布,2013 年 1 月实施,为港口危险货物安全监管提供了法规保障。

2013 年 1 月交通运输部水运局在广州召开了《港口危险货物安全管理规定》宣贯会,对港口危险货物安全管理进行了工作部署,港口危险货物安全管理工作进入了正常工作程序。

综上所述,新《条例》实施以前,港口危险货物安全管理的重点在码头,仅有部分港口企业自有储存设施纳入了港口安全管理的范围。新《条例》实施以后,交通运输部也正致力于对库区的港口危险货物监管方面出台一系列法规规章。

3　港口危险货物安全监管工作开展情况

对安全管理的重视与否直接影响到港口危险货物安全管理水平,港口行政管理部门分别从以下方面对港口危险货物进行安全监管:

安全管理制度建设。许多港口行政管理部门结合自身实际,制定了相应的港口危险货物安全管理制度。以宁波市为例,先后制定、完善了《宁波港域危险货物企业经营资质预警办法》、《港口危险货物申报管理规定》、《宁波港域港口危险货物作业认可管理办法(试行)》、《港口安全检查规则》等,以规范安全监管行为、提高监管水平。

抓好日常安全监管。各地港口行政管理部门十分重视港口危险货物的日常监管工作。例如嘉兴港,通常每月不少于一次全港性安全生产日常检查,并根据阶段性工作及专项活动的要求定期或不定期地开展安全检查,对于检查出来的各类问题,在现场检查表中明确处理意见、督促相关单位落实整改措施,使得一般隐患能当场或及时得到整改,坚决将隐患消灭在萌芽状态。

重视安全生产教育及培训工作。各港口行政管理部门均十分重视港口作业安全教育工作,把提高企业经营者和从业人员安全意识和安全技能素质,作为安全生产工作一项重要基础工作来抓。

加快信息化建设步伐。以上海港为例,上海市港口管理局完成了洋山深水港区信息平台一期和上海港航应急指挥中心建设,正积极着手建立覆盖全港生产、经营和安全管理的实时监控信息数据库,形成覆盖全港的港航综合信息服务平台和安全信息系统。

综上所述,各地港口行政管理部门均十分重视港口危险货物作业的安全监管工作,从注重制度建设,到加强安全检查、现场监管等各方面,均作了大量工作,以提高港口危险货物的安全管理水平。

4 港口危险货物安全监管所面临的问题

新《条例》明确了港口行政管理部门为港区范围内装卸、储存设施的安全监管主体责任,增加了安全监管的风险和难度,对港口行政管理部门提出了新的要求。

(1)港口危险货物监管的配套文件急待补充和完善。

根据新《条例》,港口危险品安全监管职责转移到各级港口行政管理部门,涉及安全监管、安全条件审查、安全设施设计审查、安全设施专项验收、重大危险源管理等工作,过去一直由安全生产监督管理部门负责,港口行政管理部门管的较少。面临新的监管要求,《港口危险货物安全管理规定》的颁布和实施填补了这一领域的空白,但适合港口安全监管实际的法规体系仍需完善和补充。

(2)监管队伍和监管专业人才缺位较多。

随着职责的增加和监管范围的扩大,与之相匹配的监管队伍、人才结构难以满足监管的要求。监管内容的增加加大了安全监管的风险和难度,对监管人员提出了更高的技术和知识要求。特别是已经熟悉港口安全管理程序的管理人员面对新的监管内容,无论是知识结构、管理经验都有一定的差距,特别是了解危险货物相关知识的人才相对缺乏,港口危险货物安全监管实效受到较大影响。

(3)港口储存企业情况不明、存在安全监管盲点。

面对新增加的大量危险化学品储存企业,港口行政管理部门对其储存量、储存介质、储存条件、储存场所的了解还需要较长时间的摸底和调研,因此,对于何处存在隐患、安全隐患的危险程度的了解难以及时掌握,在此条件下出现监管盲点的可能性是存在的。

(4)区域性风险突出。

近十年来,我国港口危险货物建设项目大量建设,危险货物储存设施量大、集中的特点明显,企业间各自为政现象突出,缺乏区域性防控联动机制,一旦发生单个事故容易造成区域性事故灾害,区域性安全监管职责重大。

(5)监管对象的参差不齐。

港区内储存企业众多,经济成分复杂,部分责任主体模糊,设施安全状况不一,安全设施条件千差万别,安全管理水平参差不齐,部分关联企业相互依存,全面了解企业的实际管理状况需要较长的过程,确定安全监管的方式需要较长的时间。因此,安全监管的难度较大。

5 主要建议

(1)出台港口危险货物管理的相关配套法规、规章和规范性文件,根据港口危险货物监管实际,制定相关的标准和规程。

建议健全完善港区内危险化学品仓储监管相关规定、港区内危险化学品重大危险源监督管理办法、港区内危险化学品库区安全评价相关管理办法、危险化学品港口建设项目安全审查实施办法、危险化学品库区应急救援相关预案及制度等,为切实做好港口危险化学品监管提供法律、制度保障。

(2)增强港口管理部门专业管理力量,提高港口危险货物监管水平。

①补充专业人员。在目前缺乏具有危化专业背景监管人员的情况下,港口管理部门特别是各县市区亟须增加危险货物监管专业管理人员。

②加强管理人员业务培训,增强现有管理人员理论及业务能力。一是加强理论学习。通过集中授课和自学相结合的方式,加强相关法律、法规及规章的学习;二是加强管理人员业务培训。在工作实践中,通过学习交流,向经验丰富的同志请教。同时,通过到企业、下基层学习的方式,学习企业在安全管理方面的先进经验和做法,了解企业作业流程、安全管理现状、存在问题及管理方式等,提高自身安全管理水平。

③建立港口危险货物专家库。港口管理部门提高自身监管能力的同时,要充分利用高校、企业及社会资源。通过建立地区性专家库来弥补和充实港口危货监管能力。在日常监管及专项活动中,可以聘请有关专家为提供更加专业、全面的建议和意见,合理利用各方面的资源是有效地实行管理的基础和手段。安全专家参与港口安全监管可以较好地弥补港口行政管理部门安全监管专业力量的不足。

(3)建立危险货物登记查询中心,编制危险货物上岗人员专业培训教材。

建立相关权威网站,对经常遇到新的危险货物,对其理化性质、作业注意事项、监管标准等方面,进行整理和录入,并定期更新,港口管理部门可上网进行查询。同时,请科研专业机构编制危险货物上岗人员专业培训教材,加大理论学习力度,同时可以作为现场实际监管操作的理论参考。

(4)应加快科技信息监管的建设步伐,加强智能化监管力度。

加快综合信息平台的建设,港口安全监管必须要利用现代化科技手段进行处理并结合人工进行分析的方法,实现港口安全监管全面覆盖、全过程、实现重点区域、重点人员的安全监管。如加大视频监控措施并建议全面推广网上作业申报等手段,增强智能化监管力度。

(5)建立应急管理体系,完善应急资源配置,加快危化品应急救援体系建设。

深入推进标准化体系建设、建立专业安全检查表体系,港口应急救援工作是港口安全监管工作的重中之重,但是目前,交通运输部对于港口应急体系建设的文件寥寥。实践中,由于各地对该项工作的认识、人力、物力、财力不一,在港口应急体系建设方面的投入也差别很大,因此,应完善应急资源配置,建立系统化、程序化、自我完善的安全监管体系。

(6)加大执法装备投入,配备专业监管和应急设备,增加危险货物监管专项经费。

经费不足是制约港口安全监管工作的一大瓶颈。建议部设立港口安全工作专项经费,专款专用,并出台管理办法对经费使用情况进行监督。一是加大现场监管装备的资金投入。配备执法巡航艇、车辆,加强现场执法力量。二是增强现场执法防护用品配备。针对目前缺少个人防护用品和设备的情况,有必要为一线监管人员配备齐全的安全帽、防静电服、鞋、防护目镜、防毒面罩等个人防护用品。

The Danger Goods Safety Transportation Problems by Waterway in China

Sun Guoqing

Abstract The growing volume of hazardous cargo shipments and the potential consequences of a materials release have raised public concern and scrutiny over the safe handling and transport of hazardous cargo. This has prompted intensive regulatory review and technical studies directed at identification and resolution of critical issues impacting the safe transport of hazardous cargo. This paper addresses these issues, both from the standpoint of what is currently known and for the development of an agenda for enhancing hazardous cargo transport safety in the future. Attention is focused principally on those areas where the needs are particularly acute, namely the regulatory environment, information systems, accident analysis, hazard mitigation, risk assessment, routing, community preparedness, and incident management. The basis for this review is the condition of danger goods safety transportation problems plague our countries, it is expected that many of the conclusions and recommendations reported herein will have application to the international community.

Keywords Waterway transportation　Dangerous goods transportation　Risk assessment

1 Introduction

Waterway transport is gradually playing an increasingly important part in the transportation market. Above all it underpins the free movement of goods and people by concentrating on the integration of national transport networks and on the more effective integration of the different types of transportation. By the year 2000, goods and passenger traffic in the Chinese transport waterway market will be double the 1985 level. This increase in mobility will mean more congestion unless efficient trans. Chinese waterway networks are created. Aim of the Chinese transport waterway market should be making traffic faster, safer and more environmentally compatible. Strict rules on the transport are necessary across the Union. Additionally to the consolidation of the internal market in transport, the three new objectives of the Treaty on Chinese waterway concern transport policy: transport safety, Chinese transportation waterway networks, and environment protection. Safety requirements fall within the area of the community's exclusive powers because they affect the free circulation of vehicles of transport services. In application of the subsidiary principle transport safety is a matter which should be addressed by the Ministry of Transport of the people's Republic of China, when it is in a position to act accordingly. All power driven waterway transport means consume energy and cause water or waterway pollution. In order to reduce pollution caused by the transport sector it is essential to set progressively higher standards of safety. The examination of the measures which have been taken within the Union framework in order to keep high standards of safety in Chinese Waterway transport is the aim of this article[1].

2 Waterway Transport in China

2.1 Waterway transport law

Law monitoring has become necessary because of the problem of unfair competition from fleets of certain state trading countries and certain Far East countries which has brought lower standards of Chinese Shipping and International Shipping waterway safety. The Council of Chinese dangers goods waterway transportation acting on a proposal from the Commission demands the member states to take appropriate measures within the community to adopt common attitudes in the appropriate international bodies on the swift implementation of existing international rules in this field. There is a fundamental need to take effective action in order to reduce the risks of severe coastal or waterway pollution as the result of accidents on the high seas and this fundamental interest is underlined by the Chinese environment action programmers. The Council of Chinese dangers goods waterway transportation recommends that the member states should ratify the following international conventions.

——The 1974 International Convention for the Safety of Life at Sea (SOLAS);

——The 1978 protocol relating to the 1974 International Convention for the Safety of Life at Sea;

——The 1973 International Convention for the prevention of pollution by ships (MARPOL) as amended by the 1978 protocol;

——Convention No 147 concerning minimum standards in merchant ships adopted by the International Labour Conference in 1976;

——The 1973 International Convention for the prevention of pollution by ships (MARPOL) as amended by the 1978 protocol;

——Convention No 147 concerning minimum standards in merchant ships adopted by the International Labour Conference in 1976.

2.2 Chinese dangers goods transportation networks of waterway

Chinese dangers goods transportation networks of waterway is investigated in this paper. It includes Yangzijiang river, Zhuhai River, Jing-hang River and Chinese inland-sea. In this paper, we define each seaport or river port as a node; two nodes are connected by an edge if they has appeared some goods transportation by waterway. Fig. 1 shows the distribution of accumulative act-size (the number of seaport or river port in one waterway traffic line) for the Chinese dangers goods transportation networks of waterway. In the figure, the vertical axis represents the probability of accumulative act-size and the horizontal axis, a certain number of the act-size. The solid cycles denote the empirical data. The solid curve shows that the data can befitted by a shifted Poisson distribution, which may be expressed as following mathematical function:

$$P(k) = \sum_{i \geqslant k}^{\infty} \binom{i}{k} f^{i-k} (1-f)^k p(k) \tag{1}$$

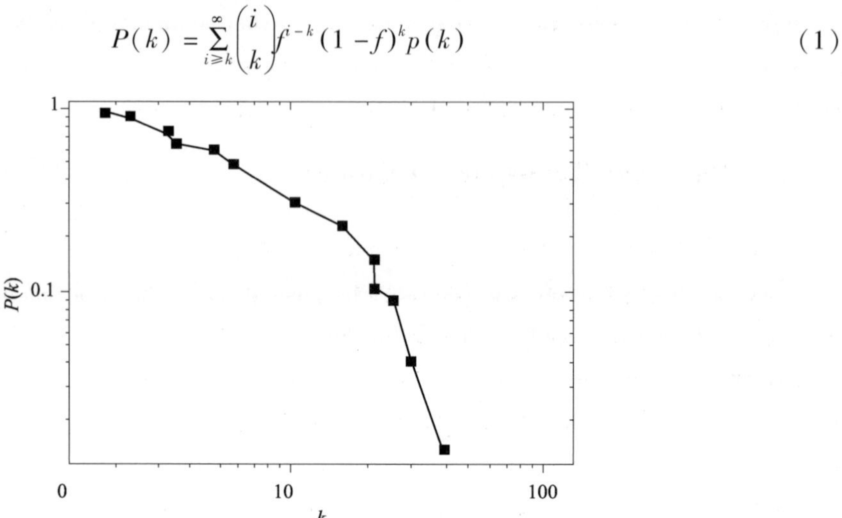

Fig. 1 The degree distribution of Chinese dangers goods transportation waterway networks

2.3 Safe vessels and safe carriage

Safe vessels means safer waterway transport and therefore the Council of Chinese dangers goods waterway transportation introduced the Law Directive concerning minimum requirements for certain tankers entering or leaving community ports. Thus, the Council of the Chinese waterway danger goods transportation in accordance with the Laws of SOLAS and MARPOL, etc. The treaty of transportation of dangers goods and in order to reduce the risk of incidents involving certain kind of tankers entering or leaving member states' ports held that the said tankers should be required to comply in advance with certain minimum requirements before entering the territorial waters, adjacent to the port of destination or departure. So, the competent authorities must be informed of any deficiency potentially dangerous to the safety of shipping and to the marine environment. On the other hand have the monitoring authorities the means to cope with the scale of traffic dealing on every day? Any vessel in advance of entering should give general information on the nature and quantity of cargo and where chemicals are being transported information on whether or not the vessel is in possession of a certificate stating that it is a new vessel under the terms of the IMCO Code for the construction and equipment of ships carrying dangerous chemicals in bulk. The whole process which has to be followed is described in the directive as well which does not mean that it will be followed harmoniously by its implementation within the national legal systems of the member states. Important fact is that any member state should take whether measures are appropriate to inform another member state concerned when it has been informed of facts which involve or increase the risk for this member state of a hazard being posed to certain maritime and coastal zones. The member states should adopt the laws, regulations and administrative provisions necessary to implement this directive. A regulation applicable uniformly to all member states together with a vigorous monitoring by an agent acting on behalf of the Ministry of Transport of the people' s Republic of China will guarantee compliance in amore efficient way[2-3].

2.4 Carriage of dangerous goods by waterway

The volume of dangerous or polluting goods carried by sea has been growing unabated, increasing the risk of serious accidents which continue to occur. It is necessary to take appropriate measures in order to avoid accidents and therefore the Council of Chinese dangers goods waterway transportation introduced Directive Laws concerning the minimum requirements for vessels calling to community ports. Better information could contribute to prevention and minimization of accidents. It will enable the relevant authorities to take the necessary precautions with regard to vessels carrying dangerous goods bound for or leaving community ports.

According to the SOLAS and MARPOL conventions, information must be provided to the competent authorities about the nature of the dangerous goods on board vessels. In order to avoid and reduce the accident risk, it is appropriate to follow certain navigation rules. The Directive recalls what measures are available to member states under international law. On the other hand have all member states equipped with the necessary infrastructure for safe and efficient inspections? In practice various ports have different equipment' s which may not be able to detect defections on time and accurately. The exchange of information imposes co-operation between the authorities of the member states, shippers, operators of vessels, masters and pilots. This directive repeals Council of Chinese dangers goods waterway transportation Laws. Member states can impose additional requirements in respect of vessels. In practice in the best knowledge of the author the member states have difficulties, taking into account the interests of their nationals, to implement vigorously even the basic measures when substandard vessels have being entered the ports of the Union. The directive applies to any cargo vessel, oil, chemical or gas tanker or passenger vessel bound for or leaving a community port and carrying dangerous or polluting goods in bulk or in packaged form. Dangerous goods means goods which are classified as such by the IMDG (International Maritime Dangerous Goods) code, IBC (IMO international code for construction of ships carrying on chemicals) code and IGC (IMO code on liquefied goods) code. Polluting goods are presented in Annex Ⅰ,2,3 of the MARPOL. The directive sets out all the requirements and the process which a vessel has to follow in order to enter or leave a port of the Union. A committee composed of representatives of the member states will assist the commission.

2.5 Marine pollution

To that extent and supplementing the protection measures the Council of Chinese dangers goods waterway transportation adopted Resolution of China governments concerned the prevention of accidents caused marine or waterway pollution. Maritime accidents have aroused considerable public concern, threatening to undermine the legitimate use of the coasts for recreational purposes, with the resulting negative repercussions on the touristic resources of the member states. The world fleet of dangers goods transport ships has aged and there is no prospect of being renewed in the short term together with the lack of appropriate maintenance of a large number of tankers combined with the additional factor of risky navigation in maritime zones shows the importance of prevention. The number of incidents and accidents occurred lately is an indication of the condition of the ships sailing in the territory of the Chinese governments. The Chinese governments must be prepared to cope with the marine pollution and taking into account that the extent of the damage caused by pollution is directly related to the speed of response and the degree of co-ordination between the national and international services available.

This convention will help to promote the safety of ships in general and in particular the safety of fishing vessels. It seems that the legal machinery of the Chinese governments Union endorses any international rule referred to safety instead of producing original legal rules applicable to the Chinese law standards and peculiarities of the fleet of its member states. At least its legislation accelerates the introduction of these rules. The production of so many directives should have indicated the necessity for a single legal framework, which will cover all the matters relating to safety, and under which any amendments will be endorsed.

2.6 Port state control

The regulation of matters relating to port sate enforcement of international measures on the safety of shipping and prevention of pollution is achieved by the Council Resolution of Chinese dangers goods waterway transportation. A year later a memorandum of understanding on port control is signed. This enables states to check 2 000 seaports appliance with international safety standards by ships using their ports. A committee is established to supervise the provisions of the memorandum and optimize the use made of the powers under the IMCO and ILO conventions on shipping safety and pollution. The whole effort is resulted into the adoption of the laws concerning the enforcement of international standards for ship safety, pollution prevention and shipboard living and working conditions (port state control). Safety, pollution prevention and shipboard living and working conditions may be effectively enhanced through a drastic reduction of substandard ships from community waters by strictly applying international conventions, codes and resolutions. Monitoring the compliance of ships with the international standards for safety should rest with the flag state. A harmonized approach to the effective enforcement of these international standards by the member states in respect of ships sailing in the waters under their jurisdiction and using their ports will avoid distortions of competition. The China governments Union's supervision should be a safeguard above the state's control in order to avoid discrimination and loose appliance of the rules adjusted to the citizens of the state interests accordingly. A framework in community law for harmonizing inspection procedures is fundamental to ensuring the homogeneous application of the principles of shipping safety and prevention of pollution which lie at the heart of community transport and environment policies. The Directive defines the conventions which are applicable. The purpose of the directive is to increase the safety and protection of the marine environment and living and working conditions on board ships of all flags. Ships under flags of convenience cannot avoid the application of the rules. Thus, flagging out of the member states registries means no avoidance of compliance with safety matters. Although inspection of ships in ports of destination inside or outside the Chinese governments under the same standards is a matter to be seen in practice. Additionally the reliability of inspections contacted outside the Union has not been questioned. Vessels under flags of convenience are sailing through the sea zones of the member states of the Union mostly undetected. The establishment of common criteria for control of ships by the port state and harmonizing procedures on inspection and detention is one of the goals of the directive as well. The directive rectifies the whole procedure of inspections for the compliance with the international standards as they are provided in international codes and conventions. It is significant that the owner of a ship has the right to appeal against a detention decision taken by the competent authority. Dangers goods of transportation ships are responsible to establish and maintain appropriate procedures in accordance with their national legislation. This means probably a non uniform approach. On the other hand the establishment of a common agent will bring efficiency and uniformity within the whole effort to implement all the measures. The attached Annexes define the ships which have to be considered for priority inspection, the list of certificates and documents, examples of clear grounds for amore detailed inspection, procedures for the control of ships, categories of ships subject to expanded inspection, criteria for detention of a ship and minimum criteria for inspectors. The question which arises is how ship-owners continue to flag out when so many provisions demanding high standards of safety are applicable. Hence, all substandard ships assumed that they could not approach Chinese seaports. On the other hand the amount of incidents indicates differently.

3 Risk Assessment

Risk assessment involves estimating the frequencies and consequences of undesirable events, and then evaluating the associated risk in quantitative terms. Risk is commonly expressed as a single number, known as the societal, or expected, risk. When adequate information is available, this number can be computed directly from historical data; otherwise, more the oretical approaches to risk estimation are required. The risk measure of interest can vary considerably, but typically risk in hazardous-materials transport is expressed in terms of expected property damage, injuries, or fatalities. Expressing risk in terms of a single number may simplify the tasks of estimation and evaluation, but it does not provide as much information as a risk profile, which is a probability distribution of incident likelihood and consequence. The shape of the risk profile particularly helps in distinguishing between the contribution to the expected risk of high probability/low-consequence events and low-probability/high-consequence events.

Risk estimation, itself, is characterized by a sequential process, beginning with understanding the level of exposure (e. g., number of shipments, tons carried, distance moved, dangers goods, etc.), the frequency and type of incident occurrence.

References

[1] Smith H D. Shipping safety and the environment: a post-Donaldson analysis. Marine Policy, 1995,19(6):132-156.

[2] Fischenich J Craig, Alphen Jos Van. Guidelines for Sustainable Inland Waterways and Navigation. In: R J Cox, eds., Proceedings on CDROM of the 30th PLANC-AIPCN Congress, Sydeny, 2002:511-522.

[3] Riteco A F P A, Hoefsloot N C. Analysis of Costs and Benefits of Waterway Infrastructure Projects. In: R J Cox, eds., Proceedings on CDROM of the 30th PIANC-AIPCN Congress, Sydney, 2002:490-504.

Shipwreck Statistical Analysis and Suggestions for Ships Carrying Liquefiable Solid Bulk Cargoes in China

Cheng Xiaonan Liu Minyan He Longjun

Abstract In order to grasp the reason of the wreck accident for ships carrying liquefiable solid bulk cargoes, and restrain the similar accidents happened again, the paper collects a decade of accident investigation reports or accident cases, counts wreck accidents for ships carrying liquefiable solid bulk cargoes from 2001 and 2010 in or nearby China, and analyzes the internal and external causes of the accidents. The results show that the transportable moisture limit and moisture content of cargoes must be accurately detected before shipment, and the moisture content should be under the transportable moisture limit to ensure the essential safety.

Keywords Liquefiable solid bulk cargoes Shipwreck Accident statistics Reason analysis

1 Introduction

In1980s, the ships which carried concentrate fines were booming with reforming and opening up in China. At the same time, a number of serious accidents happened, and at least 5 ships carrying concentrate fines sunk or tilted in 1987 [1-2]. The Ministry of Transport (MOT) of China published "Safety management regulations of selected mineral powder and water minerals by sea" (No. 275 Document)[3] in 1988. The Document played a positive role in containing sunken ship accidents. However, accidents still happened. In 2009, China Ship owners Mutual Assurance Association reported 9 transportation accidents about concentrate fines [4]. In April 2010, the MOT of China reported wreck accidents about "Fuxiang" ship and" Shangyuan 9" ship. In 36 days of the fourth quarter of 2010, 6 sunken ship accidents happened continuously [5]. Three panama cargo ship loading nickel ore from Indonesia to China, sunk in route, and 45 crew members were dead or missing. That brought a huge impact at home and abroad, and created much threat to continuous and stable development of industry [6-9]. In order to strengthen the safety regulation of the shipped liquefiable solid bulk cargoes, the International Maritime Organization (IMO) published the international maritime solid bulk cargoes (IMSBC) code, which has been enforced in January 1, 2011[10]. The MOT of China also published "safety management provisions of waterborne liquefiable solid bulk cargoes" (No. 638 Document) in November 2011 [11].

According to the separation of solid bulk particle and water after vibration, the liquefiable solid bulk cargoes can be divided into weak hygroscopicity cargoes and strong hygroscopicity cargoes. Due to the vibration of the ship and extrusion between cargoes during the voyage, the moisture of weak hygroscopicity cargoes is pushed out to the surface, forms the free surface, thus reducing the ship's initial stability, and leads to the sinking [12]. There are certain gap and moisture between particles of strong hygroscopicity cargoes. Due to rocking, vibration, bump, impact of ships, the gap between particles becomes smaller, the water pressure becomes higher, the friction between the particles becomes smaller, and the shear strength also becomes smaller. Although there is no obvious water, the cargoes become soft and loose, even leading to moving. The ship's stability is greatly reduced, causing a shipwreck[5,7,13].

Based on history statistical data from 2001 to 2010, the paper proposes the internal reasons and trigger conditions of accidents to enhance the safety awareness of workers. The paper suggests that the transportable moisture limit (TML) and moisture content of cargoes must be accurately detected before shipment, and the moisture content should be under the TML. The paper also proposes some effective control measurements at crisis state to restrain the similar accidents happening again.

2 Analysis and Discussion

2.1 Number of sunken ship accidents

There were 23 sunken ship accidents about liquefiable solid bulk cargoes happened in recent ten years. It can be seen from Fig. 1, the number of accident showed upward trend generally. Some new liquefiable solid bulk cargoes, such as kaolin and laterite nickel ore, were not strictly managed and controlled accordance with the relevant provisions. That was one of the main reasons for increased accidents.

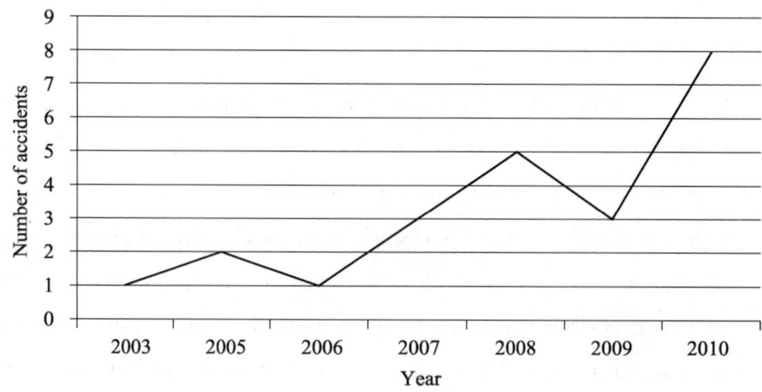

Fig. 1 Number of shipwreck accidents for the ships carrying liquefiable solid bulk cargoes.

2.2 Casualties and property losses

There were 25 people dead, 74 people missed and 231 people rescued in 23 wreck accidents. That caused direct property losses of 144.79 million yuan, and the damage was very large. Some ships carrying liquefiable solid bulk cargoes often leaned to one side without any symptom. A few minutes later, the ships suddenly sank. Seamen didnt even cry for help, leading to heavy casualties.

2.3 The distribution of carrying cargoes

In 23 accidents, the traffic volume of iron ore powder, iron sand, fine pyrite ore, Australia ore, Peru ore and Brazil ore was large, and these cargoes caused more accidents, accounting for about 46%. It is noteworthy that the traffic volume of nickel mines and kaolin was not very large, but their accidents account for 25% and 9%, respectively, as shown in Fig. 2. These two kinds of cargoes with strong hygroscopicity has the properties of cohesive soil. The experimental results show that the plasticity index of kaolin clay is 10 ~ 18, and the plasticity index of laterite nickel ore has more viscidity, and its plasticity index is up to 68. Because the strong hygroscopicity cargoes contain more water (usually about 20% ~ 40%) and the water is difficult to separate from the cargoes, there is greater risk for these cargoes. The viscidity and proportion of fine particles of cargoes are the main factors of liquefiable solid bulk cargoes. Kaolin and nickel with frequent and serious accidents have not been included in the IMSBC rules, leading to regulatory vacuum, and that is one of the important reasons for such frequent accidents [10, 14].

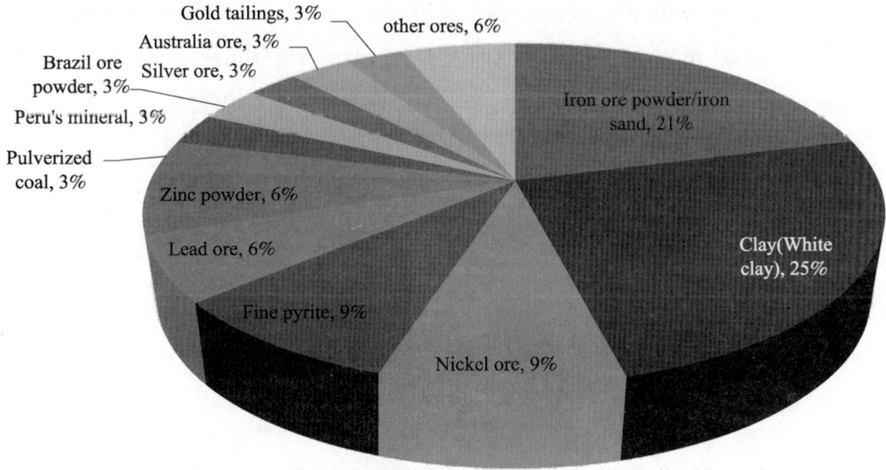

Fig. 2 The accident distribution on different cargoes.

2.4 Moisture content test of cargoes

No. 275 Document points out that when the cargoes are in shipment, the moisture content shall not exceed 8%. In 12 of 23 cases, the shipper received test reports of the moisture content of cargoes before shipment, moisture contents in the report were less than 8%, but those were not consistent with actual moisture contents. No. 275 Document also points out that the simple field experiments should be performed before loading. Only in 1 accident, the shipper used correct simple detection methods. The moisture content was not controlled under the TML before loading, and it was the most direct cause of the sinking.

2.5 Free surface or cargoes moving

By statistics, we can see that in 18 accidents, the free surface or cargoes movement happened in the ship, accounting for 78.3% (there were no records in other 5 accidents). It can be concluded that all accidents appeared free surface or cargoes movement. The accidents prove that the liquefiable solid bulk cargoes contain some proportion of fine particles and viscous material with moisture content. When moisture content of cargoes is more than its TML, the solid-liquid two-phase free surface or cargoes movement will happen, and that is the internal reason of the sunken ship accidents.

2.6 The statistics of ships

(1) Tonnage of ships. The tonnage of the sunken ships is shown in Fig. 3. We can see that the tonnages of sunken ships were from 3 000t to 5 000t, but the "Nanyuanzhuanshi" ship, "Hongwei" ship and "Jianfuxing" ship that sunk in 2010 were all 40 000 ~ 50 000t ships. The sunken ships showed a large-scale trend. It was reported that the wavelength of the waves off the coast in China is 90 ~ 120 meters, which is close to the length of 5 000-ton two-way ship. When the speed of such ships is close to the wave velocity and the center of the ship is in the wave crest, the loss of ship's actual waterplane area is bigger, causing the stability decreased significantly. According to calculation, along with the wave crest, the ship's largest reduction of initial stability height can reach 0.3 to 1.0 meters. Therefore, 5 000-ton two-way ships should avoid sailing over the wave. Although 40 000 ~ 50 000 ton ships have good stability, they can't completely resist from large moment of force generated by the movement of cargoes[15].

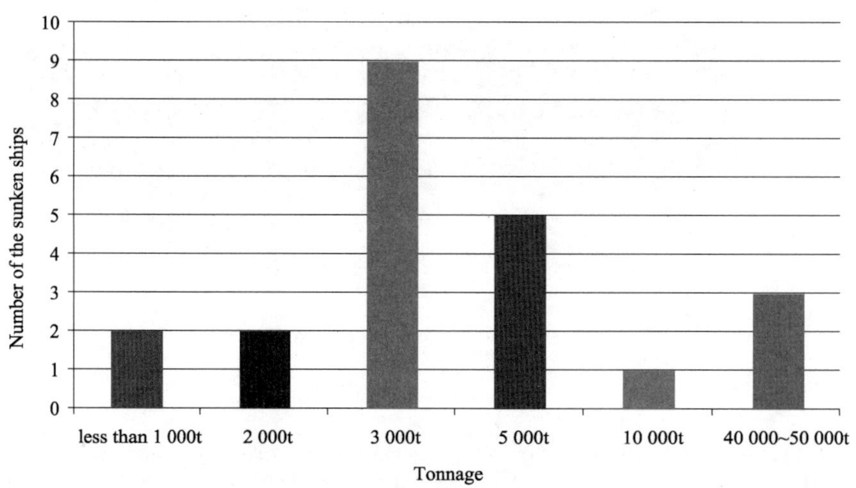

Fig. 3 The tonnage of the sunken ships.

(2) Sealing condition of ships. In 10 accidents of 23, the moisture content of cargoes increased in the process of shipment and navigation, accounted for 43.5%. Loading cargoes when rain would lead to increasing of moisture content in the shipment process, and the moisture content could also increase if sea water entered into the cabin in the navigation due to the cover plate of cabin was old, out of shape or poor tightness.

2.7 The weather conditions at the time of accidents

In 23 cases, only 1 barge ship overturned due to heavy rains. The other ship wreck accidents all occurred in the wind and waves environment, and it was an important factor which caused sinking. When accident happened, wind level was level 8 ~9 (17%), level 7 ~8 (35%) or level 6 ~7 (35%). The height of waves was 5 ~6 m (5%), 4 ~5 m (23%) or 3 ~4 m (49%). Big waves pass much energy to the cargoes, make their internal moisture rearrange or push their internal moisture to the surface. It leads to form free surface or cargoes movement, and the wind resistance strength of ship is further reduced, leading to ship capsizing.

2.8 The ship stowage and the response of distress

The following operations and responses had been proved to be wrong and should be avoided.

(1) The ships are close to full load before sailing, and most domestic trade ships haven't taken the stability calculation of ships.

(2) The captain and seamen have insufficient understanding for the big waves shift and free surface of ships carrying liquefiable solid bulk cargoes, are lack of alert and adequate planning for the ship sailing on the big waves, and are lack of awareness for bad weather. They don't check the cargo and drain off water in time.

(3) To shelter from the waves or anchor, under the condition of obvious heeling, most ships did not adopt measures to against the top of the sea, and some even turn with large angle, leading to the increase of hull heeling. 74% of the accident investigation report did not have the records which showed that whether the captains were sailing against the wind at the time of the accident, and only five accidents (22%) adopted the right measure at the time of the accident. It could be concluded that the captains did not pay enough attention to the danger.

(4) Six (26%) accident investigation report clearly recorded that incorrect turning with large angle are taken meeting with danger.

(5) After the ships are heavy tilted, beaching is an effective measure to rescue ships and cargoes. However, due to unclear of the depth and bottom of the sea, the ships can't choose the appropriate grounding locations, even causing the ship struck on a rock and sank.

2.9 Season, water area and commodity characteristics of accidents

In the statistics of the 23 cases, the ports of shipment were mainly in three areas: Bohai bay, South China and Indonesia. all show obvious seasonal characteristics, characteristics of waters and commodity characteristics. The site map of 17 sunken ship accidents is shown in Fig. 4.

Six of the accidents were in Bohai Bay as the port of shipment, in which five had occurred in winter-spring wind season (October to April the following year). Three of the accidents took ports of north Korea as the port of shipment, and the accidents also happened in prevalent seasons from September to November. Most of the accident ships travelled via the Laotieshan or Chengshantou waterway with complex flow and high flow velocity. Complex environment was an important triggering factor leading to these accidents. So the season of safety management focus is the windy season (October to April the following year) for ships carrying liquefiable solid bulk cargoes back and forth in the Bohai bay. All ships are carrying iron ore powder in these accidents.

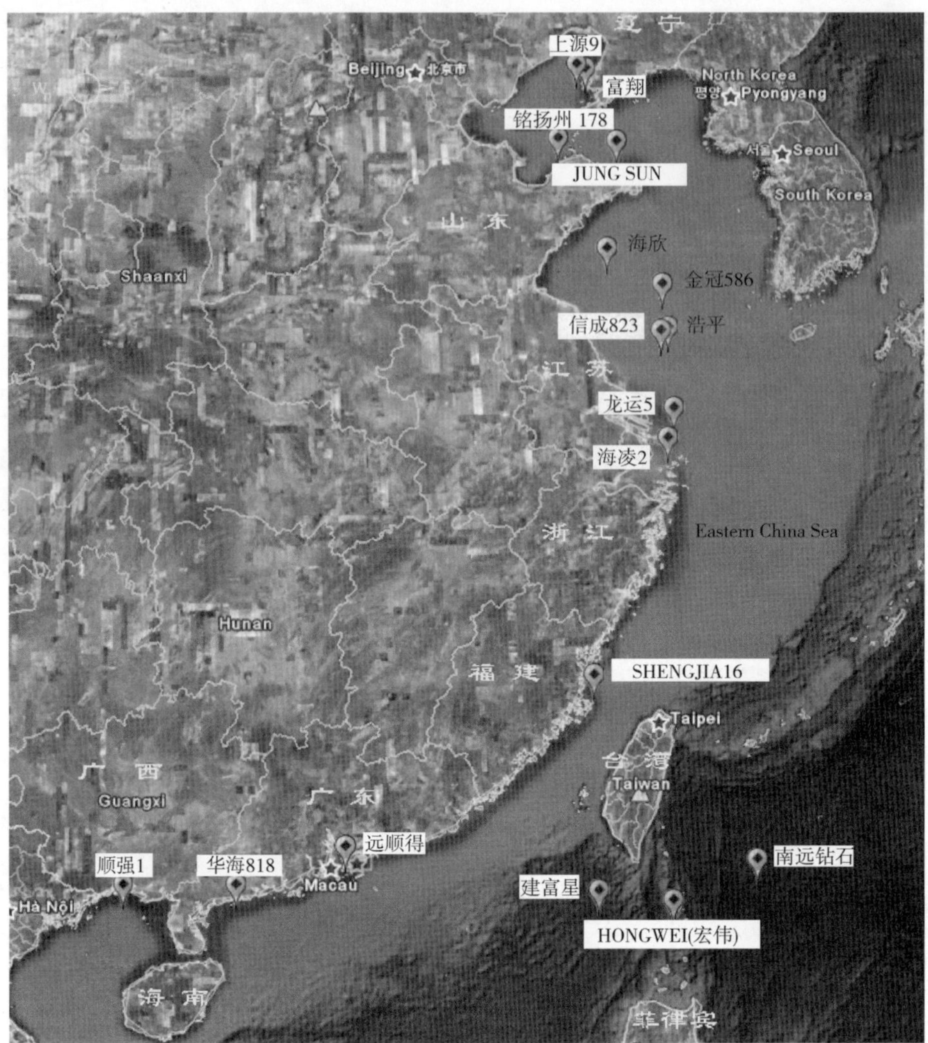

Fig. 4 The site map of 17 sunken ship accidents.

The ports of shipment of 8 accidents were in southern China, including six accident ships, which had not yet left southern China. Five accidents happened from June to September meeting with the big wind and waves. Three accident ships might fill the water. One accident met the rain when loading. There was 1 accident happened in October, the ship carried fluorspar powder, and its moisture content was 10.6% by post-accident testing. One accident occurred in December (the weather of destination port is bad), and another accident happened in March (big waves is the main reason for the accident). Carrying cargo distribution is: clay 4, fluorspar powder 1, white clay 1, iron ore 2. Therefore, liquefiable solid bulk cargoes (especially kaolin, fluorspar powder) in southern China were seriously affected by abnormal weather, such as rain and typhoon.

The ports of shipment of 3 accidents were in Indonesia, and the ships were all 40 000 ~ 50 000 ton. The season of accidents is the rainy season in Indonesia, from the end of September to April of the following year. The accident sites were always in the bashi Channel, where the flow was complex and the flow velocity was large. The carring cargoes were all nickel ore with strong hygroscopicity.

3 Discussion, Countermeasures and Suggestions

3.1 The main factors leading to the sinking

(1) The factors of cargoes. By the statistical analysis, it is found that the property of kaolin and laterite nickel ore is different from the traditional liquefiable solid bulk cargoes (concentrate fines), and the mechanism of the accidents are also different. However, the traffic volume of kaolin and laterite nickel ore occupies considerable proportion, and presents fast increasing tendency. The ships carrying kaolin and laterite nickel ore are confronted with greater risk, and we should pay more attention to these cargoes. Kaolin and laterite nickel ore usually contain more water and have more viscous and sinking risk, and they have been enrolled in the liquefiable solid bulk cargoes in China.

(2) Control of the moisture content. By statistical results, the TML and moisture content must be detected before the shipment, and the moisture content of the cargoes should be ensured to be lower than that of TML. That is the basic premise to ensure the safety of navigation. At the same time, we should also try to avoid the increase of moisture in the process of shipment and the sailing.

(3) Ship type selection. The paper first proposes that the length of 5 000-ton ships is close to the wavelength of the waves, and it would better avoid using 5 000-ton ships. We also suggest that the old ships and the reconstructive ships should be avoided, the hatchway cover of ship should be hermetic, and the ship shall not be overloaded.

3.2 The mechanism of the sinking

The root reason of the accidents is that the liquefiable solid bulk cargoes contain some water and proportion of and viscous material in fine particles. When moisture content of cargoes is more than its TML, internal moisture will rearrange, be squeezed to the surface of cargoes, or be scattered all around due to cohesive force decreasing with the effect of vibration, swing or the impact of wind and waves. It leads to form the solid-liquid two-phase free surface or the whole movement, and then reduces the stability of the ship, eventually leading to roll or wreck of the ship.

3.3 Countermeasures and suggestions

Before sailing, stability calculation should be taken, and emergency plan should be made. Pay close attention to weather changes, and understand the accident-prone region, season and cargoes. Check the cargo-hold regularly and drain timely. In case of obvious heeling of hull, the ships should be taken against the top of the sea, and avoid big angle to turn. When the nearby place has the condition to break into, in the case of familiar terrain, the countermeasure can be chosen.

4 Conclusions

(1) The statistical results show that from 2001 to 2010, the accidents about liquefiable solid

bulk cargoes were on the rise;

(2) The transport accidents in strong hygroscopicity cargoes, such as kaolin, laterite nickel ore, happened frequently;

(3) It is necessary for the test of moisture content and TML of the cargoes before shipment;

(4) Other countermeasures and suggestions mentioned above should also be avoided to reduce the accidents.

References

[1] Liu M Y. The major problems on safety shipping of bulk carriers loaded with concentrates, Journal of Waterborne Transportation Institute 2001(3):18-24.

[2] Wang Y B. Research on the safe shipment technology of nickel ore, Dalian Maritime University, 2012.

[3] The Ministry of Transport, Safety management regulations of selected mineral powder and water minerals by sea (No. 275 Document), Beijing, 1988.

[4] China Shipowners Mutual Assurance Association, Announcements about transportation of concentrate fines (No. 15 Document), 2009.

[5] Ou Y F. Initial investigation on safety technology for shipping liquefiable cargoe, World Shipping 2012(2):15-18.

[6] Cui J H, Wang J P. Safety transportation for the shipping of Laterite nickel ore, Marine Technology 2011(6):30-32.

[7] Lei H. Measures of safe shipping for red soil nickel ore, Maritime China, 2011(1):55-57.

[8] Zhang X H. The concerns of nickel ore transport caused by sunken bulk cargo ships, China Ship Survey, 2010(12):12.

[9] Zou Y J, Shen C, Xi X Y. An investigation into the capsizing of ships for the carriage of oay lateritic nickel ore, Marine Technology 2012(2):32-35.

[10] The International Maritime Organization: the international maritime solid bulk cargoes (IMSBC) code, enforced in January 1, 2011.

[11] The Ministry of Transport, Safety management provisions of waterborne liquefiable solid bulk cargoes (No. 638 Document), Beijing, 2011.

[12] Ge S Y. The safe transport of liquefiable solid bulk cargoes based on several marine accidents, China Water Transport, 2013(11):34-35.

[13] Zhang H F. Discussion on the transportation safety of nickel ore powder, China Water Transport, 2012(12):30-31.

[14] Liu X. Lost of Nickel ore transportation, China Ship Survey, 2013(4):67-69.

[15] China Waterborne Transport Research Institute, Research report on the cause of the wreck accident for ship carrying hydrated minerals, 2010.

Research on Quick Measurement Method for the Flow Moisture Point of Shipping Liquefiable Solid Bulk Cargoes

He Longjun　Wei Yan　Liu Minyan　Fan Haizhu　Ge Huilin　Chen Yuanyuan

Abstract Along with the development of economy in our country, the category of the shipping liquefiable solid bulk cargoes is changing, and the volume of transport by ship is increasing. However, lots of accidents on shipping liquefiable solid bulk cargoes occurred in recent years, causing heavy casualties and property losses. To reduce the accident probability, the paper creatively introduces liquid-plastic limit combined method used in the soil test to the quick measurement of the flow moisture point before shipment. By comparing the test results of this method with the flow table method's, the paper demonstrates the feasibility of this method for the quick measurement of the flow moisture point of shipping liquefiable solid bulk cargoes. Finally, the paper gives some relevant suggestions for subsequent research.

Keywords Liquefiable solid bulk cargoes　Transportation safety　Flow moisture point　Flow table method　Liquid-plastic limit combined method

1 Introduction

Along with the rapid development of economy in our country, the category of the shipping liquefiable solid bulk cargoes is changing, the volume of transport by ship is increasing, and the port handling capacity of minerals has ranked the first in the world for consecutive years. However, lots of accidents on shipping liquefiable solid bulk cargoes occurred in recent years, causing heavy casualties and property losses, severe domestic and international impact and negative effects on the development of shipping business.

The liquefiable solid bulk cargoes is the solid bulk cargoes which have part of the fine particles and a certain amount of moisture and may generate free surface or solid-liquid two-phase flow layer when their moisture exceeds the transportable moisture limit, including iron ore concentrate, kaolin, laterite-nickel ore, and so on. The water transport safety technology involves knowledge of many disciplines [1-2]. According to the separation of solid bulk particle and water after vibration, the liquefiable solid bulk cargoes can be divided into strong hygroscopicity solid bulk cargoes and weak hygroscopicity solid bulk cargoes [3-4]. Once the cargoes generate fluidization in the process of water transportation, the impact like free surface will make the ship generate an irreversible tilt and the moment overturn, causing major sea accidents. Only within a month in 2011, there are three sinking accidents of clay-loading ships in the Qiongzhou strait [5]. By investigation, the main reason of these accident is that the sampling and testing of cargoes has vulnerabilities and the cargoes emerge fluidization in the process of transportation.

In order to strengthen the safety regulation of the shipping liquefiable solid bulk cargoes, the International Maritime Organization (IMO) published the international maritime solid bulk cargoes (IMSBC) code, which has been enforced in January 1, 2011 [6]. IMSBC code presents the flow table method, penetration test and Proctor/Fagerberg test to be the assigned methods for the test of the flow moisture point. After the implement of these regulations, the accidents of the shipping liquefiable solid bulk cargoes have reduced. However, there are still many problems to be solved, for example, the quick measurement method of the flow moisture point before shipment need to be improved.

Therefore, the paper creatively introduces liquid-plastic limit combined method used in the soil test to the quick measurement of the flow moisture point before shipment. By comparing the test results of this method with the flow table method's, the paper demonstrates the feasibility of this method for the quick measurement of the flow moisture point of shipping liquefiable solid bulk cargoes. Finally, the paper gives some relevant suggestions for subsequent research.

2 Summary of the Test Methods

2.1 The flow table method

The flow table method is generally suitable for mineral concentrates or other fine material with a maximum grain size of 1mm. It may also be applicable to materials with a maximum grain size up to 7mm. It will not be suitable for materials coarser than this and may also not give satisfactory results for some materials with high clay content. If the flow table test is not suitable for the material in question, the procedures to be adopted should be those approved by the authority of the port state.

The moisture content of the sample is adjusted by mixing with water. The mixture is converted to a conical shape using a mould and tamper. The sample is placed on the flow table and the mould is removed. The flow characteristics are determined by repeated dropping of the flow table, while observing the behavior of the sample. When sufficient water has been added to the sample so that plastic deformation occurs during the dropping of the flow table, the sample is considered to be at its flow moisture point. The TML is calculated as 90% of the flow moisture point.

2.2 The liquid-plastic limit combined method

The liquid-plastic limit combined method is a technique which uses the penetration depth into sample to represent the current consistence of the sample[7]. The method has stable performance, intuitive indication and easy operation, so it has been widely used for the test of liquid-plastic limit in the soil test. The paper creatively introduces liquid-plastic limit combined method to the quick measurement of the flow moisture point before shipment and adopt 10mm liquid limit to be the approximation of the flow moisture point. In the next section, the paper will try to demonstrate the feasibility of this method for the quick measurement of the flow moisture point of shipping liquefiable solid bulk cargoes via test results.

3 Test Results

The study takes 8 samples, including iron mine, barite powder, fluorite powder, coal fines, kaolin, to make a comparison test. Corresponding testing equipments are shown in Figs. 1 and 2.

Fig. 1 The flow table method

Fig. 2 The liquid-plastic limit combined method

In the test, the external conditions are basically the same, and the test intervals are as short as possible. Using the flow table method and the liquid-plastic limit combined method, the test results are shown in Table 1.

Table 1 The test results of the flow moisture point by two methods

No.	Sample name	Flow moisture point (%)		Relative deviations of the two methods (%)	Required test time (min)	
		Flow table method	Liquid-plastic limit combined method		Flow table method	Liquid-plastic limit combined method
1	Iron mine	14.45	14.44	0.1	121	26
2	Iron mine	9.40	9.86	4.9	130	25
3	Barite powder	7.27	7.54	3.7	115	32
4	Fluorite powder	9.19	10.94	19.0	136	33
5	Coal fines	12.42	12.55	1.0	152	38
6	Kaolin	25.40	21.63	14.8	174	48
7	Kaolin	24.98	24.62	1.4	164	46
8	Kaolin	26.40	25.06	5.1	172	44

4 Analysis and Discussion

Based on the test results, the analysis and discussion are as follows:

(1) In 8 samples, except for samples 4 and 8, the deviations between the two methods are all in 6%. The deviations of samples 4 and 8 are 19.0% and 14.8%, respectively. It can be concluded that the proposed liquid-plastic limit combined method can basically meet the precision requirements.

(2) By Table 1, we can see that the required test time of the proposed method are all less than50 min and are much less than the test time of the flow table method. Therefore, the proposed method is a rapid technique for the test of the flow moisture point.

(3) Using the liquid-plastic limit combined method, the packing and compaction of samples doesn't have a clear regulation, so the test relies on much personal experience. The study suggests that further operation details need to be defined, such as filling and compaction rules, so that the repeatability of the test can be improved.

(4) Because there are many types of shipping liquefiable solid bulk cargoes, the study suggests that more samples should be tested before the method can be used for the quick measurement of the flow moisture point of shipping liquefiable solid bulk cargoes.

5 Conclusions

In conclusion, after further operation details are defined, the liquid-plastic limit combined method could be used for the quick measurement of the flow moisture point of shipping liquefiable solid bulk cargoes after more tests are carried out.

6 Acknowledgements

This work was financially supported by the Standard Measurement Quality Research Project of Ministry of Transport (2013429222200), Youth Science and Technology Innovation Projects of China Waterborne Transport Research Institute (WTI/QZ)-Measurement methods for the flow moisture point of shipping liquefiable solid bulk cargoes based on shearing strength theory.

References

[1] Ou Y F. World Shipping Vol. 2012(35):15.
[2] Li C, Jiang L, Liu S, Chen Z H. Chemical World Issue 2010(11):660.
[3] Youd T L. in: International Handbook of earthquake and engineering seismology, edtied by W. Lee H K, Kanamori H, Jennings P C & Kisslinger C. Part B, Academic Press, 2003.
[4] Sieder R, van den Beukel A. Granular Matter, 2004(6):1.
[5] Wang H L, Dong Q R. Navigation of China 2011(34):101.
[6] The International Maritime Organization: the international maritime solid bulk cargoes (IMSBC) code, enforced in January 1, 2011.
[7] Guo Y, Guo C K, Lu S M. Soil Mechanics, Dalian University of Technology Press, 2003.

Risk Assessment along the Gas Piplelines and Its Application in Urban Planning

Zhou Yafei

Abstract With the rapid development of industry in China, the number of gas pipelines that are proposed or under construction is increasing year by year. Accidents such as fire, explosion, and toxic diffusion inevitably happen, which often cause a large number of casualties and property losses. It is increasingly important to analyze the risk along the gas pipelines realistically and to suitably plan, and utilize the surrounding land based on the risk analysis results, thereby reducing the hazards. A theoretical system for risk assessment along the gas pipelines is proposed in this paper. Risks of various major accidents are considered together, superposition effect is analyzed. After the individual risk distribution is obtained, risk zones are divided according to corresponding individual risk value of HSE, and land-use planning suggestions are proposed. Finally, a natural gas pipeline in China is used as an example to illustrate the risk assessment process and its application in urban land-use planning. The proposed method has a certain theoretical and practical significance in establishing and improving risk analysis along the gas pipeline and urban land-use planning.

Keywords Gas pipeline Quantitative risk assessment Individual risk Urban planning

1 Introduction

With the rapid development of the economy, the number of gas pipelines involving inflammable, explosive, toxic, and hazardous goods has increased annually. Due to human, equipment, production management, or environmental factors, the gas pipelines may lead to accidents such as leakage, and then fire, explosion, toxic proliferation, and so on[1]. Once an accident occurs, it often spreads to the surrounding population and environment, causing adverse effects and leading to heavy casualties and property losses. A growing community concern and an important issue to be resolved are how to plan gas pipelines and construction projects reasonably, prevent and control potential major accidents, reduce the impacts and losses of accidents, ensure the safe operation of gas pipelines or construction projects, and safeguard the surrounding environment.

Risk analysis is the foundation and scientific basis of the safety planning for urban land use.

Therefore, it is necessary, based on risk analysis, to plan the gas pipelines, the location of construction projects, and the surrounding land uses of the gas pipelines, taking into consideration which areas are designated for residential use, which areas for business, and which areas should be restricted on population density. Reasonably safe distances should also be established between the gas pipelines and the sensitive targets, so as to balance the land effectiveness and risks, not only to ensure that the land is maximally used but also to minimize significant risk for urban public safety.

Since the promulgation of the Seveso II Directive, European countries have introduced risk analysis into the safety planning of land use (Christou and Marina, 2000)[2]. Scholars have carried out multi-direction studies from different perspectives and levels. During the survey of land-use safety planning in the Netherlands and the United Kingdom, the supporting role of risk maps was analyzed (Claudia et al., 2007)[3]. The safety planning standards of the land use were applied to control the major accidents, the risk-mitigation measures were accordingly proposed based on the analysis of risks and consequences (Valerio et al., 2006)[4]. GIS was also used as a decision-making tool to analyze the reasonableness of the location for geothermal power plants (Hossein and Sachio, 2007)[5]. The multi-standard of space was used to analyze the best location of the industrial park, combined with Integrated Land and Water Information System (ILWIS) tools (Zucca et al., 2008)[6].

These studies provide a theoretical guide for the risk analysis of regional hazards and land-use planning, but there have not been a systematic theoretical method for assessing the gas pipelines or a practical application for the corresponding land-use planning. In this paper, the individual risk value is selected as the risk index and the risk of gas pipelines is quantitatively analyzed, so that the distribution of individual risk can be obtained and land-use planning analyzed accordingly.

2 Risk Analysis Process of Gas Pipelines

Individual risk (IR) is the likelihood of death due to accidents for people at a permanent, fixed location with no protection. The individual risk represents only the risk level of a position and does not consider whether or not the individual is actually present (Jonkmana et al., 2003)[7].

The following method was usually used to quantify the individual risks:

$$IR = P_f \cdot P_{d/f} \quad (1)$$

where P_f is the probability of accident and $P_{d/f}$ is an individual death probability due to the occurrence of accidents. Individual risk is a probability value.

2.1 Determination of accident probability

The accident occurrence probabilities of gas pipelines were obtained from statistical data gathered in Europe over a multiyear period. (The industrial development processes in China and Europe are similar, and there were no statistics of industrial accident probabilities in China available.) Thus in this work, the accident probability values given in the FRED (Failure Rate And Event Data) database of the United Kingdom HSE (Health and Safety Executive Committee) were selected as the accident probabilities in the risk analysis (Ale, 2002) [8].

2.2 Calculation of accident consequences

The accident consequences of the risk factors were calculated using ALOHA (Areal Locations of Hazardous Atmospheres) recommended by the U. S. EPA. ALOHA was developed by the U. S. EPA and the National Oceanic and Atmospheric Administration (NOAA) (U. S. EPA and NOAA, 2007) [9]. The mathematical models used in ALOHA are: Gaussian model, heavy gas dispersion model, vapor cloud explosion model, BLEVE fireball, and other mature consequences calculation models.

The calculation progress of the accident consequences for the dangerous equipment within the city using ALOHA is shown in Fig. 1.

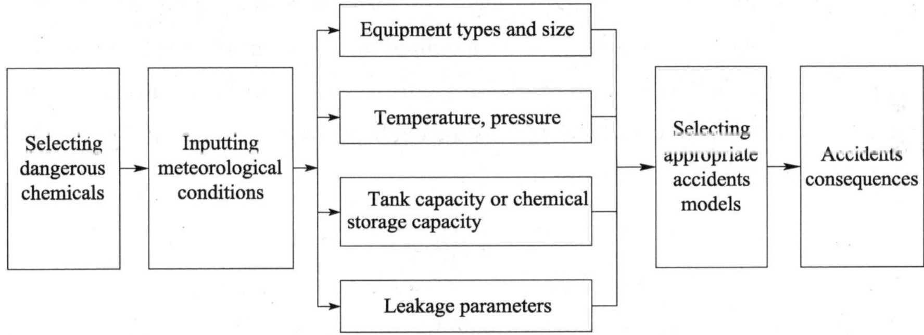

Fig. 1 Flow chart of consequences calculation in ALOHA

2.3 Calculation of individual death probabilities

After calculating the toxic gas concentration, the thermal radiation, and the shock wave overpressure at the location (x,y) under a certain accident scene, the individual death probability $d_i(x,y)$ can be obtained based on the probability function (Keun, 2002; Daniel et al., 1997; Judy and Gary, 2002) [10-12]. The relationship between the probability variable Y and the probability (or percentage) d_i can be expressed as:

$$d_i = \frac{1}{\sqrt{2\pi}} \int_{-\infty}^{Y-5} \exp\left(-\frac{u^2}{2}\right) \mathrm{d}u \tag{2}$$

where Y is the probability variable and u is an integral variable. The probability variable Y obeys the normal distribution, and its average is 5; standard deviation is 1. For spreadsheet computations, a more useful expression for performing the conversion from probits to percentage is given by

$$P = 50\left[1 + \frac{Y-5}{|Y-5|} erf\left(\frac{|Y-5|}{\sqrt{2}}\right)\right] \tag{3}$$

where *erf* is the error function.

Y can be calculated with the human vulnerability model (Daniel and Joseph, 2001) [13]. The specific mathematical models can be seen in the table below.

Table 1 Human vulnerability model

Vulnerability factors	Mathematical model of probability	Dose
Toxic gas leakage	$Y = a + b\ln D$	$D = C^n t_e$
Thermal radiation	$Y = -37.23 + 2.56\ln D$	$D = I^{1.33} t_e$
Shock wave overpressure	$Y = 5.13 + 1.37\ln D$	$D = P_s$

where D is the lethal dose; C is the toxicant concentration(ppm); I is the radiation intensity (W/m^2); P_s is the peak value of the static overpressure(Pa); t_e is the exposure time(s); a, b and n are constants depending on the types of chemicals.

2.4 Individual risk calculation of gas pipelines

During the individual risk calculation of gas pipelines, the study area was divided into grids of 50 m × 50 m, the exposure dose in the grid center under a variety of accident scenarios was calculated, and the individual risk contours were used to represent the evaluation results.

The calculation model of the individual risk in each grid center under$n$ kinds of hazards and m kinds of accident scenarios can be formulated as:

$$IR(x,y) = \sum_{i=1}^{n}\sum_{j=1}^{m} f_{i,j} d_{i,j}(x,y) \tag{4}$$

where $IR(x,y)$ is the individual risk at the location (x,y) under the action of multiple hazards, $f_{i,j}$ is the occurrence probability of the accident j for the risk source i, $d_{i,j}(x,y)$ is the individual death probability at the location (x,y) when the accident happens.

3 Individual Risk-based Land-use Planning

The core of the land-use safety planning based on individual risk is quantitative risk assessment (QRA) (Reniers et al., 2005) [15], and the probabilistic risk assessment (PRA) was selected here.

3.1 Division of risk areas

According to the individual risk determined in section 2, the area around the gas pipelines is divided into three risk areas. The individual risk standard in land-use planning of the United Kingdom HSE was used for reference (Christou et al., 1999) [16]. The distances corresponding to risks of 10^{-5}, $10^{-6}$and 3×10^{-7} were selected as thresholds, then three areas Z_1, Z_2 and Z_3 were defined around the facilities through risk contours, as can be seen in Table 2.

Table 2 Individual risk criteria in HSE's land-use planning

	Z_1	Z_2	Z_3
Individual risk in each area	$IR \geqslant 10^{-5}$	$10^{-6} \leqslant IR < 10^{-5}$	$3 \times 10^{-7} \leqslant IR < 10^{-6}$

Areas division of dangerous pipelines is shown in Fig. 2, the boundary of each region is a straight line parallel to the pipeline at risk [17,18].

3.2 Land use in each area

Table 3 provides the land-use types of each risk area defined by the HSE. Note that when people are close to the hazards, even if the individual risk criteria have been met, there may be a major casualty. So it is necessary to consider the social risks further. The number designation in the following table is based on this consideration.

Z_3

Z_2

Z_1

Dangerous pipeline

Z_1

Z_2

Z_3

Fig. 2 Risk areas division of dangerous pipeline

Table 3 Land-use types in each risk areas

Land-use types	Z_1	Z_2	Z_3
Sensitive or large public places (schools, hospitals, gerocomiums, stadiums)	Not allowed	Not more than 25 persons	Detailed evaluation
Residential areas (residences, hotels, holiday villages)	Not more than 25 persons	Not more than 75 persons	Allowed
Public gathering places (large retail stores, communities and leisure facilities)	Not more than 100 persons	Not more than 300 persons	Allowed
Small factories with low population density, amusement parks	Allowed	Allowed	Allowed

4 Case Study

In this section, a natural gas pipeline in China is selected as an example to have a case study, its length is about 18km, with a diameter of 1 016mm. Its distribution map can be seen in Fig. 3.

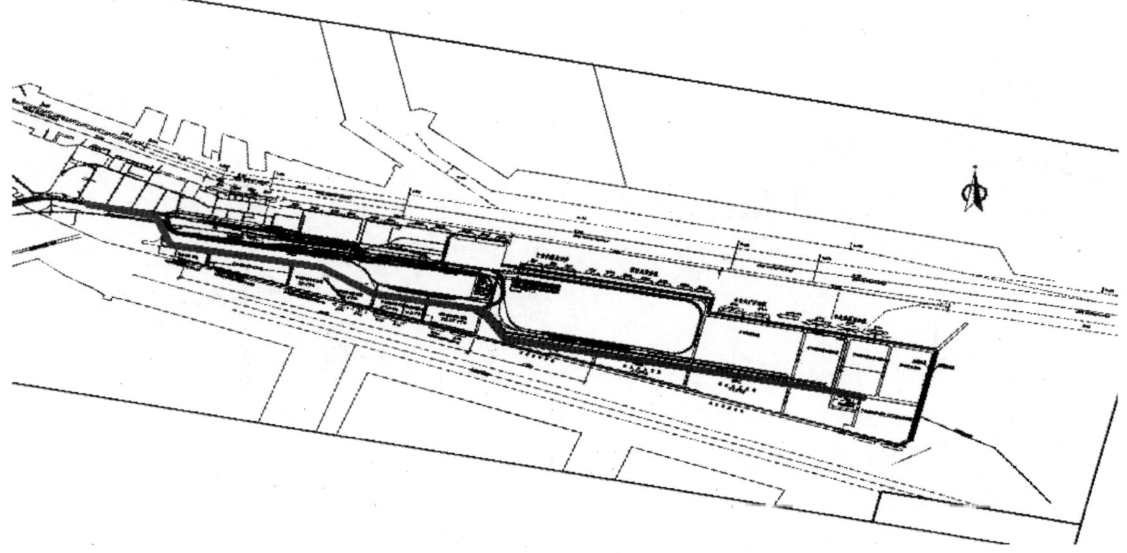

Fig. 3 Distribution map of the natural gas pipeline

Overall rupture is selected as the accident scene, serious harms such as vapor cloud explosion and jet fire will be discussed.

4.1 Determination of accident probability

The accidents probabilities are obtained from the FRED database of the United Kingdom HSE, which are shown in Table 4.

Table 4 Accident probabilities of the natural gas pipeline

Accident types	Occurrence probability($cpm \cdot a^{-1}$)
Vapor cloud explosion	10
50mm hole rupture	5
25mm hole rupture	5
13mm hole rupture	10

As can be seen in the above table, the occurrence probability of vapor cloud explosion for natural gas pipeline is 10^{-5}, which is 10 cpm/a, so that $f(N_{max})=10$ cpm/a.

4.2 Accident consequences calculation

The accidents influence scopes were calculated by ALOHA according to the process shown in Fig. 1, based on the capacity, daily maximal reserves, and so on, of the various hazards.

Fig. 4 and Fig. 5 below show the consequence maps of relatively large accidents at typical locations, including vapor cloud explosion and jet fires. The maps were generated by ALOHA and displayed in GIS with a dynamic connector. Thermal radiation thresholds for first-degree burns, second-degree burns, and death from fireballs are 2.0 kW/m^2, 5.0 kW/m^2, and 10.0 kW/m^2, respectively. Regarding vapor cloud explosions, shock wave overpressure thresholds are 8 psi for construction damage, 3.5 psi for serious injury and 1.0 psi for shattered glass.

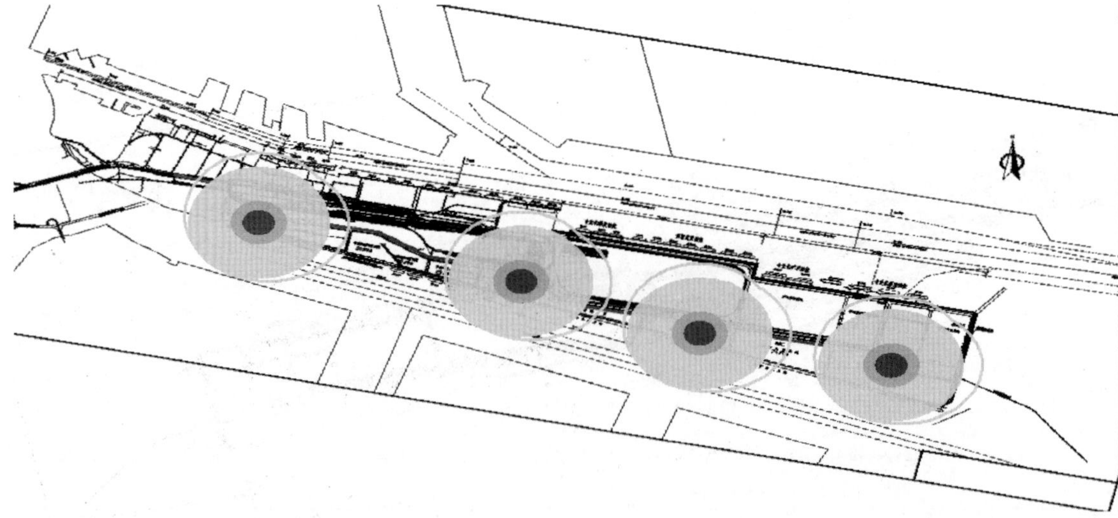

Fig. 4 Consequence map of vapor cloud explosion at typical locations

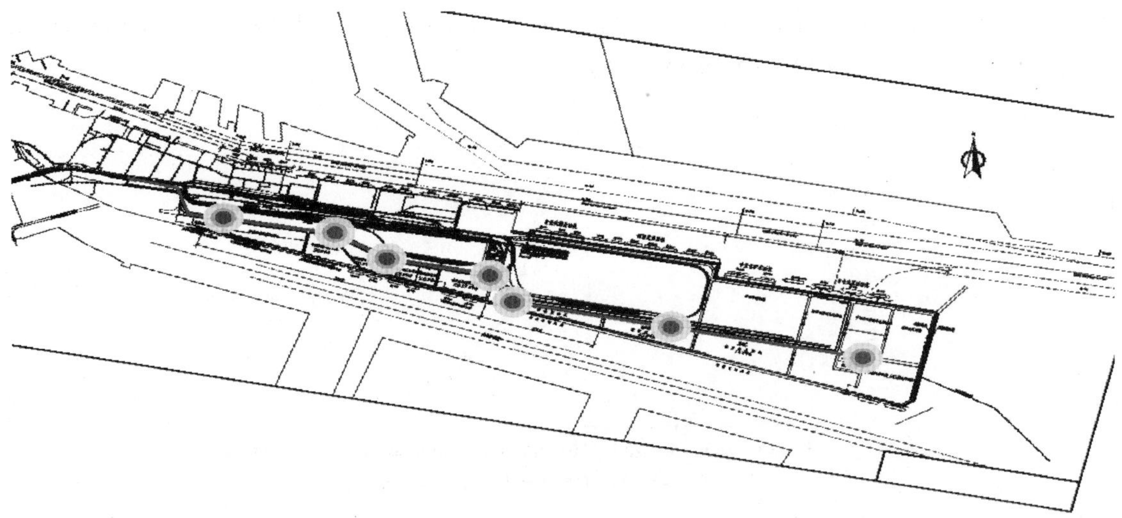

Fig. 5 Consequence map of jet fire at typical locations

4.3 Individual risk calculation

(1) Individual death probabilities calculation

With the thermal radiation, and shock wave overpressure values at each point simulated using ALOHA, the individual death probabilities are calculated according to the methods in section 2.3. As shown in Fig. 6 and Fig. 7.

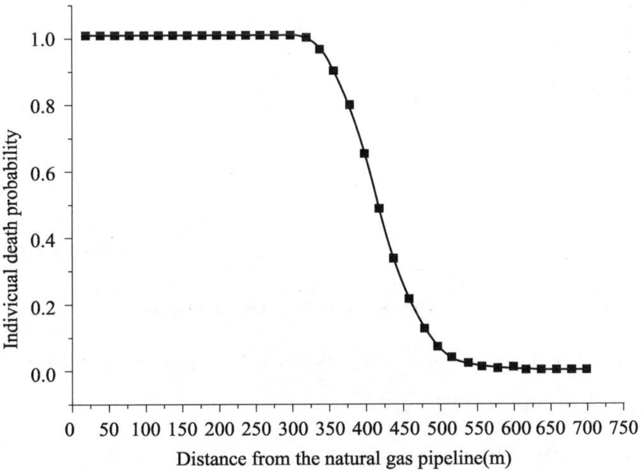

Fig. 6 Vapor cloud explosion

(2) Individual risk calculation

The individual risk with a distance 300m from the natural gas pipeline is:

$$IR = \sum_{1}^{2} P_{fi} \cdot P_{d/fi} = 10^{-5} \times 0.99735 + 10^{-5} \times 0.57605 = 1.57 \times 10^{-5}$$

The individual risk with a distance 400m from the natural gas pipeline is:

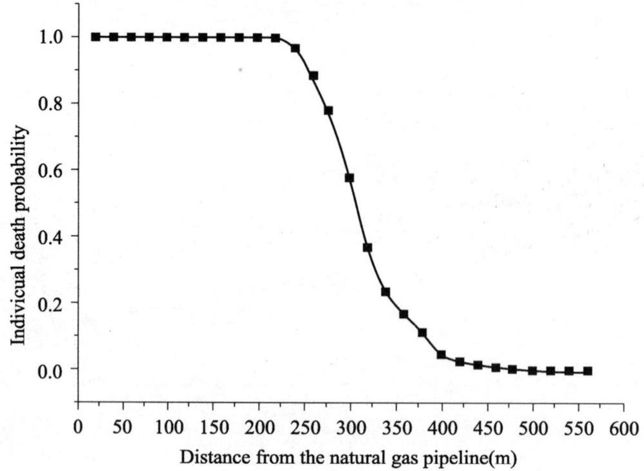

Fig. 7. Jet fire

$$IR = \sum_{1}^{2} P_{fi} \cdot P_{d/fi} = 10^{-5} \times 0.64555 + 10^{-5} \times 0.0433 = 6.89 \times 10^{-6}$$

Similarly, the individual risk with different distances from the natural gas pipeline can be calculated, as shown in Fig. 8.

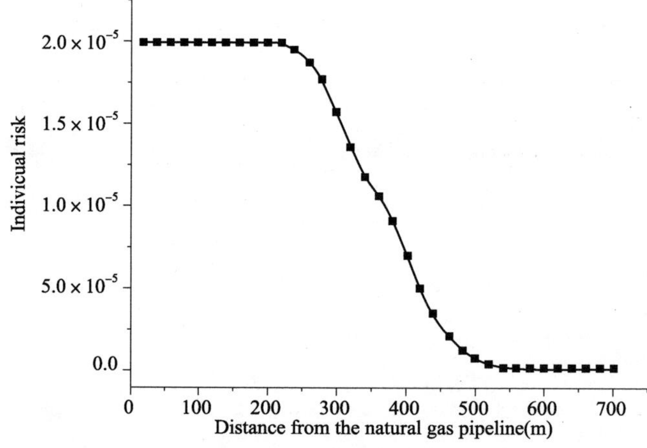

Fig. 8 Relationship between individual risk and distance from the natural gas pipeline

4.4 Division of risk areas

As can be seen in Fig. 9, when the individual risk is 10^{-5}, 10^{-6} and 3×10^{-7}, the critical distance from the natural gas pipeline is 360m, 480m and 520m respectively. According to the distribution map of the natural gas pipeline, 360m, 480m and 520m from the pipeline are selected as distance threshold using GIS buffer analysis, then the three risk areas are obtained. As shown in Fig. 9.

The orange part in the above figure is risk area Z_1, where the individual risk is $IR \geqslant 10^{-5}$; the yellow part is risk area Z_2, where the individual risk is $10^{-6} \leqslant IR < 10^{-5}$; and the green part is risk area Z_3, where the individual risk is $3 \times 10^{-7} \leqslant IR < 10^{-6}$.

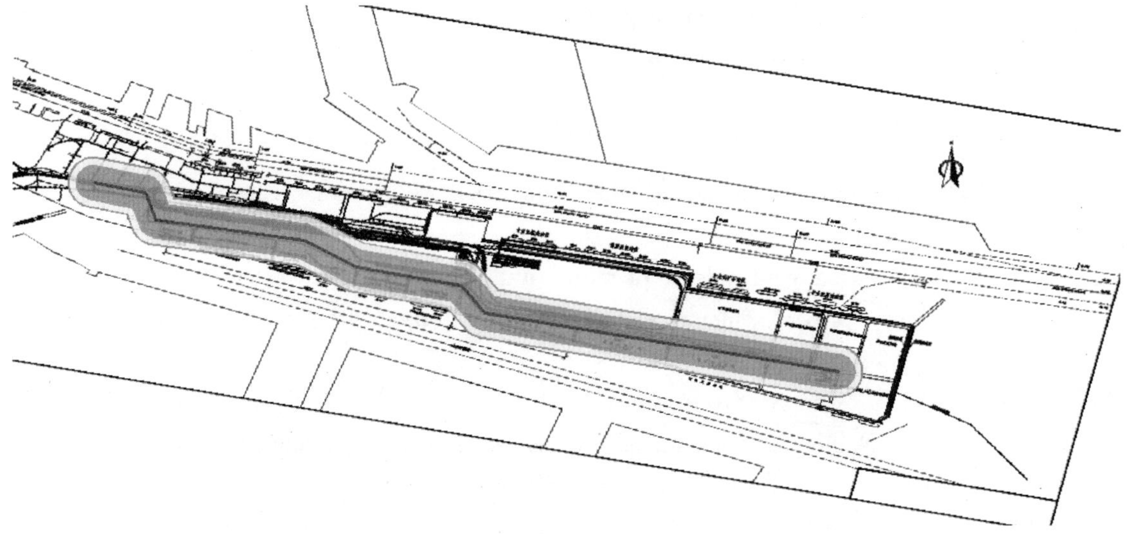

Fig. 9 Risk areas division around the natural gas pipeline

4.5 Land-use planning suggestions

According to the individual risk distribution, the natural gas pipeline was selected as priorities to guide other land-use planning. The following recommendations were made for each risk area:

(1) For the area Z_1, which is the orange part in Fig. 9, the sensitive or large public spaces such as schools, hospitals, gerocomiums and stadiums are not allowed to build. The capacity of the residential areas for dwellings, hotels, and holiday villages should be less than 25 people; the capacity of public gathering places such as large retail stores, communities, and leisure facilities should be less than 100 people.

(2) For the area Z_2, which is the yellow parts in Fig. 9, the capacity of the sensitive or large public spaces should be less than 25 people, the capacity of the residential areas should be less than 75 people, and the capacity of the public gathering places should be less than 300 people.

(3) For the area Z_3, which is the green part in Fig. 9, the proposed sensitive or large public spaces should be assessed in detail, while the residential areas and the public gathering places are allowed to build.

5 Conclusions

Analyzing the risk of gas pipelines overall and considering these factors in sustainable land-use safety planning are an effective solution for helping to ensure the safety of cities, implementing security management of risk sources for major accidents, enhancing the reality and feasibility of cities' emergency rescue plans, and promoting the safety and rationality of urban development planning.

In this paper, the individual risks of natural gas pipelines were set forth, regional risk analysis was implemented, individual risk contours around the gas pipeline were drawn out, and risk areas were divided. Implementing reasonable safety planning for urban land uses based on risk analysis can balance the relationship between the land utility and the risk. Then, not only will the land be maximally used, but land uses will not contribute to significant risk for urban public safety.

References

[1] Tao Jiang. Major chemical industry accidents for 50 years in China. Chemical Labor Protection, 1999, 20(11):403-406.

[2] Christou M D, Marina M. Land-use planning in the vicinity of chemical sites: Risk-informed decision making at a local community level. Journal of Hazardous Materials, 2000, 78(1/2/3):191-222.

[3] Claudia B, Jeroen M M N, Sisi Z, et al. Risk-maps informing land-use planning processes: A survey on the Netherlands and the United Kingdom recent developments. Journal of Hazardous Materials, 2007, 145(1/2):241-249.

[4] Valerio C, Riccardo B, Claudia B, et al. Application of land-use planning criteria for the control of major accident hazards: A case-study. Journal of Hazardous Materials, 2006, 136(2):170-180.

[5] Hossein Y, Sachio E. Geothermal power plant site selection using gis in sabalan area, NW I-RAN. //Natural Resources and Environment(NRE). Proceedings of 6th Annual international conference on Geographical Information Technology and applications. Kuala Lumpur: GIS Development Press, 2007: 1-18.

[6] Zucca A, Sharifi A, Fabbri A. Application of spatial multi-criteria analysis to site selection for a local park: A case study in the Bergamo Province, Italy. Journal of Environmental Management, 2008, 88(4):752-769.

[7] Jonkman S N, vanGelder P H A J M, Vrijling J K. An overview of quantitative risk measures for loss of life and economic damage. Journal of Hazardous Materials, 2003, 99(1): 142-153.

[8] Ale B J M. Risk assessment practices in The Netherlands. Safety Science, 2002, 40: 105-126.

[9] United States Environmental Protection Agency, National Oceanic and Atmospheric Administration. ALOHA user manual. http://www.epa.gov/OEM/cameo/aloha.htm.

[10] Keun W L. A methodology for assessing risk from released hydrocarbon in an enclosed area. Journal of Loss Prevention in the Process Industries, 2002, 15:11-17.

[11] Daniel J G, Raymod J C, Douglas G S, et al. Categorical regression analysis of acute exposure to tetrachloroethylene. Risk Analysis, 1997, 17(3):321-332.

[12] Judy A S, Gary L F. US EPA's acute reference exposure methodology for acute inhalation exposures. The Science of the Total Environment, 2002, 288:51-63.

[13] Daniel A C, Joseph F L. Chemical Process safety Fundamentals with Applications (2nd ed.). Upper Saddle River: Prentice Hall International Series in the Physical and Chemical Engineering Sciences, 35-62.

[14] Health and safety executive. Guidance on "as low as reasonably practicable" (ALARP) decisions in control of major accidents hazards(COMAH). (SPC/Permissioning/12). http://www. hse. gov. uk/comah/circular/perm12. htm.

[15] Reniers G L L, Dullaert W, Ale B J M. The use of current risk analysis tools evaluated towards preventing external domino accidents. Journal of Loss Prevention in the Process Industries, 2005, 18(3):119-126.

[16] Christou M D, Amendola A, Smeder M. The control of major accident hazards: the land-use planning issue. Journal of Hazardous Materials, 1999, 65:151-178.

[17] Ulrich H. A risk-based approach to land-use planning. Journal of Hazardous Materials, 2005, 125:1-9.

[18] Basta C, Neuvel J M M, Zlatano A. Risk-maps informing land-use planning processes: A survey on the Netherlands and the United Kingdom recent developments. Journal of Hazardous Materials, 2007, 145(1/2):241-249.

Analysis the Characteristics of Fatal and Injury Accidents of the Seaport

Cui Di

Abstract Seaport safety has been a research focus in many countries for many decades. In China, regardless of the research efforts devoted, seaport remain a serious safety concern for government agencies, legislatures and the seaport industry. In this study, the fatal and injury accidents between 2009 and 2012 in China seaport were examined systematically and their major characteristics were compared. The results showed significant differences between fatal and injury accidents in the seaport zones. The researchers found that: (1) ship collision was the dominant type for fatal accidents while rock collision was the dominant injury accident type; (2) a large percent of fatal accidents involved passenger ship only; (3) disregarded ship or boat traffic control, alcohol impairment, and ship or boat speeding caused a much larger proportion of fatal accidents while followed too close caused a much higher percentage of seaport injury accidents; and (4) unfavorable weather conditions and complicated ocean geometries contributed to causing a larger percentage of fatal accidents than to causing seaport injury accidents. Based on the seaport injury accidents study results, practical safety countermeasures targeted at different severity of seaport accidents are recommended in terms of seaport zone accident control and public education.

Keywords Multiple criteria analysis　Seaport injury accidents　Seaport safety

1 Introduction

The continuously increasing number of China seaport has created an inevitable disruption of regular ship traffic flows and has resulted in ship traffic safety problems in many countries. In the seaport, many efforts have been devoted to improving the safety and mobility for sea-route traffic. Seaport traffic safety was emphasized by the Chinese legislature in the recent safe, accountable, flexible, efficient transportation equity act: a legacy for all users. Other concerned organizations and researchers have launched a campaign to improve the safety by conducting practical research on various seaport zone safety-related issues. A significant number of relevant studies have been published to unveil the safety problems and to propose safety improvements in the seaport and sea-route safety[1].

Regardless of these efforts, sea-route traffic safety remains unsatisfactory. Although accident rates by vessel miles traveled (VMT) in the seaport zone are not precisely known, statistics have shown serious traffic safety concerns. In China, annual seaport and sea-route zone fatalities rose from 2 in 2009 to 8 in 2012, adding another 32 seaport zones or sea-route zones related injuries per year[2]. The estimated direct costs of seaport accidents were as high as $15 million per year between 2009 and 2012 with an average cost of $50 million per accident[3]. The alarming numbers indicate an urgent need for improving seaport zone safety.

Studying the characteristics of accidents in the seaport zones is the first step towards the identification of seaport zone safety deficiencies and potential countermeasures. In addition, investigating the characteristic differences between accidents of different severities (fatal vs. injury) may lead to the discovery of factors causing severity increase, which may benefit the development of traffic controls for reducing the proportion of high-severity crashes in total sea-route accidents. This paper presents the results of a characteristic-comparison study between fatal and injury accidents in the seaport zones. This comparison study provides significant insights for developing effective traffic control strategies that could reduce the number of seaport zone accidents and mitigate the severity of accidents[4-5].

2 Literature Review

At the beginning of this research, a comprehensive literature review was conducted to synthesize the findings of previous studies on sea-route zone accident characteristics. The predominant seaport zone accident characteristics from the previous studies are summarized in terms of severity, rate, vessel type, time, geographical position, the shipping company and causal factors.

2.1 Accident severity

Studies have reached inconsistent conclusions about whether more severe accidents occur in seaport zones than other sea-route sections. Some studies from Chinese statistical analysis documented significant increases in severe accidents in seaport zones. A national study also discovered that both fatal accident frequency and average fatalities per accident were higher in seaport zones across the nation. However, several other studies did not find significant changes on seaport zone accident severity. The seaport zone accidents were even found to be less severe in a few other studies.

2.2 Accident rate

Since the seaport zones disrupt regular ship or vessel flows, higher accident rates would be an anticipated outcome. Many studies showed higher accident rates in island sea zones than in island river zones. In particular, some studies suggested that considerable accident-rate increases could be expected in long-term island sea seaport zones.

2.3 Vessel type in accident

The prevailing types of seaport zone accidents vary with different locations and times, but it was agreed by most of the previous studies that running into the rocks collision was one of the most frequent seaport zone accident types. Other major accident types in seaport zones include same-direction sideswipe collision and angle collision. The dominant type of seaport accidents were ranked ahead than the proportion of other vessels in some studies, which consequently resulted in more severe accidents due to the large sizes of vessels and boats.

2.4 Accident type

Another major safety concern is the frequent involvement of heavy vessels loaded with sands in seaport zone and in sea route zone accidents. Several studies found that the percentage of heavy vessels loaded with sands involved accidents was much higher in seaport zones and heavy truck related accidents were more likely to involve vessels and hence frequently resulted in fatalities and large monetary loss in 2012. Vessels drivers loaded with sands are considered that driving through seaport zones was more hazardous than driving through other areas in the survey.

2.5 Accident time

Seaport zone accidents frequently occur in the daytime during the busiest ship traffic season between March and October. Night time seaport zone accidents, however, were found to be much more severe in most cases. We found that the proportion of ship type-caused accidents at darkness was greater than the proportion of other factors, which consequently resulted in more severe accidents due to the large sizes of vessels and boats.

2.6 Accident geographic location

A national study found that the seaport zones on island sea accounted for 57.14% of all fatal accidents in 2012. In particular, the island sea systems or island river systems were the places where seaport zone accidents were most likely to occur. However, in general, island sea zone had much higher percentage of seaport zone accidents than island river zone.

2.7 Causal factors

Many previous studies pointed at human errors, such as following too close, inattentive shipping driving, and misjudging, as the primary causes for seaport zone accidents. Some studies also indicated that vessel speeding and inefficient traffic control were two other factors causing accidents in seaport zones. A significant difference on types of ship driver errors was found between daytime accidents and night-time accidents. Researchers found that adverse environmental and sea-route surface conditions did not contribute more to seaport zone accidents than to accidents at other places. In summary, seaport zone accidents have been a research focus for decades and some of the earliest research results were published in 1990s in China. To date, most seaport zone accident studies have been conducted state-wide and their findings vary with data sources. The researchers did not find any studies that compared the characteristics of fatal and injury accidents in seaport zones. This type of comparison could provide new knowledge to develop effective sea route traffic control strategies that can be used not only to reduce the number of seaport zone accidents but also to mitigate the severity of accidents.

3 Objectives, Scope, and Methodology

The primary objectives of this research are: (1) to investigate the characteristics of fatal and injury accidents in seaport zones and sea route zones, (2) to determine if there is a difference between fatal and injury accident through characteristic comparison, and (3) to recommend safety countermeasures considering the different characteristics between fatal and injury accidents.

The scope of this research is limited to the fatal and injury accidents between 2009 and 2012 in seaport zones and sea route zones in China. The research objectives were achieved in four steps. First, a comprehensive literature review was conducted and results were presented in the previous chapter. Second, the data of fatal and injury accident was abstracted from accident database developed and managed by the Chinese statistical analysis. Third, the collected data were analyzed using frequency analysis and chi-square statistics and the major characteristics between fatal and injury accidents were compared. Finally, conclusions and recommendations for improvements were outlined.

4 Data Collection and Data Analysis Methods

4.1 Data collection

Data for fatal and injury accidents in Chinese seaport zones between 2009 and 2012 was collected from Chinese statistical database. The original data from Chinese statistical analysis accident database had a format where a single accident was frequently described in multiple data rows and accident information was recorded using text. This data format could not be directly utilized for analysis using computer software such as SAS(Statistics Analysis System). Thus, accident data had to be compiled into a single row per accident in the spreadsheet without missing key information of interest. During this process, text information was also translated into numerical values.

In the study period, Chinese seaport zones had 26 fatal accidents and 34 injury accidents in total form 2009 to 2012. It would be extremely time-consuming yet not statistically meaningful to compile and analyze the entire fatal and injury accidents. Instead, a total of 26 fatal accidents and a sample of 34 injury accidents were selected to save data collection time while still maintaining the reasonable accuracy of analysis results.

The sample size for injury accidents was determined based on the method introduced by Mathematical statistics study and methods. Considering that the data would be used for frequency analysis of characteristics reflected through the proportions of the different accidents marked by different variable observations, the sample size was determined such that the proportions could be estimated accurately. Based on normal approximation, to obtain a proportion estimator $\bar{p}$ with a probability of at least $1-\alpha$ of being no farther than d (error) from the true population proportion p, one would choose a corresponding sample size such that $P(|\bar{p}-p|>d)<\alpha$

The data collection was conducted in two steps. First, based on Chinese statistical analysis database, drivers at fault were identified and their characteristics were compiled along with other accident information into spreadsheets where an accident was described in one data row. Then, for the cases with missing or unclear information, the original accident reports, including detailed accident descriptions in text and sketches, were examined to ensure the data accuracy. The collected accident information contained six categories. Each category had several accident variables as listed in Table 1. The observations of these accident variables were assigned unique integers so that the spreadsheet contained only numerical data.

For instance, 0 and 1 were assigned to the variable of gender to represent male and female, respectively.

Table 1 Data categories and variables

No.	Category	Variable
1	Driver at fault	Age Gender
2	Time	Time Day Month
3	Accident environment conditions	Lighting Weather Road surface
4	Sea-route conditions	Sea-route type Sea-route width Sea-route class Speed limit Sea-route Area information Sea-route character Sea-route special feature
5	Accident scene information	Accident geographic location Rock collision Accident type Vessels type Traffic control device
6	Other contributing factors	Driver Environment Vessels

4.2 Data analysis methods

The fatal and injury accidents in the Chinese seaport zones were first analyzed separately to identify their respective characteristics. Then, the researchers compared the characteristics between fatal and injury accidents. The focus of this paper is to present the characteristic comparison between fatal and injury accidents. For both types of the accident, frequency analysis was utilized to discover the basic characteristics based on single variable frequencies and the more complicated characteristics based on cross-categorized multi-variable frequencies. The variable combinations were identified through statistical independence test methods such as Pearson chi-square test and likelihood-ratio (LR) chi-square test. The former is a more robust test of independence for small samples. On the other hand, the LR chi-square is more appropriate for use in hierarchical models. Regardless of the different advantages, they were both adopted to avoid missing potential interrelated variable pairs. The theories of these two test methods and detailed applications were presented [3,6].

5 Comparing Characteristics of Fatal and Injury Accidents

The collected fatal and injury accident data were analyzed and their characteristics were compared. The different characteristics of the two types of accident were determined and similar characteristics were also outlined. These results are valuable for the thorough understanding of the general characteristics of fatal vs. injury accidents as well as the unique characteristics distinguishing different accident severities. The comparison also unveiled some important factors that might contribute to a more severe accident.

Note that the comparisons were based on percent frequencies of the accidents because only a sample of 24 injury accidents was analyzed from 2009 to 2012. In addition, comparing on a percentage basis instead of absolute numbers would avoid the important characteristics of fatal accidents being overwhelmed by those of the injury accidents that had the much larger number. Table 2 lists the total number of fatal and injury crash from 2009 to 2012. The comparison results are presented in terms of ship driver, time information, climatic environment, accident information, sea-route condition, and contributing factor.

Table 2 The total number of fatal and injury crash from 2009 to 2012 in China

Year	The number of fatal and injury crash
2009	12
2010	14
2011	16
2012	18
Total	60

5.1 Information of shipping drivers at fault

Male vessel drivers caused the majority of both fatal and injury accidents in Chinese seaport zones. Young male drivers between 24 and 36 years of age were the driver group frequently involved in the severe accidents. In particular, teenage male drivers between 18 and 20 years of age caused 16% of the seaport zone injury accidents, a percentage that was triple of the percentage of this driver group in the total nationwide driver population. Among the injury accidents caused by teenage drivers, male teenagers were responsible for 94%. Frequency analyses based on chi-square tests showed that male drivers also caused a higher proportion of vessels injury accidents than vessels injury accidents. In China, few female worked as the vessel drivers.

In addition, 55% of the light-duty vessel injury accidents were caused by drivers younger than 35. The term "light-duty vessel" refers to the vessel types including the passenger boat, the boat loaded with the sand or recreational vessel (RV). The majority of nighttime accidents were caused by drivers younger than 55 years of age.

Characteristic comparisons showed that the percentage of male drivers responsible for the fatal accidents was higher than that for the injury accidents by 9%. The fatal and injury accident analysis are distributed to the driver age. Drivers younger than 34 years of age caused a higher percentage of injury accidents than fatal accidents. The drivers aged 35～44 caused the highest percentage (24%) of the fatal accidents among all the age groups, which was 9% higher than the injury accidents.

Table 3 illustrate the accident distributions over time characters. The daytime hours (10:00 a. m. ～4:00 p. m.) had the highest fatal accident and injury accident frequency. A large percentage of the fatal accidents occurred in nighttime between 8:00 p. m. and 6:00 a. m. chi-square tests indicated that vessel injury accidents frequently occurred during nighttime non-peak hours. When comparing days, the lowest injury accident frequency was observed on Sundays while no significant differences in percentages of fatal accidents were found among days of a week. The majority of both fatal and injury accidents occurred in the busy construction season from March to November during the 2009 and 2012.

Table 3 The accident distributions over time characters of fatal and injury crash from 2009 to 2012 in China

Time	Total number	percent
0:00～2:00	4	6.67%
2:00～4:00	6	10%
4:00～6:00	4	6.66%
6:00～8:00	4	6.66%
8:00～10:00	8	13.34%
10:00～12:00	8	13.34%
12:00～14:00	8	13.34%
14:00～16:00	6	10%
16:00～18:00	3	5%
18:00～20:00	3	5%
20:00～22:00	4	6.66%
22:00～24:00	2	3.33%
Total	60	100%

5.2 Climatic environment

The study found that an overwhelming proportion of both the fatal and injury accidents occurred when weather and sea-route conditions were favorable. Poor climatic and weather conditions such as dust, dawn, wind and darkness are contributed to a considerably larger proportion of fatal accidents than to injury accidents. In particular, 32% of the fatal accidents occurred in darkness, while this unfavorable light condition only contributed to 13% of the injury accidents. This significant difference indicated that the poor light condition was one of the causes leading to fatal seaport zone accidents.

5.3 Accident information

Accident information indicated that before a severe accident occurred, most vessels were driving following sea routes. Rock collisions were the dominant injury accident type, followed by ship vessels angle-side impact collisions and fixed-object collisions. The main reasons of rock collisions in the injury accidents suggests that relatively high speed combined with close distance was a contributing factor for the injury accidents. In addition, the large percentage of rock collisions in the fatal crashes indicates that there is a need to install median separators in seaport zones.

Analyses showed that most injury accidents involved only light-duty vessels. On the contrary, about 40% of the fatal accidents involved heavy vessel and almost all of these accidents were vessels accidents. The term"heavy vessel" here refers to the vessel types such as single large vessel, ship loaded with sands and boat. These results imply that vessels, ships and boats involvement could increase the severity of seaport zone accidents.

5.4 Sea route condition

A dominant proportion of both fatal and injury accidents took place in seaport zones on interstatesea-route and other principal arterials. Most of the fatal and injury accidents were in seaport areas within high speed zones. Statistical tests indicated that almost half of the single-vessel fatal and injury accidents occurred on interstate sea-routes and one third of the multi- vessel fatal and injury accidents occurred in intersections or intersection-related areas.

Compared with fatal accidents, injury accidents were more likely to occur on multi-lane sea-routes, especially on the sea-routes. Data analyses showed that 63% of the seaport zone fatal accidents occurred on the sea-routes while 77% of the injury accidents were on sea-routes with multiple lanes in each direction. Combining the findings discussed earlier that the most common accident type for the injury accidents was rock collisions while ship collision was the most common for fatal accidents, this difference suggests that injury accidents were more attributed to high traffic volumes than fatal accidents.

The fatal and injury accident distributions over speed limits had practical differences worthy of discussion. The 70 ~ 80 km/h speed zones had the highest proportion of both fatal and injury accidents. With decreasing speed limits, there were a larger percentage of injury accidents. On the other side, with increasing speed limits, there was a larger percentage of fatal accidents occurred on sea-routes with high speed limits between 70 and 80 km/h. This tendency confirmed that high speeds contributed to the increase of accident severity in the seaport zones.

In terms of sea route characteristics, 66% of the injury accidents occurred in seaport zones on straight and level sea-route sections and only 34% of the injury accidents were on sea-route sections with complicated geographic geometric-alignment features such as grades, curvatures, and hillcrests. Almost half of the fatal accidents, however, were in seaport zones on sea-route sections with complex alignments. In particular, among the complex alignments, straight on grade contributed to the highest proportion of both injury accidents and fatal accidents. Therefore, the presence of complicated sea-route alignment features, especially grades, could potentially increase the severity of accidents in the seaport zones.

5.5 Contributing factor

Inattentive driving contributed to more than half of both fatal and injury accidents. Followed too closely caused 14% more injury accidents than fatal accidents. On the other hand, some other driver errors such as "disregarded sea traffic signals, or markings" resulted in notably higher percentages of fatal accidents than injury accidents.

6 Conclusions and Recommendations

6.1 Conclusions

The characteristics of fatal and injury accidents in Chinese seaport zones or sea route zones were investigated systematically utilizing statistical techniques such as frequency analysis and tests of independence. Significantly different characteristics between the two types of the accidents were further identified in an effort to discover the factors that contributed to the increase of accident severity. The results also provide practical insights to facilitate the development of seaport zone traffic control strategies that could not only reduce the number of accidents but also mitigate the accident severity.

The comparison study discovered a variety of differences in characteristics between fatal and injury accidents. These characteristic differences were discovered in the aspects including ship drivers at fault, accident time, accident location, accident type, and causal factors. The researchers found that complicated geographic geometric sea-route alignments (especially grades), unfavorable light conditions, involvement of heavy vessels, impairment, and disregarding traffic control, were potential factors that contributed to the increase of accident severity in seaport zones.

Comparison results also suggested that the fatal accidents were more related to high speeds while the injury accidents were more related to high traffic volumes.

6.2 Recommendations

Improvement of sea route traffic control is the most direct method to reduce sea-route seaport zone accidents. More effective and sufficient seaport zone traffic controls should be installed. In particular, there is an urgent need to develop speed control methods that can be strictly enforced in the seaport zones. Illumination or highly reflective devices should be installed in the seaport zones that stay set up at night. Devices such as transverse markings or temporary raised pavement markers in the advance warning areas may be used to alert inattentive ship drivers of the upcoming seaport zones. Installation of median separators is necessary in seaport zones to eliminate vessel crashes. Lower speed limits should be considered in seaport zones with complex sea-route geographic geometric alignments. Special traffic control strategies need to be developed to guide vessels passing the seaport zones. Male teenage drivers and drivers younger than 35 years of age frequently caused seaport zone injury accidents. Drivers aged older than 64 were the groups with the highest fatal accident rate in Chinese seaport zones. The boat loaded with sand or the guest boats also create serious safety problems in seaport zones. The authors suggest the launch of special-ship-driver-group-oriented education programs in order to raise awareness on seaport zone hazards. The fact that a major cause of most accidents was human errors also indicates the urgency for developing effective training programs to educate the traveling public. In addition, some sections of the state of Chinese vessels accident report need to be modified to better facilitate seaport zone accident investigation.

7 Acknowledgements

This paper is the product of an effort undertaken by the projects of Chinese Safety Committee of vessel or boat. The writer is grateful for the technical assistance provided by all committee members.

References

[1] Loeb P D, Talley W K, Zlatoper, T. J. Causes and Deterrents of Transportation Accidents: An Analysis by Mode. QuorumBooks, Westport, CT, 1994.

[2] Chambless J, Chadiali AM, Lindly J K, McFadden J. Multistate work zone crash characteristics. ITE Journal, Institute of Transportation Engineers, 2002: 46-50.

[3] US Bureau of the Census, various years. Statistical Abstract of the United States. US Government Printing Office, Washington, D. C.

[4] Strunk W, Jr & White E B. The elements of style. (3rd ed.). New York: Macmillan, (Chapter 4),1979.

[5] Ha T, Nemeth Z A. Detailed study of accident experience in construction and maintenance zones, 1995.

[6] Transportation Research Record 1509, Transportation Research Board, Washington, DC:38-45.

[7] Zlatoper T J. Determinants of motor vehicle deaths in the United States: a cross-sectional analysis. Accident Analysis and Prevention, 1991,23 (5): 431-436.

Study on Emergency Traffic Evacuation Based on Cell Transmission Model (CTM)

Zhou Yafei　Xie Tiansheng　Cai Jing　Cheng Xiaonan

Abstract Under natural disasters such as typhoons, hurricanes, floods and so on, it's necessary to evacuate the affected population to safe shelters quickly, so as to reduce the casualties and property losses, thereby the large-scale emergency traffic evacuation becomes more and more important. Based on the theory of the cell transmission model (CTM), an emergency traffic evacuation model is build and presented in this paper, with the objective to minimize the total travel time. The numerical solution and the microscopic traffic simulation methods are combined together, the emergency traffic evacuation model is solved numerically, the evacuation process is simulated microscopicly using microscopic traffic simulation software, these two results are analyzed comparatively to make the study closed to the actual situation. Case study is carried out for the emergency traffic evacuation model, the results show that the numerical results have good consistency with the simulation results.

Keywords Emergency traffic evacuation　Cell transmission model　Numerical solution　Microscopic traffic simulation

1 Introduction

Natural and man-made emergencies such as hurricanes, floods, fires or chemical spills, may have serious risks and threats on the human health and safety. In this case, large-scale evacuation or shelter in place (shelter-in-place) has been used as a means of protecting the population from potential hazards (Sorensen et al, 2004). If the population is exposed to chemicals or hazardous materials, or the shelter can provide adequate protection, shelter in place is preferred. However, evacuation is usually used in that the infrastructure or communities were damaged by the hurricane, flood or fire (Perry and Lindell, 2003). As there will be a large number of evacuees and the unpredictable load on the transport infrastructure, the scientific or formal analysis of evacuation process is very complex. Therefore, how to better control the evacuation vehicles and efficiently use the road network has become the focus of evacuation planning.

Southworth has conducted a comprehensive review of region evacuation model, summed up that the information of transport structure, the spatial distribution of population, the use of vehicles in emergency situations, the individual response time to emergency circumstances, the choice behavior of evacuation routes and destination, etc. were needed in the simulation of large-scale evacuation of the population. Lee D. Han simulated emergency traffic evacuation around a nuclear power station in Tennessee with VISSIM which is a microscopic traffic simulation system based on time and behaviors. Cova et al. proposed an approach of evacuation paths based on driveways. Church and Sexton studied the influence mode of traffic conditions on evacuation time. Zhou et al. proposed an emergency traffic evacuation model under toxic gas leakage. Sherali et al., Kongsomsaksakul and Yang took into account of the location of shelters in the study of evacuation time for the hurricane / flood evacuation plan. Feng and Wen studied the various traffic control strategies in the raid zones during the last earthquakes of and propose some models to reduce the time of disaster relief to a minimum. Yi and Özdamar proposed a dynamic logistics coordination model support for disaster response and evacuation. Purasls and Garzon took into account the building evacuation problems and proposed a model for selecting right transfer routes in an emergency. Urbanik (2000) described the mechanism of traffic routing as load balancing, with evacuation traffic being diverted from routes of excess demand to those of excess capacity. Most of the evacuation models are used in the plan formulation stage, some models provide traffic information as a time of function, while others are based on simulation models initially designed for traffic problems.

Note that traffic routing is different from those route selection models widely used in most simulation-based software packages, which are for simulating the route selection behavior of drivers, based on the prevailing network conditions. Examples of such studies include NETVAC1 (Sheffi et al., 1982), which allows dynamic route selection in each interval at each intersection, based on traffic conditions directly ahead; MASSVAC (Hobeika, et al., 1994; 1998), that determines routes for evacuees departing from their origins with static traffic assignment algorithms; and CEMPS (Pidd et al., 1996; de Silva and Eglese, 2000), whose route selection mechanism has evolved from an immediate-congestion-based mechanism in its earlier versions to a shortest-path-based mechanism. Most of such route selection models are myopic in nature.

In this paper, the numerical solution and the microscopic traffic simulation methods are combined together for emergency traffic evacuation. Based on the cell transmission model (CTM), an emergency traffic evacuation model is built and solved numerically. The evacuation process is simulated using microscopic traffic simulation software, then the numerical results are verified with the simulation results to make the theoretical research closer to the actual situation. Section 2 describes the emergency traffic evacuation model. Section 3 introduces the microscopic traffic simulation software. Section 4 presents a case study. Finally, the section 5 offers a summary and the conclusion of the work.

2 Author artwork

2.1 Cell transmission model

The cell transmission model was proposed by Daganzo (1994; 1995) to convert roadway links into equal-sized segments, or called cells, that could be traversed in a unit time interval at the free-flow speed. Then, the movements of vehicles among these cells are defined with two types of relations, namely, flow propagation relations to decide flows between two cells based on upstream/downstream traffic conditions and flow conservation equations to depict the evolution of the cell status (i. e. , the number of vehicles in each cell) over time.

2.2 Construction of the emergency traffic evacuation model

The evacuation duration T was supposed to be enough for evacuating all the population out of the dangerous area. So the objective function aims to minimize the total travel time (including waiting time at the origins). The objective function can be defined as follows:

$$\min \quad \sum_{i\in s\cup s}\sum_{t=1}^{T}x_i^t \tag{1}$$

where i represents cell, S is the set of general cells (road sections), S_r is the set of source cells (origins), t is the time interval, x_i^t is the number of vehicles in cell i at the beginning of interval t.

Constraints are as follows:

$$x_i^{t+1}=x_i^t+\sum_{k\in\Gamma(i)}y_{ki}^t-\sum_{j\in\Gamma^{-1}(i)}y_{ij}^t, i\in S\cup S_S \tag{2}$$

$$x_r^{t+1}=x_r^t+d_r^t-\sum_{j\in\Gamma^{-1}(r)}y_{rj}^t, r\in S_r \tag{3}$$

$$\sum_{k\in\Gamma(i)}y_{ki}^t\leqslant Q_i^t, i\in S\cup S_S \tag{4}$$

$$\sum_{k\in\Gamma(i)}y_{ki}^t\leqslant N_i^t/l_i, i\in S\cup S_S \tag{5}$$

$$\sum_{k\in\Gamma(i)}y_{ki}^t\leqslant N_i^t-x_i^t, i\in S\cup S_S \tag{6}$$

$$\sum_{j\in\Gamma^{-1}(i)}y_{ij}^t\leqslant Q_i^t, i\in S\cup S_r \tag{7}$$

$$\sum_{j\in\Gamma^{-1}(i)}y_{ij}^t\leqslant N_i^t/l_i, i\in S\cup S_r \tag{8}$$

$$\sum_{j\in\Gamma^{-1}(i)}y_{ij}^t\leqslant x_i^{t-l_i+1}-\sum_{j\in\Gamma^{-1}(i)}\sum_{m=t-l_i+1}^{t-l}y_{ij}^m, i\in S\cup S_r(i) \tag{9}$$

$$y_{ij}^t\leqslant Q_{ij}^t \tag{10}$$

$$\sum_{i\in S_S}x_{i\cdot}^{T+1}=\sum_{r\in S_r}D_r \tag{11}$$

Where, y_{ij}^t is connector flows from cell i to cell j during interval t, d_r^t is evacuation demand from origin r during interval t, Q_i^t is the number of vehicles that can flow into/out of cell i during interval t, N_i^t is the number of vehicles that can be accommodated in cell i during interval t, l_i is the size of cell i, $\Gamma^{-1}(i)$ is the set of downstream cells to cell i, $\Gamma(i)$ is the set of upstream cells to cell i, $x_i^{t+1}, i\in S_S$ is the number of vehicles that has arrived at the destination i after the evacuation time window T, $D_r, r\in S_r$ is the total evacuation demand generated at origin r, the subscript r is the index of source cells, i, j, k is the index of other cells.

2.3 Model solution

The emergency traffic evacuation model was solved using MathProg language and Lp_solve solver. MathProg is a modeling language for describing linear mathematical programming model. Lp_solve is a free linear (integer) programming solver, whose principle is modified simplex method and branch-bound method.

3 Microscopic Traffic Simulation Software

In the microscopic traffic simulation software, a rule-based algorithm was used for the vehicle's lateral movement, while the "psychological-physiogical car-following model" of Wiedemann professor in German Karlsruhe University was used for the vehicle's longitudinal movement, the time step is 1/10 s. The model principle can be shown in Fig. 1, where ax is the desired distance between the fronts of two successive vehicles in a standing queue, abx is the desired minimum following distance which is a function of *ax*, a safety delta distance *bx*, and the speed with abx, sdv is the action point where a driver consciously observes that he approaches a slower leading car, opdv is the action point where the following driver notices that he is slower than the leading vehicle and starts to accelerate again, sdx is the perception threshold to model the maximum following distance which is about 1.5 ~2.5 times abx.

A following driver reacts to a leading vehicle up to a certain distance which is about 150 m. The minimum acceleration and deceleration rate is set to be 0.2 m/s^2. Maximum rates of acceleration depend on technical features of vehicles which are usually lower for trucks than the personal desire of its driver. The model includes a rule for exceeding the maximum deceleration rate in case of emergency. This happens if abx is exceeded. The values of the thresholds depend on the present speed of the vehicle as indicated by *v* for all thresholds in Fig. 1.

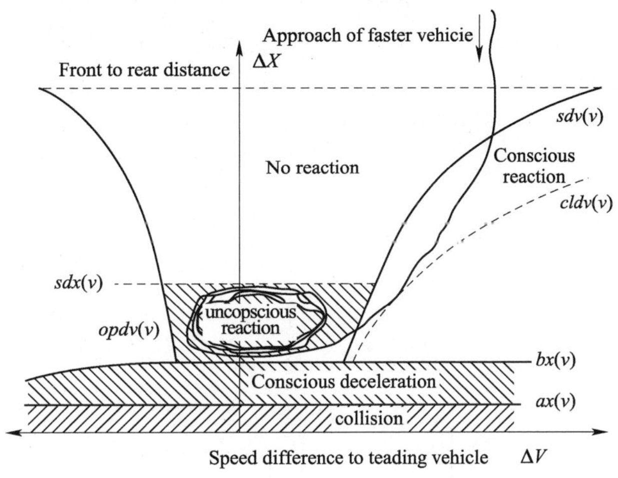

Fig. 1 Car-following model

3.1 Case Study

Through case studies, the model will have a numerical solution using MathProg language and Lp_solve solver, and compared with the evacuation process simulation usingmicroscopic traffic simulation software to have a verification analysis.

3.2 Evacuation scenarios

A sports stadium is selected as an example, the 100 000 people will be evacuated to 5 shelters nearby. The evacuation scenario can be shown in Fig. 2. The vehicles to be evacuated at the origin are about 9 000, where the cars are about 50 percent, buses are about 40 percent, and the large vehicles are about 10 percent. The maximum vehicle speed is 45 km/h, loading rate is 3 000vehicles/h.

3.3 Numerical solution

The evacuation network was converted to a cell-connection diagram as illustrated in Fig. 3. Note that the number in each parenthesis indicates the size of the cell.

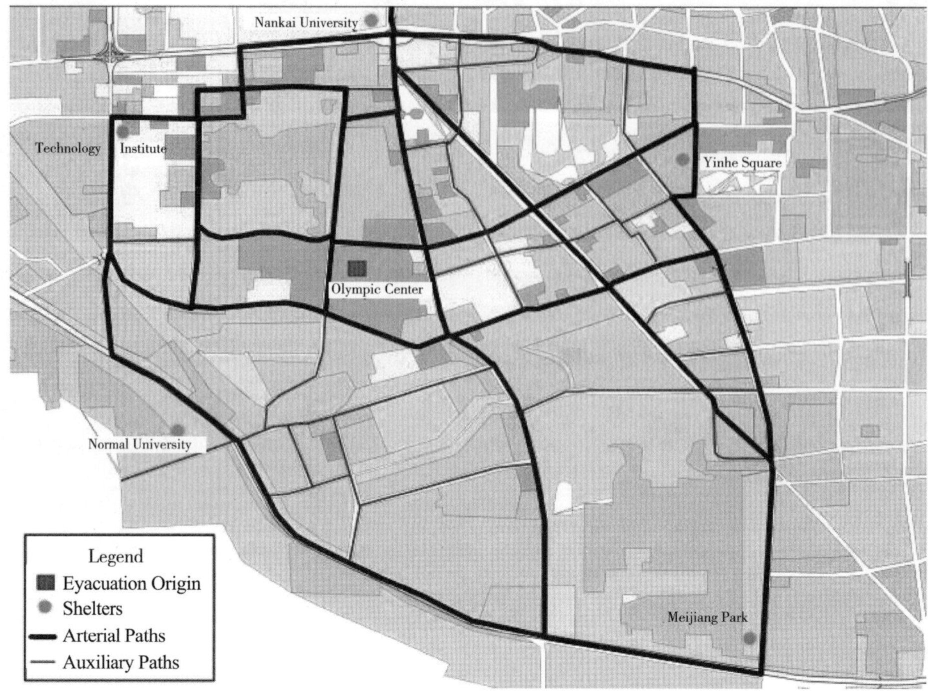

Fig. 2 Evacuation scene graph

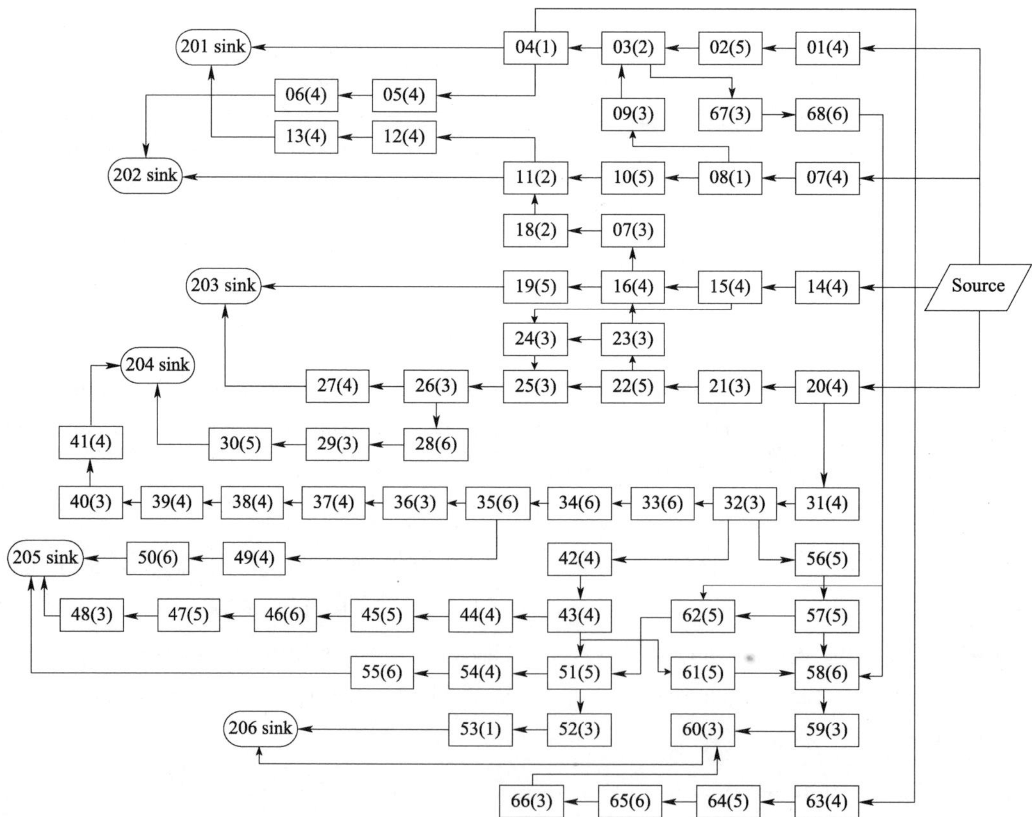

Fig. 3 Cell connection diagram for evacuation network.

The model is solved using MathProg language and Lp-solve solver, the results are shown in Table 1.

Table 1 Numerical results

Parameter	Numerical results
Average speed($km \cdot h^{-1}$)	36.175
Clearance time(min)	182.346
Total travel time(h)	912.833

3.4 Microscopic traffic simulation

The road network in microscopic traffic simulation software can be shown in Fig. 4.

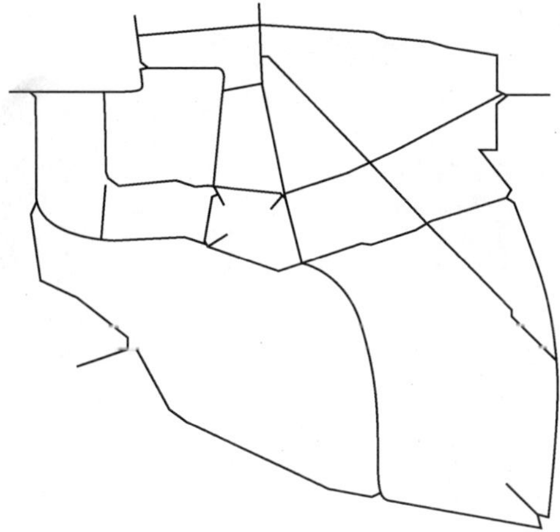

Fig. 4 Evacuation road network

The simulation results are shown in Table 2, the cumulative arriving curves are shown in Fig. 5.

Table 2 Microscopic simulation results

Parameter	Numerical results
Average speed($km \cdot h^{-1}$)	35.723
Clearance time(min)	191.242
Total travel time(h)	935.273

In Fig. 5, x-axis represents the evacuation time, while y-axis represents the number of vehicles reached the destinations. It can be seen that:

At the beginning of the evacuation, as it will take some time for the vehicles to enter the road network, the number of vehicles reach the destinations is almost 0.

With the evacuation progressed, the number of vehicles reach the destinations increased, and because the roads are clear, the growth rate is big and almost changes linearly.

After the evacuation began 3h, the number of vehicles reach the destinations becomes flat, until all the vehicles are evacuated out of the road network.

3.5 Comparative analysis of numerical and simulation results

The comparison of numerical and simulation results are shown in Fig. 6, Fig. 7 and Fig. 8.

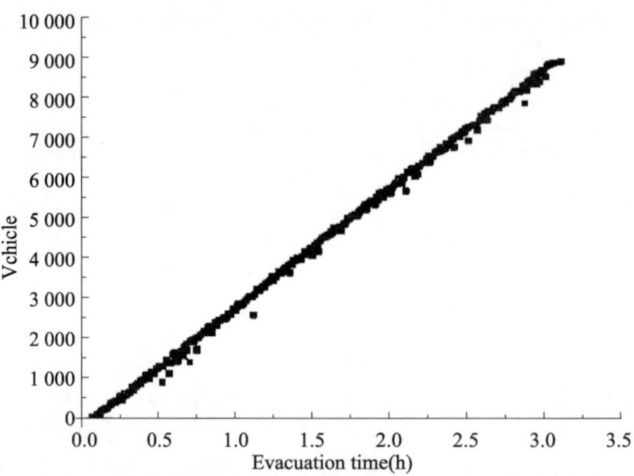

Fig. 5 Cumulative arriving curves

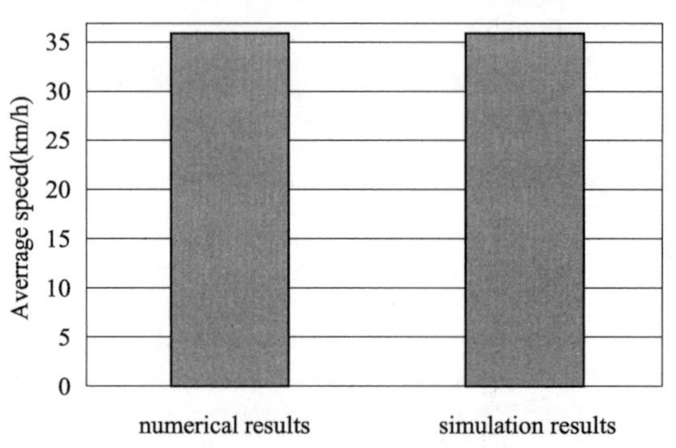

Fig. 6 Comparison of average speed

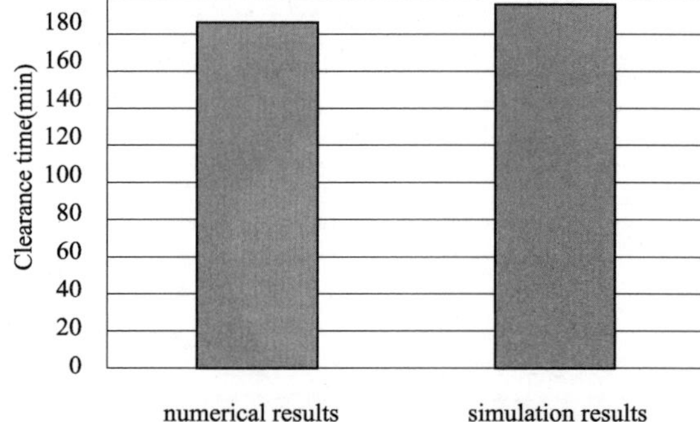

Fig. 7 Comparison of clearance time

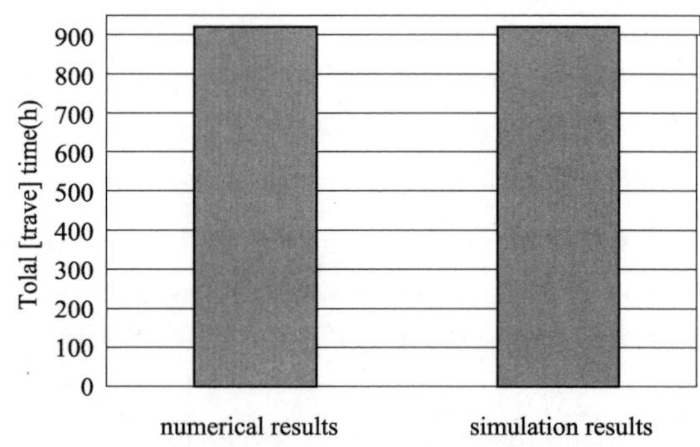

Fig. 8 Comparison of total travel time

It can be seen from the above three graphs that the numerical results and the simulation results are basically the same. The average speed of the numerical results is larger than that of the simulation results (Fig. 6), thus the corresponding clearance time and total travel time are smaller (Fig. 7, Fig. 8). This is because the parameters in the mathematical model are simplified, while the driver behaviors, congestion and other factors during the evacuation are considered in more detail, these factors will result in a decline of the average speed and a increase of the evacuation time.

4 Conclusions

Based on the CTM theory, an emergency traffic evacuation model was built to minimize the total travel time. Emergency traffic evacuation near a stadium was selected as an example, where

100 000 people were evacuated to shelters nearby, by solving the mathematical model and simulating the evacuation process, it can be obtained that the numerical and simulation results were in good agreement. However, due to the parameters such as driver behaviors and congestions were simplified in the mathematical model, evacuation speed of numerical results was faster than the simulation results. The mutual authentication of numerical and simulation results can make the emergency traffic evacuation study closed to the actual situation, so as to provide more accurate reference and basis for decision-making.

References

[1] Sorensen J H, Shumpert B L, Vogt B M. Planning for protective action decision making: Evacuate or shelter-in-place. Journal of Hazardous Materials, 2004, 109 (1): 1-11.

[2] Perry R W, Lindell M K. Preparedness for emergency response: Guidelines for the emergency planning process. Disasters, 2003, 27 (4): 336-350.

[3] Southwort H F. Regional evacuation modeling: a state of the art review. Washington DC: Oak Ridge National Laboratory, 1991.

[4] Han D L, Yuan F. Evacuation modeling and operations using dynamic traffic assignment and most assignment and most desirable destination approaches. The 84th Transportation Research Board Annual Meeting. Washington DC: TRB, 2005:964-969.

[5] Cova T J, Johnson J P. A network flow model for lane-based evacuation routing. Transportation Research Part A: Policy and Practice, 2003, 37(7):579-604.

[6] Church R L, Sexton R M. Modeling small area evacuation: Can existing transportation infrastructure impede public safety?. Santa Barbara: University of California, Santa Barbara, 2002.

[7] Zhou Yafei, Liu Mao, Zhang Dongli. Area-wide emergency evacuation under toxic gas leakage. China Occupational Safety and Health Association. Proceedings of the 2008 International.

[8] Symposium on Safety Science and Technology. Beijing: Science Press USA Inc., 2008:465-471.

[9] Busvine J R, et al. The toxicity of ethylene oxide to Calandra oryzae, C. granaria, Tribolium castaneum, and Cimex lectularius. Annals of Applied Biology, 1938, 25(3):605-632.

[10] Sherali H D, Carter T B. Hobeika A G. A location-allocation model and algorithm for evacuation planning under hurricane/flood conditions. Transportation Research Part B, 1991, 25(6): 439-452.

[11] Kongsomsaksakul S, Yang C. Shelter location-allocation model for flood evacuation planning. Journal of the Eastern Asia Society for Transportation Studies, 2005(6): 4237-4252.

[12] Feng C M, Wen C C. Traffic control management for earthquake-raided area. Journal of the Eastern Asia Society for Transportation Studies, 2003(5): 3261-3275.

[13] Yi W, Özdamar L. A dynamic logistics coordination model for evacuation and support in disaster response activities. European Journal of Operational Research, 2007 (179): 1177-1193.

水运安全生产标准化探讨

谢天生　孙国庆　蔡　靖　俞维纫

1　概述

水运企业安全生产标准化的进程可以用一句话简单概括,就是由传统安全管理模式向现代安全管理模式逐步转变。

1.1　传统安全管理模式

传统安全管理模式即主要为经验式安全管理,通过对安全工作经验的总结,制定和实施与生产力水平相适应的安全管理办法,其特点包括:

(1)以伤亡事故管理为安全管理中心,主要着眼于事故预防和处理;

(2)主要依靠安全规章制度,通过安全检查、安全教育、安全考核等手段,基本是依靠安全管理人员的有限努力去争取实现安全管理的目标;

(3)主要重视对伤亡事故信息及部分安全检查信息的收集、处理。

1.2　现代安全管理模式

现代安全管理理论认为所有的事故都是可以预防的,它由策划(P. Plan)、实施(D. Do)、检查(C. Check)、改进(A. Act)动态循环的PDCA构成,如图1所示,通过企业自我检查、自我纠正、自我完善这一动态循环的管理模式,能促进企业安全绩效的持续改进和安全生产长效机制的建立。

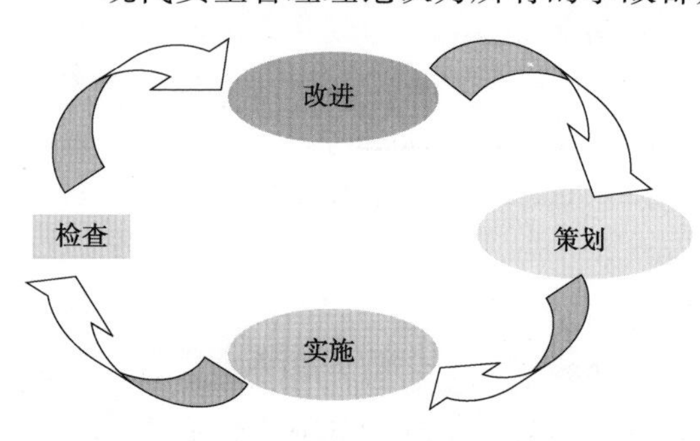

图1　PDCA安全管理模式

现代安全管理模式的主要特点是:

(1)以危险源控制为安全管理中心,着眼于危险预测预控,具有主动性和明显的动态特征;

(2)以系统危险辨识、系统危险评价、系统危险控制为主要手段,着眼于系统危险的全过程管理;

(3)注意对安全管理信息的全面采集,综合处理和实时反馈;

(4)管理体系内部的监督机制,保障了安全管理体系本身的持续改进和发展。

2　安全生产标准化的内容

2.1　安全生产标准化的基本内容

安全生产标准化是为安全生产活动获得最佳秩序,保证安全管理及生产条件达到法律、行政法规、部门规章和标准等要求的安全生产管理过程。它是以体系管理、标准管理的方法来改进安全生产的活动,是企业自筹自纠、自觉主动地进行安全绩效改进的活动,也是企业全员参与的一项安全活动。安全生产标准化的内容包括安全生产标准化体系的建立和安全生产标准化的实施。

目前,各行业制定了各自行业的安全生产标准化的相关法规和标准规范,如《中华人民共和国航运公司安全与防污染管理规定》、《企业安全生产标准化基本规范》、《危险化学品从业单位安全生产标准化通用规范规范》等,比较有针对性地指导安全管理体系的建立和安全标准化工作。下面以石油化工码头装卸储运企业为例,简要介绍安全生产标准化体系构成。

2.2 石油化工码头装卸储运企业安全生产标准化体系构成

2.2.1 指导思想

体系要素的选取符合国家安全生产监督管理总局发布的《企业安全生产标准化基本规范》的要求及国际通行的管理体系的要求;符合我国石油化工码头装卸储运企业装卸作业的特点;尽量与国内安全生产管理框架一致,且有利于与国际安全管理接轨;以促进石油化工码头装卸储运企业安全绩效的持续改进和安全生产长效机制的建立,使其良性循环发展。

2.2.2 建立原则

(1)“安全第一、预防为主、综合治理”原则;

(2)科学性与可操作性原则;

(3)系统性和层次性原则;

(4)统筹兼顾与区别对待原则。

2.2.3 石油化工码头装卸储运企业安全生产标准化体系要素

包括一级要素、二级要素、三级要素。其中一级要素共 14 个,包括:目标、法律法规与安全管理制度、风险管理、生产安全投入、组织机构与职责、生产设备设施、教育培训、作业安全、消防管理、职业健康、应急救援、隐患排查与治理、事故调查与处理、绩效评定与持续改进。

2.2.4 石油化工码头装卸储运企业安全生产标准化体系审核表

根据石油化工码头装卸储运企业安全生产标准化体系的一级要素、二级要素和三级要素,编制石油化工码头装卸储运企业安全生产标准化体系审核表,通过审核,促进企业建立管理体系,实施安全生产标准化,为行政管理部门提供监管依据,实现企业安全生产标准化达标与不达标的判别。

3 水运企业安全生产标准化现状

3.1 航运企业

依据 ISO 质量体系的实施绩效和安全防污要求,国际海事组织于 1993 年 11 月 4 日通过了《国际船舶安全营运和防止污染管理规则》简称“ISM 规则”,在所有航行于国际海上运输的船舶及船公司全面实施,使国际海上船舶的安全事故和水域污染事故率大幅度降低。2001 年 7 月,交通部正式颁布了《中华人民共和国船舶安全营运和防止污染管理规则》简称

“NSM 规则”,要求先在客船、气体运输船和散装化学品船中生效，再对油船、后对其他船舶生效。2002 年 2 月,交通部在《关于开展“水上运输安全管理年”活动的通知》中，要求从当年开始逐步对客船含客滚船和危险品船等特殊船种强制实施基本符合 ISM 规则要求的安全管理体系审核发证制度，即规则国内化。2007 年 5 月 9 日交通部颁布了《中华人民共和国航运公司安全与防污染管理规定》(自 2008 年 1 月 1 日起施行),将推荐性标准转化为强制性规定。

据了解,目前航运企业基本按规则建立安全管理体系,实施安全生产标准化,企业实施安全生产标准化从规范管理到安全绩效，都带来较大的变化,收到了明显的成效。

3.2 港口企业和水运施工企业

部分港口企业和水运施工企业主要根据自己的发展需求,建立了单标体系和多标一体的管理体系,在建立管理体系的基础上,实施了安全生产标准化。

“四标一体”就是建立在 ISO 9001、ISO 14001、OHSAS 18001、NOSA 五星安健环管理体系框架下的,以 GB/T 19001—2008 标准为基础，融合 GB/T 24001—2004 标准、GB/T 28001—2001 标准、CMB 253—2004 管理标准要求,实现质量、环境、职业健康安全一体化管理的综合管理体系。

相对而言,大多港口企业和水运施工企业目前还没有实施或者达到安全生产标准化的要求。

4 问题和对策建议

4.1 问题

4.1.1 安全管理理念落后

对现代安全管理模式缺乏足够的认识,安全管理的理念停留在传统安全管理模式上,安全生产标准化的建立和实施进展缓慢,即使建立了安全生产管理体系,也仅仅是摆在柜子里的文件,没有真正实施,安全管理理念落后,阻碍水运安全标准化的进程。

4.1.2 制度建设滞后

航运企业安全管理标准化根据《中华人民共和国航运公司安全与防污染管理规定》,已逐步由自愿转变为强制性规定,而港口企业和水运施工企业安全生产标准化的建设,仅是企业自愿行为,也延误了水运企业安全生产标准化的进程。

4.1.3 安全生产标准化管理绩效有待提高

安全管理的理念的落后,使得安全管理体系难以有效实施,所建立的安全生产标准化管理的绩效没有体现,这也阻碍水运企业安全生产标准化的进程。

4.2 对策建议

4.2.1 加快制度建设,完善安全生产标准化配套的法规和专门的标准规范

2010 年国务院和交通运输部分别出台了《国务院关于进一步加强企业安全生产工作的通知》(国发〔2010〕23 号)和《交通运输部关于贯彻落实国务院通知精神进一步加强企业安全生产工作的意见》(交通运输部文件 交安监发〔2010〕394 号);2011 年 5 月国务院安委会出台了《关于深入开展企业安全生产标准化建设的指导意见》(安委〔2011〕4 号),同年 6 月

交通运输部发布了《关于印发交通运输企业安全生产标准化建设实施方案的通知》(交安监发〔2011〕322号)文，对企业加快开展安全生产标准化工作提出了明确的目标和具体的要求。

目前港口企业和水运施工企业加快开展安全生产标准化建设具备了政策条件，但尚无专门的安全生产标准化建设的管理规定和标准规范，阻碍了安全生产标准化工作的开展。有鉴于如此，应加快制度建设，建立和完善港口企业和水运施工企业安全生产标准化配套的规章制度和专门的标准规范：

(1)制定《港口(水运施工)企业安全生产标准化管理规定》；

(2)制定《港口(水运施工)企业安全生产标准化规范》；

(3)建立《港口(水运施工)企业安全生产标准化审核制度》，制定《港口(水运施工)企业安全生产标准化审核标准》；

(4)建立港口(水运施工)企业安全生产管理证书制度。

4.2.2 开展安全生产标准化体系建设，保障企业运营安全

近年来，水运行业的安全生产事故不时发生，特别是油品、液体化工品码头。由于油品、液体化工品本身的危险特性和码头装卸作业过程的特殊性，一旦发生事故，不仅造成严重的后果和损失，2010年大连新港发生的"7.16"输油管线爆炸事故，造成了巨大的财产损失和环境污染就是突出的例证。

近年来，国家相继颁布了《危险化学品从业单位安全标准化通用规范》(AQ 3013—2008)、《企业安全生产标准化基本规范》(AQ/T 9006—2010)、《危险化学品从业单位安全标准化考核评级办法》等标准规范，安全生产标准化管理体系已经在危险化学品生产企业、煤炭及矿山企业、冶金企业、水路危险货物运输企业等建立并推广运行，对安全保障发挥了重要作用。因此，港口(水运施工)企业应结合其自身安全特点、安全管理现状，建立具有针对性和可操作性的港口(水运施工)企业安全生产标准化体系，形成一套系统的、规范的、科学的安全生产管理标准化体系，规范、指导港口(水运施工)企业的安全生产工作，使港口(水运施工)企业各部门、各生产岗位、各作业环节的安全工作和各种设备、设施等，达到和保持安全生产的条件和标准，使企业生产始终处于良好的安全运行状态，提高企业的本质安全和素质安全，实现强化源头管理的目的。

4.2.3 建立完善的实施体系，保障安全生产标准化的有效实施

在目前由传统安全管理模式向现代安全管理模式逐步转变过程中，港口(水运施工)企业安全生产标准化体系实施有一个逐步渐进的过程，必须建立完善的实施体系作为保障。通过加强组织领导，制定实施规划方案；加强安全生产标准化的宣贯培训，建立现代安全管理理念；建立审核制度，推动安全生产标准化的实施。

港口企业安全标准化建设的 SWOT 分析

崔 迪 谢天生 程霄楠 蔡 靖 刘智刚 俞维纫

摘 要 为促进港口企业安全标准化建设的全面推动，在针对港口企业安全标准化建设进行 SWOT 分析的基础上，提出加快港口企业安全标准化建设发展的若干建议。

关键词 SWOT 分析 港口企业 安全标准化

1 引言

港口开放是中国走向世界的先决条件。港口是国民经济和社会发展的重要基础设施和基础产业，是经济运行的命脉。由于港口的地理位置和功能所决定的，它又是连接水陆经济、贸易和文化的一个重要交汇点，是一个以航运为基础，集商贸、旅游、工业发展等多功能于一体的连接陆向腹地与海向腹地的区域发展系统中的重要部分。改革开放以来，我国港口业发展迅速，取得了有目共睹的成绩。随着国际贸易的快速发展，运输船舶向大型化、快速化、专业化方向发展的同时，港口也向专业化、智能化、深水大型化、装卸高效化方向发展。展望"十一五"，港口的建设更是有了飞跃式的发展，特别是我国制定了《全国沿海港口布局规划》，标志着中国沿海港口建设与发展进入了新的阶段。港口岸线是国家经济、国防安全的战略资源，是不可再生的宝贵资源，因此，应更加重视港口岸线的保护与合理开发，特别是集装箱、煤炭、石油、铁矿石码头岸线的保护和开发，杜绝港口岸线资源的浪费。

在未来较长时间内，港口业仍将继续保持快速增长的势头。在港口经济快速增长的同时，港口安全问题变得日益重要，在新的形势下，港口安全研究既面临着更大的发展机遇，也面临着更为严峻的挑战。

在港口规划建设中，根据不同地区的经济发展状况及特点，区域内港口现状及港口间运输关系和主要货类运输的经济合理性，将全国沿海港口划分为环渤海、长江三角洲、东南沿海、珠江三角洲和西南沿海五个港口群体，强化群体内综合性、大型港口的主体作用，形成煤炭、石油、铁矿石、集装箱、粮食、商品汽车、陆岛滚装和旅客运输等八个运输系统的布局。规划中强调，要进一步优化沿海港口布局，合理有序开发和利用港口岸线资源，加强国家对港口规划和建设的管理，保障国家经济和社会全面、协调、可持续发展。纵观三十年的港口建设历史，为了追求吞吐能力与运输需求的平衡，始终注重的是港口的基础设施建设，扩建码头泊位，以满足局部层次上的短期供需平衡。对于宏观的全局层次上的部署规划，如道路运输、经济腹地建设、临近港口功能调配等问题，则随着日益增长的港口吞吐量而逐渐显现出来。

2 港口企业安全标准化建设

港口要实现可持续发展，首先要在先进的战略思想指导下，以创新的思维，踏实、严谨、科学的作风制定港口的发展战略规划;其次需要有具体的措施和强大的凝聚力搞好港口安全生产的一项重要基础性工作就是加强港口安全研究,为港口安全生产提供理论、技术上的支持,为各级港口安全监督管理部门提供科学的决策依据。

安全标准是我国安全生产法律体系的重要组成部分,在安全生产工作中起着十分重要的作用。

根据《标准化法》的规定,法定的标准有国家标准、行业标准、地方标准和企业标准。标准化是人类在长期生产时间过程中逐渐摸索和创立起来的一门科学。标准化是指在经济、技术、科学及管理等社会实践中,对重复性事物和概念通过制定、实施标准,以获得最佳秩序和社会效益的过程。简单地说,标准化是为了在一定的范围内获得最佳秩序,对现实问题或潜在问题制定共同使用和重复使用的条款的活动。即标准化是一项活动,一个过程。标准化的目的就是在一定的范围内获得最佳秩序。

标准体系是"一定范围内标准按其内在联系形成的科学的有机整体"。

港口企业安全生产标准体系是指港口企业为维持生产经营活动,保障安全生产而制定颁布的一切有关安全方面的标准。

在港口建设飞速发展的今天,有必要针对港口的安全标准化建设体系进行 SWOT 分析,从而实现更为全面、持续、稳定、快速的发展。

3 SWOT 分析

根据 SWOT 方法"利用外部机会,回避外部威胁,依靠内部优势,克服内部劣势"的战略制定原则,可以采用 SWOT 矩阵将上述分析结果匹配组成 SO、WO、ST、WT 等 4 类战略原准则,对我国港口企业安全标准化体系,进行 SWOT 分析[1]。

3.1 优势(Strength)

优势,是指组织自身具备一些有利因素,使其能较对手做得更好。航空运输之所以有着强大的生存和发展空间,也正是因为其有着自身独特的优势:

(1)国家下达相关法律和部门规章:《国务院关于进一步加强企业安全生产工作的通知》(国发〔2010〕23 号) 精神和《国务院安委会关于深入开展企业安全生产标准化建设的指导意见》(安委〔2011〕4 号);交通运输部下达相关文件《交通运输企业安全生产标准化建设实施方案》(交安监发〔2011〕322 号);这一系列相关的法律标准对于推动港口企业安全标准化达标工作起到重要的作用。

(2)管理分工明确:企业安全生产标准化达标分一级、二级、三级,其中一级最高,三级最低。交通运输部负责一级企业的达标评审管理,省级交通运输主管部门和长江航务管理局负责二级、三级企业的达标评审管理。

(3)工作目标明确:企业安全管理水平明显提升;各类事故明显下降;推进企业全面达标。从而使得港口企业全面开展安全生产标准化建设工作,实现企业安全管理标准化、作业现场标准化和操作过程标准化。力争从事客运、危险化学品和烟花爆竹等重点运输企业在 2013 年底前达标,其他交通运输企业在 2015 年前达标。

3.2 劣势(Weakness)

劣势,是指与竞争对手相比,组织本身存在的对生存和发展不利的因素:

(1)认识不足:部分港口企业认识不足,不主动推动港口企业安全标准化建设;国家各级安全生产监督管理部门应该加大监督和指导,使企业安全生产许可证和危险化学品经营许可证与企业安全标准化是否达标相关联。

(2)防范评审机构的恶意竞争:加强标准化评审咨询机构的管理,认真服务,履行职责,恶意竞争,互相诋毁,互相拉起价格战。

3.3 机遇(Opportunity)

机会,是指由于外在环境因素的变动出现的对组织生存发展有利的时机。

(1)安全管理水平提高:使港口企业安全发展加快,变"要我安全"为"我要安全"。

(2)科技兴安:促进我国港口企业的港口企业安全管理的科技建设力量,依靠科技兴安,实现港口企业安全标准化的全面建设。

3.4 挑战(Treat)

挑战,是指外部管理环境因素的变动对组织造成的不确定影响。

(1)国家监控力度:继续加大国家长期的监控力度,带动企业去执行安全标准化建设积极性。

(2)加大评审机构的监控:控制评审机构的数量,加大对评审机构的职责追究,有效防止评审机构的恶意竞争。

3.5 港口企业安全标准化发展策略分析

港口企业安全标准化发展策略分析,见表1。

表1 我国港口企业安全标准化体系建设的SWOT矩阵表

	内部优势(S)	内部劣势(W)
外部机会(O)	SO战略(发挥优势、利用机会)利用全国的安监环境和督促企业进行安全标准化的力度	WO战略(利用机会、克服劣势)利用港口企业标准化机会,对企业安全管理方面进行全面整改
	SO_1战略:企业实施企业自身追求安全生产效益(S_1、S_2与O_1、O_2匹配)	WO_1战略:国家政策支持(W_1、W_2与O_1匹配)
外部威胁(T)	ST战略(利用优势、规避威胁)企业利用自身优势,加快提高企业安全标准化的进度)	WT战略(减少弱点、回避威胁)减少企业的自身安全标准化管理的劣势,加快进度)
	ST_1战略:提高企业安全发展竞争力(S_1、S_2与T_1、T_2匹配)	WT_1战略:控制评审机构数量,严格考核评审机构的报告,出具虚假报告者,严格追究法律责任并取缔港口企业安全标准化评审业务(W_3与T_1、T_2匹配)

4 结语

当前,我国港口企业安全标准化建设虽然面临着大好的发展机遇,但也存在一定的不足之处。积极推动港口企业安全标准化建设有利于国家保障港口企业安全生产;有利于港航行政管理机构加强对港口企业进行安全监管监察和依法行政;有利于规范港口企业市场准入的必要条件。

参考文献

[1] 崔迪. 基于主成分分析法的港口企业安全管理要素研究, 中国水运, 2011(10):35-36.
[2] 中华人民共和国行业标准. AQ 3013—2008 危险化学品从业单位安全标准化通用规范[S]. 北京:煤炭工业出版社, 2009.
[3] 国发〔2010〕23 号 国务院关于进一步加强企业安全生产工作 的通知.
[4] 安委〔2011〕4 号 国务院安委会关于深入开展企业安全生产标准化建设的指导意见.
[5] 交安监发〔2011〕322 号 交通运输企业安全生产标准化建设实施方案.

水运工程施工安全标准体系研究

孙国庆　侯志强

1　引言

当前,水运工程项目正处在大规模的建设当中,然而涉及水运工程施工的标准却相对滞后,由于缺乏一套统一的水运工程安全标准体系进行指导,导致施工过程中采取的安全管理和技术措施处于不严格、不规范的状态。水运工程施工企业仅凭自身经验和借鉴其他行业标准进行施工,这些因素在施工过程中留下了许多安全隐患,使得施工人员和工程本身的安全性无法得到可靠保证,制约了水运工程建设健康、持续的安全发展。

目前,正在实施的水运工程施工安全标准数量较少,缺失严重。一些标准技术落后,未能及时更新;有些标准本身存在明显的缺陷和不足,未能随着水运工程建设的快速发展进行及时的修订。由于没有统一的标准及标准体系,有的水运工程施工企业借鉴其他行业标准参照施工(如建设部制定的《建筑施工安全检查标准》(JGJ 59—1999)、《施工企业安全生产评价标准》(JGJ/T 177—2003)等),然而水运工程在施工上具有其特殊性,建筑标准内容和实际操作上并不完全适用。有的水运工程施工企业根据自身的经验制定相应的施工标准和规范供内部使用,然而全国水运工程施工企业的施工经验、技术水平和管理水平参差不齐,施工企业根据自身经验制定的内部规范水平有高有低,尤其是一些小型施工企业,安全管理水平和技术水平不高,施工作业安全难以得到保证。因此,水运工程施工安全标准亟待完善,水运工程施工安全标准体系亟待建立。

水运工程施工安全技术标准体系作为水运工程建设标准体系的重要组成部分,是水运工程施工安全技术标准发展的规划蓝图。水运工程施工安全标准体系是标准体系的具体体现,是编制水运工程施工安全技术标准项目库的依据,是开展水运工程施工安全技术标准工作的指导性文件,是今后一定时期内水运工程施工安全标准立项和编制年度计划的重要依据,也是水运工程施工安全标准科学管理的基础。

2　国内外施工安全标准分析

2.1　国外施工安全标准分析

目前,发达国家已经建立了适应市场经济发展的安全技术标准体系,并达到相对完善的程度。在完善的安全技术标准体系下,标准已经深入社会生活的各个层面,为法律法规提供技术支撑,成为市场参与、合同维护、检查评定、产品检验、安全体系认证等的基本依据。

在收集美、日、英、澳、德等国有关工程安全的标准的基础上,对其标准管理体制及标准体系进行分析(共收集美国标准 134 个、日本标准 82 个、英国标准 124 个、澳大利亚标准 122 个、德国标准 152 个)。尽管这些国家和地区的安全技术法规在表现形式上有所不同,但有其共同特点:(1)由国家法律法规对标准化活动本身进行规范;(2)建立不同层次的安全技术法规体系;(3)安全技术法规的规定较为详尽,已经不单纯关注安全问题,而是安全、健康、环保等各方面并重,切实保护工程参与人员的身心健康。

2.2 国内施工安全标准分析

早在20世纪90年代,国内专家就开展有关安全卫生标准的研究工作,并提出将我国安全卫生标准体系分为七个分体系的构想,即基础标准、安全管理标准、生产设备安全标准、安全工程标准、人机工程标准、劳动卫生标准和劳动防护用品标准。我国安全生产相关国家标准按专业序列来分分为:安全设计、安全标识、安全防护、劳动卫生、安全管理等。目前,我国房建、市政建设行业、水利水电建设行业、铁路建设行业、公路建设行业等已经制定了一系列的施工安全标准,有的已经成体系成规模,较为完善;有的只是制定了零星的施工安全标准,还没有成体系和规模。

2.2.1 房建、市政建设行业工程安全标准

我国房建、市政建设行业现有的行业标准及标准体系框架,主要包括CJJ、JGJ系列标准,建筑行业已经建立了相对较为全面的建筑工程安全技术标准体系,对房屋建筑涉及的用电、脚手架、扣件及其他工序等安全技术都做出了详细规定。

2.2.2 水利水电行业工程安全标准

我国水利水电领域现有的行业标准及标准体系框架,主要包括DL、SD以及SL系列标准。由于水利水电行业与水运行业有相同或相似之处,因此水利水电行业标准对水运工程标准制定具有重要借鉴意义。目前水利水电行业的工程安全标准体系如下:

(1)通用标准

DL 5180—2003　水电枢纽工程等级划分及设计安全标准

DL/T 5124—2001　水电水利工程施工压缩空气、供水、供电系统设计导则

DL 5061—1996　水利水电工程劳动安全与工业卫生设计规范

DL/T 5133—2001　水利水电工程施工机械选择设计导则

DL/T 5134—2001　水电水利工程施工交通设计导则

DL/T 5192—2004　水电水利工程施工总布置设计导则

(2)专业标准

DL 5162—2002　水利水电工程施工安全防护设施技术规范

SD 267—88　水利水电建筑安装安全技术工作规程

DL/T 5333—2005　水电水利工程爆破安全监测规程

SL 398—2007　水利水电工程施工通用安全技术规程

SL 399—2007　水利水电土建工程施工安全技术规程

SL 400—2007　水利水电工程金属结构与机电设备安装安全技术规程

DL/T 5373—2007　水利水电工程施工作业人员安全技术操作规程

2.2.3 铁路建设行业工程安全标准

铁路行业在长期的铁路工程建设过程中积累了丰富的施工经验和安全管理经验。铁路行业在这些宝贵经验的基础上制定了铁路工程安全技术标准,其中TBJ 401至TBJ 412共12个标准制定于1987年,在2003年修订时合并成一个标准《铁路工程施工安全技术规程》

(TB 10401—2003)。

2.2.4 公路建设行业工程安全标准

我国自1981年起正式建立公路工程行业标准体系,标准有了系统的编号。2002年7月10日,交通部以交公路发〔2002〕288号文的形式发布了《公路工程标准体系》(JTG A01—2002)。该体系从门类上分为:综合、基础、勘测、设计、检测、施工、监理、养护管理等8类。但关于施工安全仅有一个标准——《公路工程施工安全技术规程》,因此交通公路行业也缺乏工程施工安全标准体系研究和整体规划。

另外,本研究还收集了"电力建设行业工程安全标准""机械行业安全标准"以及部分省市在相关的工程施工安全方面已制定并发布的一些标准,如《北京市市政工程施工安全操作规程》(DBJ 01-56—2001)、《天津市高速公路工程施工技术规程》(TBJ 8-94)等。

2.2.5 国内外施工安全标准化对比分析

20世纪以来,许多国家认识到控制标准是应对市场经济的一个重要手段和武器,在全球经济一体化情况下,标准在控制市场中起到了一个关键的作用。无论是站在标准化组织层面还是国家层面,世界主要发达国家的标准化管理体制和运行模式,及其标准化发展战略都对我国标准化体系的建设和发展具有重要的借鉴意义。

近年来,我国交通工程施工安全生产形势呈现总体平稳、趋于好转的势态,但事故总量依然很大,重特大事故时有发生,其中一个重要原因之一就是安全生产标准化工作相对滞后、薄弱,主要体现在:(1)系统性较差,急需的部分安全生产标准缺失;(2)安全生产标准基础研究缺少,安全生产标准体系、方法和技术等基础理论研究较为薄弱;(3)部分安全生产标准老化、内容过时;(4)标准制修订工作缺乏统一规划。

3 水运工程施工安全标准体系构建

3.1 编制原则

水运工程施工安全标准体系在编制过程中力求:(1)覆盖面全,重点突出;(2)层次、结构清晰;(3)规模、数量适当;(4)内容上突出水运工程施工安全管理重点;(5)技术上积极吸收先进成果。

3.2 编制依据

本标准体系的主要编制依据如下:

(1)《中华人民共和国标准化法》《中华人民共和国安全生产法》《建设工程安全生产管理条例》《公路水运工程安全生产监督管理办法》等法律、法规、规章;

(2)《标准体系表编制原则和要求》(GB/T 13016—91)等。

3.3 门类划分依据

在门类划分上是按照《标准体系表编制原则和要求》(GB/T 13016—91)的要求,将专业标准体系划分为基础标准、专业通用标准、专业专用标准。基础标准是指在一定范围内作为其他标准的基础并普遍使用,具有广泛指导意义的标准;专业通用标准是指在水运工程施工安全生产专业下同时表达若干种标准化对象所共有特征的标准;专业专用标准是指直接表达一种标准化对象的个性特征的标准。

3.4 水运工程安全技术标准体系层次构建

结合上述分析,制定水运工程施工安全技术标准体系层次图,见图1。

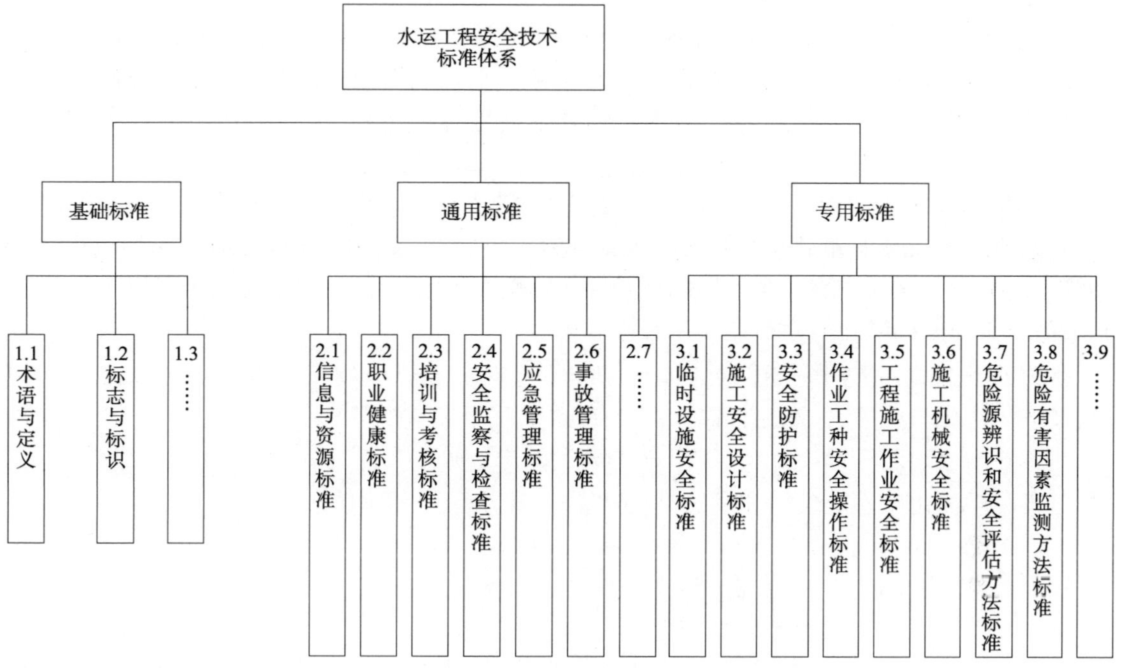

图1 水运工程施工安全技术标准体系层次

本次体系结构分为基础标准、通用标准、专用标准三个层次。

第一层基础标准,反映了水运工程安全技术领域所具有的共同特征,可分为:术语与定义、标志与标识等。

第二层通用标准,反映了服务于水运工程不同对象的安全技术共性标准。可分为:信息与资源标准、职业健康标准、培训与考核标准等。

第三层专用标准,为体现不同类型水运工程安全技术的特色,把专用标准又分为临时设施安全标准、施工安全设计标准、安全防护标准等,其反映了专业性质的安全技术标准。

3.5 体系表中标准分析

在上述体系层次中,经调研全国水运工程施工企业、监理企业和水运工程质量监督部门,共收集到17项标准,其中已制定的1项,需要新制定标准16项,并按照先急后缓进行分类。各类标准的统计表见表1。

表1 各类标准统计表

标准类别	应有数(个)	现有数(个)	现有数比应有数(%)
基础标准	1	0	0%
通用标准	11	0	0%
专用标准	5	1	20%
共计	17	1	5.9%

4 结语

本文在对国内外各行业、各领域安全标准及标准体系分析的基础上,对现有水运工程安全及相关标准进行了梳理,吸收先进成果,建立了水运工程施工安全标准体系。体系分为基础标准、通用标准、专用标准三个层次。分别反映了水运工程安全技术领域所具有的共同特征;反映了服务于水运工程不同对象的安全技术共性标准;反映了专业性质的安全技术标准。结合研究成果,针对目前水运工程施工安全标准体系的现状,本文建议:

(1)应将水运工程施工安全标准作为子体系,纳入水运工程建设标准体系中。

(2)建立和完善标准化工作运行机制。水运工程施工安全技术标准体系需要不断完善和修订。标准化建设作为一个长期的任务,需要建立一个由政府主导,施工企业以及科研等相关部门参与的标准化协商机制。

(3)加强标准及标准体系制定、完善方面的投入。

交通运输企业安全绩效考核办法研究

侯志强　彭付平　徐宏伟

摘　要　交通运输企业安全绩效考核是加强企业安全管理的重要手段。本文通过我国交通运输企业安全管理实际情况,提出了交通运输企业安全绩效考核的范围、考核主体、考核内容、考核程序、安全绩效考核奖惩制度和评分标准,为落实交通运输企业安全生产主体责任,提高交通运输企业安全生产水平具有重要意义。

关键词　交通运输企业　安全　绩效　考核

交通运输企业是交通行业的主力军,交通运输企业的安全工作关系到国民经济发展和社会稳定。近年来,交通运输企业安全事故数量逐年下降,安全生产状况总体稳定、趋于好转,但形势依然十分严峻。主要表现在:当前交通行业个别领域死亡率同比有所回升,个别领域重大事故比例有所增长,非法违法生产现象严重,给人民群众生命财产安全造成重大损失,暴露出一些交通运输企业重生产轻安全、安全管理薄弱、主体责任不落实等突出问题。

交通运输企业安全绩效考核是加强企业安全管理的重要手段。2010 年,交通运输部下发了《关于进一步加强交通运输中央企业安全生产监督管理的通知》(交安监发〔2010〕534 号),明确提出了交通运输部将建立健全"央企安全生产指标考核体系,对央企安全生产工作进行安全绩效考核"。

1　安全绩效考核范围与考核主体

1.1　考核范围

交通运输企业安全生产绩效考核应含概我国所有从事交通运输的企业。从行业领域来分主要有从事水路运输、公路运输、城市客运、交通运输工程建设等类型的企业;从企业隶属关系来分主要有中央企业和地方企业。

1.2　考核主体

根据考核对象以及各级政府交通主管部门的安全监管职责,具体分工如下:

(1)交通运输部承担中国远洋运输(集团)总公司、中国海运(集团)总公司、中国外运长航集团有限公司、招商局集团有限公司、中国交通建设集团有限公司五家央企安全生产的政府监管职责,交通运输部是五家央企总部的安全绩效考核主体。

(2)受部委托的省级交通运输主管部门、长江航务管理局、部直属海事局根据各自的职责和业务分工承担所在地的各央企二级子公司的安全生产履行政府监管职责,受委托单位是安全绩效考核主体。

(3)地方各级交通运输主管部门承担地方交通运输行业企业和在地方注册的央企三级

子公司安全生产监管职责,地方各级交通运输主管部门是安全绩效考核主体。

2 安全绩效考核内容

2.1 考核流程

交通运输企业安全绩效考核要坚持公平、公开、公正,逐级考核的原则,具体考核流程:

(1)地方各级交通运输主管部门每年一月底之前完成对地方交通运输行业企业和在地方注册的央企三级子公司前一年的安全绩效考核工作。考核结果向社会公布,并上报当地人民政府安全生产委员会、国有资产监督管理委员会,通报当地安全生产监督管理局和央企二级子公司等相关单位。

(2)省级交通运输主管部门、长江航务管理局、部直属海事局根据央企三级子公司的考核结果,于每年二月底之前完成对央企二级子公司前一年的安全绩效考核工作。考核结果向社会公布,并上报交通运输部,通报省级安全生产监督管理局和央企总部。

(3)交通运输部根据央企二级子公司的考核结果,于每年三月底之前完成五家央企总部前一年的安全绩效考核工作。考核结果向社会公布,并上报国务院安全生产委员会,通报国务院国有资产监督管理委员会和国家安全生产监督管理总局。

2.2 考核内容

交通运输企业安全绩效考核内容应包括国家法律、法规、标准、规范、规定中规定的安全生产必要的内容。同时各级交通行业主管部门根据企业特点和当地实际情况补充其他考核内容。基本的考核内容应包括:

(1)交通运输企业应建立、健全并执行安全管理制度。包括以下制度:安全生产责任制度;安全规章制度;安全操作规程;应急救援预案;安全生产教育培训制度;企业主要负责人、安全管理人员、特种作业人员、从事车辆船舶操作以及危险品运输安全管理人员管理制度;职业危害预防管理制度;劳动防护用品管理制度;等其他安全管理制度。

(2)交通运输企业应按照国家有关规定足额提取安全经费,并专款专用。包括以下方面:安全生产教育和培训;配备、更新、改造和维护安全防护设备、设施;风险源的检测、评估和监控;配备应急救援器材、设备,组织开展应急救援演练;配备劳动防护用品;安全生产奖励;其他必要的安全生产支出。

(3)交通运输企业应按照国家法律有关规定设置安全生产管理机构,配备专兼职安全管理人员。

(4)交通运输企业应组织对各类人员开展安全教育、培训、考核等工作。包括以下人员:企业负责人;安全管理人员;从业人员;特种作业人员。

(5)交通运输企业应按照国家有关规定报送事故及事故调查和处理情况。

(6)交通运输企业应开展安全隐患排查和整改工作。

各级交通运输主管可根据水路运输、公路运输、城市客运、交通运输工程建设企业的特点和实际情况,补充完善相关的考核内容。

3 考核程序

市级以下(包括市级)交通运输主管部门每年一季度前完成对所负责企业的上一年度安

全生产绩效考核。考核结果向社会公布,并通报当地人民政府安全生产委员会和上一级交通运输主管部门,央企同时通报其上一级公司。

省级交通运输主管部门、长江航务管理局、部直属海事局每年一季度前完成对所负责企业的上一年度安全生产绩效考核。考核结果向社会公布,并通报当地人民政府安全生产委员会和交通运输部,央企同时通报其上一级公司。

交通运输部每年一季度前完成对所负责企业的上一年度安全生产绩效考核。考核结果向社会公布,并通报国务院安全生产委员会和国务院国有资产监督管理委员会。

4 安全绩效考核奖惩制度、评分标准

(1)交通运输部、地方各级交通运输部门每年对安全生产绩效考核先进单位以及先进个人进行评选,给予表彰奖励。对于安全生产绩效考核不合格的单位,在全行业予以通报批评,取消当年各项评先、评优资格。对于连续两年安全生产绩效考核不合格的企业,责令停业整顿,交通运输主管部门向社会公告,并向相关主管部门通报。

(2)交通运输企业安全生产绩效考核实行百分制,考核评定结果分为综合考核先进单位、合格单位和不合格单位三个等级。

5 结语

根据上述研究成果制定的《交通运输企业安全生产绩效考核指导意见》,已于 2011 年 7 月 4 ~5 日在贵阳召开的 2011 年全国大型交通运输企业安全工作会议上进行了宣贯。按照工作安排,2011 年将按照所制定的考核标准选择企业试点,2012 年在总结试点的基础上扩大考核范围,2013 年将在交通运输企业全面开展安全生产绩效考核工作。

通过开展交通运输企业安全生产绩效考核,对于落实企业安全生产主体责任,提高交通运输企业安全生产水平具有重要意义。

参考文献

[1] 邱伟年,张兴贵,王斌. 绩效考核方法的介绍、评价及选择[J]. 现代管理科学,2008(3):81-82.

[2] 丁红涛,谢建宏. 构造企业安全绩效管理体系[J]. 中国安全生产科学技术,2008(4):107-110.

[3] 张哲,白宝光. 以卓越绩效评价准则为框架的管理体系整合[J]. 内蒙古工业大学学报,2006 (1):29-34.

[4] 王婷,李雷,王伟. 交通运输企业信用评价模型构建[J]. 河北交通科技,2008. 5(4):63-66.

部分港口企业职业健康监护现状调查

尉　雁　郭　健　陈枳君　鲍金玲　张　霞

摘　要　为了解港口企业职业健康监护现状。采用编制统一的职业健康监护调查表,逐项对29家港口企业的职业健康监护情况进行调查的方法。得出在29家企业中,2010年至2013年发现职业病0例的调查结果。研究表明:目前部分港口企业职业健康监护还需完善相关措施和对策保护劳动者身体健康。

关键词　港口企业　职业健康监护　现状调查

职业健康监护是以预防为目的,对接触危害因素的工作人员开展的医学健康检查或健康资料的收集,对劳动者的健康状况进行的连续监测等工作,以及时发现致病因素和健康变化为目的,并将结果分别报告给用人单位及劳动者本人,采取干预措施,保护劳动者健康的工作。由于经济发展水平较低,部分港口企业很多劳动者还工作在条件较差、危害因素较多的环境中,引发很多的职业病危害,使部分劳动者过早失去劳动能力。随着相关法律的颁布和实施,职业健康监护工作受到了越来越多人的了解和关注,但在实际工作中仍存在很多问题,需引起相关部门和单位的重视[1-2]。

为了解港口企业职业健康监护状况,加强职业病防治力度,更好地落实《中华人民共和国职业病防治法》、《职业健康监护管理办法》的规定,进一步预防、控制或消除急慢性中毒及职业病的发生,我们对29个港口企业的职业健康监护现状进行了调查与分析。

1　职业健康监护现状

1.1　港口企业范围

对沿海11省、市、区中营口港、丹东港、宁波—北仑港、烟台港、茂名港、镇江港、钦州港、日照港、泉州港、洋山港及唐山港等部分港口企业的职业健康监护进行调查。

1.2　职业健康监护监督情况

2010~2013年交通运输部水运科学研究院对部分港口企业用人单位的职业健康监护进行了调查。在现场检查时发现,10家用人单位没有按法律规定开展上岗前劳动者职业健康检查的工作,调查结果见表1。

1.3　职业健康体检情况

港口企业的职业病危害因素以粉尘、噪声为主。接触职业病危害因素(尤其是粉尘)的劳动者上岗前接受职业健康检查人数占应检人数的比例不到50%。

表 1　港口企业 29 家用人单位职业健康监护检查情况

职业病危害因素	上岗前体检			在岗期间体检				监护档案	
	应检人数	实检人数	职业禁忌例数	应检人数	实检人数	疑似病例	诊断人数	应建数	实建数
粉尘	1 212	544	1	2 047	1 630	2	0	2 136	1 483
有毒物质	209	136	0	1 415	1 179	1	0	1 628	1 033
噪声	388	127	0	874	674	1	0	1 017	501
其他	354	151	0	1 053	932	0	0	1 121	938
合计	2 133	958	1	5 389	4 415	4	0	5 902	3 955

2　存在的问题

2.1　职业健康监护不仅仅是职业健康检查

国家安全生产监督管理总局第 49 号令《用人单位职业健康监护监督管理办法》(以下简称 49 号令)第三条规定,职业健康监护是指劳动者上岗前、在岗期间、离岗时、应急的职业健康检查和职业健康监护档案管理。职业健康监护档案包括下列内容:①劳动者姓名、性别、年龄、籍贯、婚姻、文化程度、嗜好等情况;②劳动者职业史、既往病史和职业病危害接触史;③历次职业健康检查结果及处理情况;④职业病诊疗资料;⑤需要存入职业健康监护档案的其他有关资料。《职业健康监护技术规范》(GBZ 188—2007)中对接触不同职业病危害因素者的健康监护周期和检查指标都做了非常全面、完整的规定,使职业健康检查有章可循。

从调查情况看,港口企业对在岗期间的职业健康检查较为重视,但职业健康监护是动态过程,没有上岗前职业健康检查资料作基础,在岗期间与离岗时的职业健康检查就是无本之木。职业健康监护档案中职业病危害接触史需要收集职业病危害因素监测资料,以分析劳动者健康变化和所接触职业病危害因素的关系。上述企业中 8 家用人单位无此项资料。针对接触不同职业病危害因素的劳动者,多数用人单位未明确下次职业健康检查的周期。

2.2　职业健康检查不全面

WHO/EURO 职业卫生合作中心于 2002 年在法国南锡会议上首次提出基本职业卫生服务(occupational health service,OHS),到 2015 年,全球实现劳动者人人享有基本职业卫生服务战略目标。但职业卫生服务的可及性、公平性不足是一个全球性的问题,世界各国 OHS 水平差别很大[3]。

此次调查对象多为国有大中型港口企业,其中多数企业职业健康监护工作仍存在监护工种不到位,未委托有资质机构进行职业健康检查,体检工种和体检项目不全,外委工(农民工)被忽略等问题。

2.3　职业健康监护工作力度不够

在对港口企业职业健康监护检查中发现,不少企业都制定了职业卫生管理制度和工作计划,建立了职业健康监护档案,并有专职的部门和人员进行管理,基本能够按照《中华人民共和国职业病防治》规定,开展各项职业病防治工作。但同时有许多单位缺乏对职业病危害和职业病防治的认识,在职业健康监护工作上存在的很多问题,主要表现在:①用人单位存在职业病危害因素的新建、改建、扩建设项目不按规定进行建设项目职业病危害预评价和建设项目职业病危害控制效果评价;②对于职业卫生监督检查,采取回避的态度;③不按规定对所有接触职业危害因素的劳动者定期进行上岗前、在岗期间、离岗时的职业健康检查;④没有建立健全用人单位职业健康监护档案和劳动者职业健康监护档案。

2.4 农民工是遭受职业病危害最严重的弱势群体

保护农民工健康是全社会的共同责任。农民工知识层次低,自身健康权益保护能力差,用人单位与劳动者订立劳动合同时不告知职业病危害及预防方法,不进行职业病防治法律法规与防护知识的培训,不给予职业健康检查,不建立职业健康监护档案,尽可能不给农民工参加工伤保险和养老保险,农民工的知情权、健康权得不到保障,而农民工在企业劳动的作业场所是职业危害最严重的,容易造成职业损害。一旦遭受职业病危害后索赔困难,救治不及时,再加上农民工的流动性给安监行政部门的监督带来困难。

3 对策

3.1 提高档案管理水平

为了达到49号令的要求,档案管理模式应加以改善。可通过计算机软件汇总体检资料,包括职业史,接触史、既往史及职业病危害因素监测数据,便于进一步分析劳动者职业健康检查结果与有害物质的接触关系。

3.2 强化宣传,注重培训

通过广播、橱窗、板报、企业内部信息等宣传阵地,宣传职业病防治工作。要在涉及职业病危害的作业场所等地,悬挂职业病危害标语和防治方法,特别是针对实际工作中接触粉尘、噪声的危害及提示佩戴防护装备。通过宣传,使职业病防治工作入脑入心,形成领导重视、职工积极参与的良好氛围。

开展集中培训、岗位培训等多种培训方式,组织劳动者学习职业病防治知识。特别是在集中培训时,要严格培训考勤制度、培训会场纪律,要求每一位培训人员认真做好笔记,考试合格才能上岗。对考试不合格者,要重新培训,直到合格为止。同时,执行奖惩制度,进一步提高培训效果。

3.3 强化监管,落实责任

加强企业职业卫生机构的能力建设,建立职责明确、执法有力、保障到位的卫生监督体系,严格按照《职业病防治法》、《用人单位职业健康监护监督管理办法》和《职业健康监护技术规范》等法律法规,不断加大日常监督执法和专项调查的力度,对违反规定的行为加大惩罚力度[4]。

职业健康监护是“三级预防”中的第二级预防,它在预防职业病的发生、做好第三级预防和评价防护措施的效果、为一级预防提供科学依据方面起着重要作用。应该看到,单纯地分析职业病危害或健康监护,很难明确目前职业卫生工作的进展程度。虽然医疗检验技术的提高使职业病患者在治疗方案和预防上有了长足进步,但职业病危害的严峻形势提醒着我们,职业健康的预防刻不容缓,开展职业健康监护工作需要全社会的共同努力。

参 考 文 献

[1] 王琰君,赵林辉,蔡见远,等. 昆山市职业健康检查工作现状及分析[J]. 中国卫生监督杂志,2013,20(2):187-189.

[2] 茅蓉,姚耿东. 我国职业健康监护现状[J]. 浙江预防医学,2010, 22(2):15-17.

[3] 张兰. 职业病危害现状及职业健康监护的发展[J]. 职业与健康,2011,27(16):1900-1902.

[4] 周丽姝,向琼. 试论当前职业性健康监护的不足及解决办法[J]. 中外医疗,2012,2:191-192.

我国“工作场所空气中金属、类金属及其化合物测定标准方法”的现状分析

陈枳君

摘　要　以《工作场所空气有毒物质测定》(GBZ/T 160)现行标准为基础,从采样、样品前处理以及实验室分析三个方面,总结空气中金属、类金属及其化合物的测定方法,并结合国际通用标准以及国外其他国家的行业标准进行分析,对相应标准方法进一步的修订提出建议。

关键词　GBZ/T 160　金属　类金属　测定方法

1　引言

工作场所职业病危害因素检测为职业病防治提供了基础数据和科学依据,检测的真实性和准确性至关重要。关于有毒物质的检测,我国于 2004 年颁布了《工作场所空气有毒物质测定》(GBZ/T 160.1 ~160.81 共 81 套标准方法,在 2007 年对 GBZ/T 160.38、39、42 等 11 套标准进行了更新,同时补充颁布了醇醚类化合物、铟类化合物、钇及其化合物、碘及其化合物 4 套标准方法。标准方法使检测工作的质量保证和质量控制(QAQC)得到加强,减少了检测机构对方法的摸索和确认过程、为检测工作提供了极大的便利。但是,随着科学技术的快速发展,标准方法需要不断地更新,标准方法的表述方式和思路也应与时俱进,使标准体系能够切实指导实际工作、提高工作效率。

金属,尤其是重金属,对人体的危害非常大:比如镉及其化合物、镍化合物、铬酸盐和重铬酸盐、砷化氢、砷及其无机化合物、羰基镍等被国际癌症组织(IARC)认定为确认人类致癌物;铅的无机化合物为可能人类致癌物;金属镍和镍合金、钴及其氧化物、铅为可疑人类致癌物;四乙基铅、铊及其可溶性化合物可因皮肤、黏膜和眼睛直接接触蒸汽、液体和固体,通过完整的皮肤吸收引起全身效应。在采矿、冶炼、机械加工等行业,以气溶胶形态存在的金属、类金属及其化合物被作业人员通过呼吸道吸入或经皮肤吸收后,可对作业人员的健康造成损害。本文对 GBZ/T 160 中金属(锂、钠、钾;铍、镁、钙、锶、钡;钇、锆、钒、钽、铬、钼、钨、锰、钴、镍、铜、锌、镉、汞;铟、铊、锡、铅、锑、铋)和类金属(硼、砷、硒、碲)及其化合物,共 32 类物质的检测方法进行总结,并结合学习和使用标准方法过程中遇到的问题进行讨论。

2　标准方法总结

2.1　采样方法

金属、类金属及其化合物在空气中主要以气溶胶形态存在,所以大多数金属、类金属及

其化合物都可以采用微孔滤膜法采样。在 GBZ/T 160 中规定采用孔径为 0.8μm 的微孔滤膜,而实际上,深度滤膜(depth filters),比如玻璃纤维滤膜、石英纤维滤膜等都是可以使用的,只要滤膜待测物含量低、0.3μm 颗粒物的采集效率可以达到 99.5% 以上,并且与采样器以及后续的样品前处理方法相适应[1]。

对于在大气中主要以气态存在的物质,滤膜法采样就不再适用了。比如:汞、三氧化二砷等物质在大气中主要以蒸汽形态存在。GBZ/T 160 采用吸收液吸收的方法采集空气中的汞及其化合物,采用浸渍液浸泡过的微孔滤膜采集空气中的三氧化二砷。

2.2 样品前处理方法

将采样完成的滤膜样品带回实验室后,需将滤膜上采集的目标物质溶解到溶液中。钠、钾等直接用水即可洗脱下来,而其他多数金属、类金属及其化合物需要使用消解法进行样品前处理。GBZ/T 160 中的相应方法由不同的实验室和人员制定,所选用的消解法有所不同,比如消解液的选择、消解温度的设定、消解步骤均不尽相同,而且,标准方法中对于微波消解法的条件未给出指导。其实,多数金属均能够使用相同的消解方法并达到理想的消解效率,在国际标准中[2],列举了水溶性的金属、类金属及其化合物的洗脱方法、使用硝酸和盐酸的电热板消解法、使用氢氟酸和硝酸的超声波消解法、使用硫酸和磷酸的电热板消解法、使用硝酸和高氯酸的电热板消解法、在相对密封体系中的微波消解法、95℃使用热消解罐(hot block)消解法等,明确了每种方法所适用的物质。

2.3 分析方法

早在 18 世纪,本生和基尔霍夫就发明了光谱分析技术,他们根据光谱能够判别化学元素。光谱技术发展至今不仅能够实现对未知物质的定性分析,还能够准确测定含量低至十亿分之一(ppb 级别)的物质的浓度值。

在 GBZ/T 160 中金属和类金属及其化合物的最主要分析方法是光谱法,其中 21 类物质可选用原子吸收光谱法,17 类物质可选用分光光度法,4 类物质可选用等离子体发射光谱法,5 类物质可选用原子荧光光谱法。目前 GBZ/T 160 中 32 类金属和类金属及其化合物的光谱分析方法见图 1。此外,钒亦可选用催化极谱法、铅也可选用微分电位溶出法。

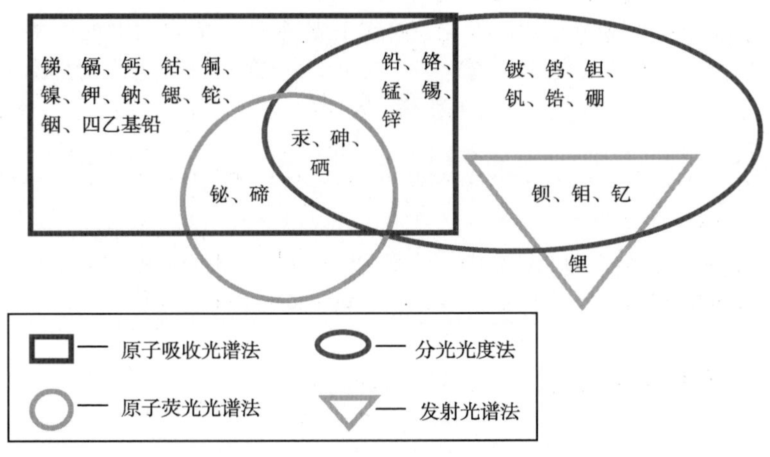

图 1 32 大类金属及类金属及其化合物光谱分析方法

在目前的 GBZ/T 160 系列国标中,原子吸收法使用最为普遍。原子吸收光谱法的检出限极低,火焰原子吸收法的检出限可以达到 10-9g/ml,石墨炉原子吸收法的检出限可以达到 $10^{-9} \sim 10^{-14}$g/ml;原子吸收光谱法的精度好、能够屏蔽共存元素对待测元素的干扰、分析速度快、操作步骤简单。但是原子吸收只能够对已知元素进行定量分析,每次只能分析一种元素。

等离子体发射光谱法是近些年迅速发展并逐渐得到广泛使用的一种光谱分析技术[3],其检出限能够达到 $10^{-8} \sim 10^{-10}$g/ml,线性范围非常宽,可以根据标准谱线图库对未知样品进行定性/半定量分析,能够对一份样品中的多种元素同时测定。国际标准组织(ISO)15202:2012 方法和美国国家职业安全健康协会(NOISH)的 Elements(ICP):Method 7300-7303 等均采用等离子发射光谱法测定工作场所中 30 多种金属、类金属及其化合物,且给出了采用不同样品前处理方法时的实验结果。

相对价格较为昂贵的原子吸收光谱仪和等离子体发射光谱仪而言,分光光度计是使用最早也是最普遍的一种光谱分析仪器,此外,分光光度计的使用成本和维护费用也非常低,分析过程不需要任何的载气、辅助气或燃烧气,一些新型号的便携式分光光度计甚至可以方便地带至各个场所。但是,大多数分光光度法分析步骤较烦琐,需要配制更多的试剂,比如络合剂、掩蔽剂、显色剂等,且容易受到酸度、温度、反应时间、共存元素的干扰,分光光度法的灵敏度相对较差、线性范围相对较窄。

汞、砷等元素的分析进仪器之前需要连接氢化物发生器,原子荧光光度计在汞、砷等元素的分析中更具优势,检出限低、干扰小、重现性和稳定性好。

3 GBZ/T 160 中相关标准进一步修订及发展的趋势

在可能进一步修订的工作场所中空气有毒物质的检测方法中,一套电感耦合等离子体发射光谱法的标准方法急需制定。新标准可参照国际标准和其他国家的标准,在新方法中给出多元化、信息充足的样品前处理方法,并且这些前处理方法,对于现存的原子吸收法的标准都是适用的。此外,将来各种标准重新更新时,可考虑一种新的体系:建立一套分析标准方法、一套前处理标准方法、一套采样标准方法,而不再按照不同物质单独编排方法。这样,标准体系更加简洁,能够更及时的更新,亦便于实验人员学习和掌握。

参 考 文 献

[1] ISO 15202-2:2012, Work air-Determination of metals and metalloids in airborne particulate matter by inductively coupled plasma atomic emission spectrometry-Part 1: Sampling.

[2] ISO 15202-2:2012, Work air-Determination of metals and metalloids in airborne particulate matter by inductively coupled plasma atomic emission spectrometry-Part 2: Sample preparation.

[3] Elements(ICP):Method 7300, Issue 3(2003), Noish.

便携式 GC-MS 在化工码头气体检测中的应用

赵　云　刘敏燕

摘　要　为了在化工码头现场检测中快速测定挥发性有机气体（VOC_S）的种类和浓度，开发了一种基于便携式气质联用技术（GC-MS），快速测定空气中挥发性有机气体的方法。空气中的 VOCs 由固相微萃取采样头直接采集，采集时间为 120s。采集完成后直接在便携式 GC-MS 上进行分析检测，以保留时间和质谱峰定性，外标法定量。由采样到得出检测结果只需要 6.4min，线性相关系数在 0.98 以上，最低检出浓度低于 0.5 倍的职业卫生接触限值（TWA）。在实际样品检测中，检测到了码头现场装卸货种以外的物质，并确定了其来源和浓度。该方法可直接在现场采样分析，几乎不依赖任何外部条件，操作简便，用时很短，可一次性完成多种 VOCs 的定性和定量，对于迅速确定事故现场污染物的种类和浓度，十分适用于泄漏事故现场的 VOCs 应急检测。

关键词　便携式 GC-MS　挥发性有机气体　直接采集　应急检测

1　引言

随着我国化工行业的发展，化工品运输和储存过程中的污染事故也不断增多，这些事故往往泄漏出大量有毒有害的挥发性有机气体（Volatile Organic Compounds，即 VOCs）[1-2]。在化工品的众多运输方式中，水上运输是一种十分重要的方式。然而，水上运输由于其运输量非常大，一旦发生化工品泄漏事故，VOCs 的泄漏量也往往是巨大的，对周围人员和环境的影响也将是十分严重的。而且，码头装卸化工品的过程为连续作业，VOCs 的逸出有时靠人体感官无法识别，作业人员可能在毫无察觉的情况下，吸入大量有害气体，对身体健康造成危害。因此，开展对化工码头作业过程中的有害气体检测是十分必要的。

传统的实验室分析方法虽然对泄漏物的检测结果准确性较高，但需要通过现场取样、样品运输、实验室预处理和分析等环节，往往需要几到十几个小时的时间[3-4]。而 VOCs 的挥发性很强，当实验室得出检测结果时，码头装卸现场的有害气体可能早已大量挥发，对作业人员的危害已经发生。因此，为了避免和减少 VOCs 的危害，需要一种能够迅速出具检测结果的方法。

便携式气质联用仪（以下简称便携式 GC-MS）将气相色谱的高分辨能力和质谱检测器的定性能力相结合，而且其体积小，重量轻，便于携带，能够迅速测定 VOCs 的种类和浓度，因此非常适合于现场 VOCs 的快速检测[5]。而且，便携式 GC-MS 还可以采用固相微萃取（solid-phase microextraction，SPME）技术，将样品的采集、浓缩和进样集于一体[6-7]，有效的缩短采样和分析时间,更迅速的出具检测结果,避免和减少 VOCs 对作业人员的危害。

2 实验结果与讨论

2.1 标准系列气体浓度选择

现场检测的首要目的是通过确定污染物的种类和浓度,判断其是否对人体健康造成危害。这方面可参考国家制定的化学有害因素职业接触限值,当现场污染物的浓度高于职业接触限值时,即为对人体有危害的区域,应划为污染范围。因此,应急检测的检出浓度应低于职业接触限值。根据《工作场所有害因素职业接触限值 第1部分:化学有害因素》(GBZ 2.1—2007)[8]的规定,苯、甲苯、二甲苯、苯胺、三氯乙烯、四氯乙烯、环己酮的职业接触限值分别为6、50、50、3、30、200、50mg/m^3。据此选择标准系列气体的最小浓度为0.5TWA,具体浓度见表1。

表1 标准系列气体的配制

标准系列	苯(mg/m^3)	甲苯(mg/m^3)	二甲苯(mg/m^3)	苯胺(mg/m^3)	三氯乙烯(mg/m^3)	四氯乙烯(mg/m^3)	环己酮(mg/m^3)
系列1	3	25	25	1.5	15	100	25
系列2	6	50	50	3	30	200	50
系列3	12	100	100	6	60	400	100
系列4	24	200	200	12	120	800	200
系列5	48	400	400	24	240	1 600	400

2.2 采样时间选择

SPME采样头吸附气体的量越多,测定的结果越精确,但是需要的吸附时间也越长,这与现场检测迅速出具检测结果的要求相违背,因此在确保检测结果准确的前提下应尽可能地缩短采样时间。以标准系列气体的最低浓度(0.5TWA)为基准,通过比较在不同吸附时间(5、10、20、30、40、50、60、90、120s)下的检测结果,发现当吸附时间为120s时,各化合物均能得到具有良好重现性的实验结果,因此,采样时间选定为120s。7种化合物的分离效果见图1。

2.3 标准曲线的建立

采用动态配气仪,以高纯空气为底气,配制苯、甲苯、二甲苯、苯胺、三氯乙烯、四氯乙烯、环己酮的混合标准气,浓度分别为48、400、400、24、240、1600、400mg/m^3。按表1所示的浓度进一步稀释得到5个系列的混合标准气体,并分别装入采气袋,在便携式GC-MS上测定,根据质谱峰和色谱保留时间定性,以峰面积对浓度分别绘制7种VOCs的标准曲线,求得线性回归方程和相关系数。以仪器3倍噪声值表示方法的检出限,对应的浓度为最低检出浓度。回归方程、相关系数及检出浓度见表2。

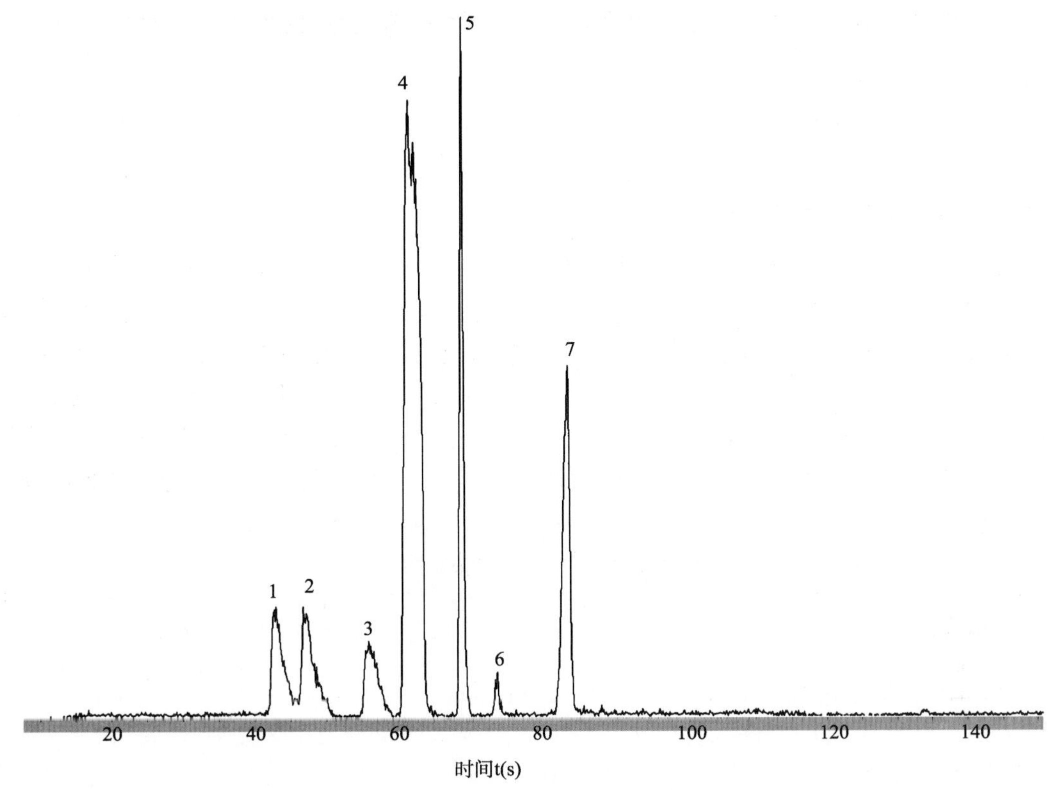

图1 气体样品中7种挥发性有机气体分离效果

1-苯;2-三氯乙烯;3-甲苯;4-四氯乙烯;5-对二甲苯;6-环己酮;7-苯胺

表2 7种挥发性气体SPME-GC-MS联用法测定的线性关系及最低检出浓度

化合物	保留时间(s)	质谱定性峰(m/z)	回归方程	线性相关系数	最低检出浓度(mg/m^3)
苯	43.0	77	$y=4.369x-10.66$	0.994	1.1
甲苯	61.4	91	$y=0.891x-6.833$	0.995	21
二甲苯	68.9	104	$y=2.931x-7.541$	0.993	23
苯胺	83.4	91	$y=4.513x-1.375$	0.986	0.6
三氯乙烯	46.1	129,131	$y=10.86x-10.62$	0.996	12
四氯乙烯	61.2	160,162,164	$y=0.099x-6.041$	0.996	26
环己酮	74.0	98	$y=0.262x+1.375$	0.994	20

2.4 实际样品检测

将便携式GC-MS带到某化工码头,开机运行,用SPME采样头测试现场空白,之后对正进行柴油装卸作业的现场采样。采样120s后,将采样头在便携式GC-MS上分析,结果质谱图显示样品中含有大量二甲苯,柴油(烷烃)成分反而较少。通过对现场工作人员的询问,发现此码头附近上风向的另外一个码头正在进行二甲苯的卸船作业。通过对二甲苯码头的现场检测,证实了有部分二甲苯物质挥发出来,并测得其浓度为129.2mg/m^3。现场检测的总离子流图和质谱图见图2。

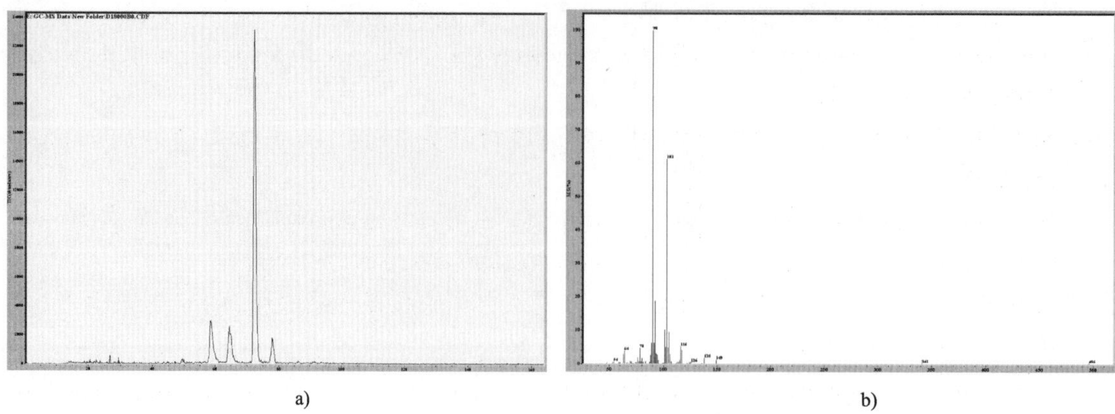

a)　　　　　　　　　　b)

图2　实际样品的总离子流图和质谱图

a)总离子流图;b)质谱图

此次检测从采样开始计时,到得出检测结果截止,整个过程花费的时间仅为6.4min,数据出具非常及时,因而这种检测方法十分适用于应急检测。

3　结论

采用固相微萃取—便携式GC-MS联用方法绘制了7种挥发性有机气体的标准曲线,该方法十分简单、快速,数据出具及时,从样品采集到得出检测结果只需要6.4min,在化工码头现场检测过程中,检测到了装卸货种以外的其他物质,而且确定了该物质的来源及浓度,充分证明了便携式GC-MS能够在码头现场对挥发性有机气体进行快速定性和定量,表明这种方法在码头现场快速测定污染物方面的实用性。

参考文献

[1] 吕天峰,许秀艳,梁宵,等. 便携式GC-MS在挥发性有机物应急监测中的应用[J]. 分析测试学报. 2009, 28(1):116-119.

Lv Tian-feng, Xu Xiu-yan, Liang Xiao, et al. Application of portable GC-MS for determination of volatile organic compounds in emergency monitoring[J]. Journal of Instrumental analysis. 2009,28(1):116-119.

[2] 邹云娣. 便携式GC-MS在有机气体应急监测中的优越性[J]. 江苏环境科技. 2007, 20(6): 44-46.

Zou Yun-di. The Superiority on portable GC-MS in organic air emergency monitoring[J]. Jiangsu Environmental Science and Technology. 2007, 20(6): 44-46.

[3] 林琳,叶剑峰,张寿荣,等. 吹扫捕集GC-MS测定生活污水及饮用水中的挥发性有机物[J]. 分析试验室,2008,27(Sl) :307-308.

[4] 孙仕萍,邢大荣,段江平,等. 饮用水中11种挥发性有机物的顶空气相色谱测定法[J]. 环境与健康,2007,24(8) : 630-632.

[5] 杨翠萍, 连进军, 谭培功,等. 环境污染事故中挥发性有机物快速定量方法[J]. 化学分析计量. 2006,15(6): 35-37.

Yang Cui-ping, Lian Jin-jun, Tan Pei-gong, et al. Rapid quantification of volatile organic compounds in environmental pollution accedents [J]. Chemical Analysis and Meterage. 2006,15(6): 35-37.

[6] 胡闻莉, 刘文英. 一种新型固相萃取技术-固相微萃取[J]. 药学进展. 1999, 23(5): 257-260.

Hu Wen-li, Liu Wen-ying. A novel solid phase extraction method-Solid phase microextraction[J]. Progress in Pharmaceutical Sciences. 1999, 23(5): 257-260.

[7] 袁华丽, 高松婷, 韩朔睽. 室内空气中挥发性有机物采样方法进展. 环境污染与防治. 2002, 24(5):297-299.

Yuan Hua-li, Gao Song-ting, Han Shuo-kui. The progress in indoor air sampling method for volatile organic compounds[J]. Environmental Pollution & Control. 2002, 24(5):297-299.

[8] GBZ 2. 1—2007 工作场所有害因素职业接触限值 第 1 部分:化学有害因素[S],2007.

GBZ 2. 1—2007 Occupational exposure limits for hazardous agents in the workplace: Chemical hazardous agents [S],2007.

海上溢油报警监测技术研究及设备研制

孙国庆　赵　平　鲍金玲　崔　迪

摘　要　基于接触式传感技术研制的溢油报警浮标，通过油膜接触敏感性研究、油膜厚度与反应时间关联性研究、浮标体一体化设计、溢油监控软件设计等，具有结构简单、重量轻、报警精度高、监测距离远、安全可靠等特点，为溢油监控提供了一种全新的技术手段。

关键词　接触式　传感技术 一体化设计　监控软件

1　引言

随着我国经济的高速发展，我国石油需求量也急速增加，伴随着我国海上运输日益繁忙和海洋石油开发加快，海上溢油事故风险也日益增大。尤其是 2010 年 4 月 20 日美国南部墨西哥湾的“深水地平线”钻井平台的爆炸和我国“7.16”大连溢油事故，给环境和人民财产造成了巨大损失。面对逐渐增大的海上溢油污染事故风险，凸显我国海上溢油事故快速反应能力的不足，尤其是在溢油监测和报警等方面的软硬件设备落后，现有溢油报警采用的红外、紫外设备成本高、误报警率较高等缺陷，整体技术水平与发达国家有较大差距。因此，研制适合我国国情、有效监控海上溢油事故的设备是我国海上溢油应急处置的需要，也是保护我国海洋生态环境的需要。2008 年交通部水运科学研究所受广东海事局的委托，承担了溢油报警监测技术研究及设备研制工作。项目组通过对相关接触式检测传感技术、报警信号传输技术、报警监控技术、通信模块集成技术等研究，首次研制出基于接触式传感技术的高精度报警浮标。

2　溢油报警监测设备研究及研制方案设计

根据国内外现有溢油报警监测技术使用现状，项目组在对国内外溢油报警检测监控技术进行了广泛的调研分析的基础上，提出了将目前国内外尚无先例的接触式传感技术运用于溢油报警监测方面的研究思路，确定了以接触式检测传感技术为主要手段的系统研究方案。

作为海上溢油报警设备，当海上突发海洋污染事故，往往伴随着停电、设备设施损坏等不利的环境因素，采用常规的监控技术与设备往往不能正常使用，失去了应急设备的作用，因此，溢油报警监测系统应具有不受外界环境条件影响，独立完成其报警功能。为实现上述功能，项目组进行了多方案研究，确定了报警浮标体应具有遇油报警、独立的电源设计、防爆、防水、防撞、防振设计；信息传输系统应实现无线传输；数据处理中心应独立不受干扰，用户监控平台能实时报警和定位等基本功能的设计原则，提出了系统组成的框架及设计的具体思路。图 1 为溢油报警监测技术研究及设备研制方案示意图。

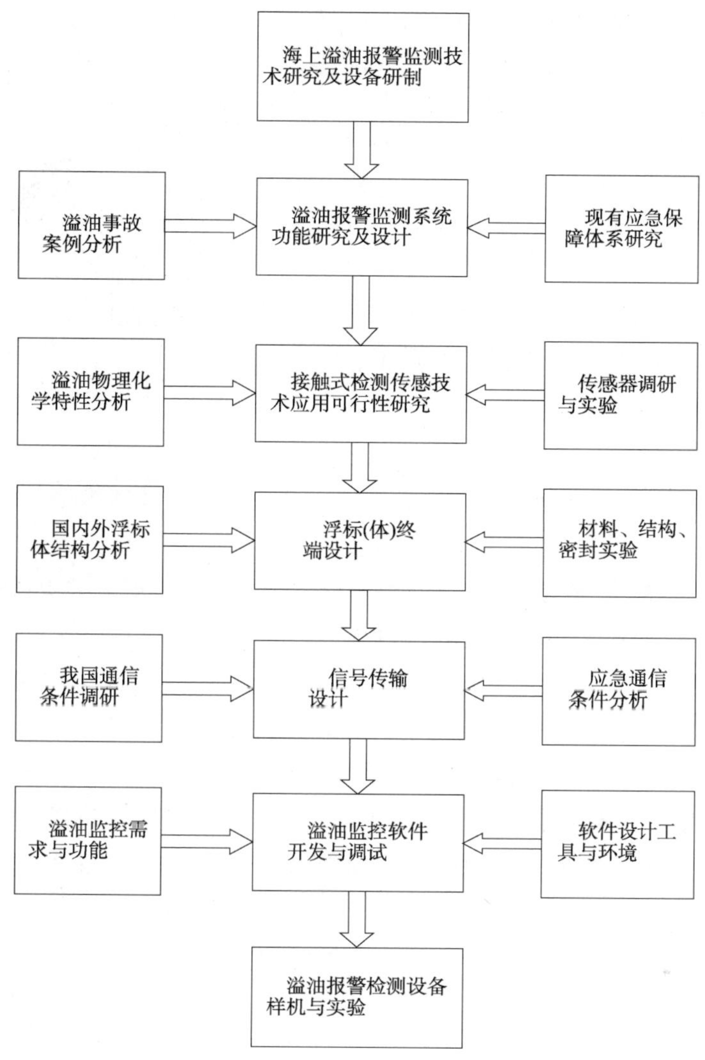

图1　溢油报警监测技术研究及设备研制方案示意图

3　溢油报警监测技术研究

3.1　国内外溢油报警检测技术现状

目前国内外研究针对水面油膜检测的传感技术有许多种，主要采用的技术有红外、紫外等光学感测浮油干涉条纹信号技术、电磁波发射信号与接收信号相位差以判别油水浓度信号技术，由于这些传感设备与实际的水面油膜不接触，都属于无接触传感探测，如国内目前进口的红外、紫外油膜检测设备，这种设备油膜识别率不高，误报率较高，一般有30%～40%，如水面的反光、水生物等都可能被作为油膜而误报。因此，国际上也在研究与水上油膜直接接触并发生反应的传感技术，以试图提高油膜识别的准确率。

3.2　接触式传感检测技术应用于溢油报警的关联性研究

项目组首先加强了接触式检测技术在溢油报警方面的技术可行性研究，经过广泛调研和资料查询,提出了将目前国外只在实验室水质检测试验中对烃类石油产品产生感应的接触式传感器运用于溢油检测方面的研究思路,为此选取无孔纳米硬质材料加敏感膜的传感技术进行了油膜敏感性试验。该传感器是基于待测物(水上溢油油膜)的电化学特性,当油膜接触到传感器的敏感膜会发生物理化学反应,电动势随之也发生变化,产生微小的电信号,经过电路放大器的作用,把微小电信号放大,通过检测电路实现对微小的信号的检测,实现了油膜接触到信号检测的关联性转换,为溢油报警技术的开发提供了理论依据。

通过将油膜厚度与检测电信号的反应时间作为实验指标,对油膜厚度与反应时间的关系进行了系统实验和验证,确定了将检测信号反应时间作为溢油报警精度衡量指标,通过百余次油膜接触实验,对汽油、柴油、原油等烃类石油产品的报警精度进行了验证,实现了汽油、柴油、原油油膜厚度最小26、26、52μm,在最少3、9、30s内报警的精度,在上述精度内溢油识别报警准确率达到99%。

3.3 油膜接触传感信号转换为报警信号的浮标体内置电路模块集成技术研究

通过浮标内置通信模块、内置检测电路设计、内置电源设计与集成,实现了接触式检测信号到报警信号的转换、报警信号的无线传输,提供了报警浮标的独立电源系统。

3.4 溢油应急监控中心系统软件的设计

根据溢油应急反应和事故处理的需要,溢油应急监控中心系统软件的设计应符合溢油事故应急的需要,保障事故发生时不影响溢油监控的正常运行,同时考虑到溢油应急要求,数据处理中心采用了多点网关切换功能,以保证数据处理中心设备的可靠性。

通过系统软件设计,溢油报警系统软件由主控程序和功能模块组成,主控程序调用各功能模块,各功能模块包括导航定位处理模块、地图显示模块、超范围自动报警模块、历史轨迹管理与回放模块、信息处理模块、浮标动态管理模块、地图维护模块、查询模块等,集溢油浮标监测、溢油浮标控制、溢油信息管理功能于一体,能够实现终端监控和移动监控(笔记本电脑),实现了溢油报警、定位、溢油信息管理功能的一体化设计,具备了声光报警、定位、电池电压查询、手机信息报警、数据记录、采集、交互、显示、控制授权、数据发送及打印等基本功能。

4 溢油报警浮标的一体化设计和研制

4.1 结构设计

由于浮标(体)终端直接投放在海上,防倾覆设计是浮标结构设计的最主要指标。为此溢油报警浮标选择球形浮标,根据内置通信、传输、电源的布置要求进行了浮标体的重心设计;由于溢油报警浮标(体)的溢油传感器直接与被监测的油膜发生接触反应,并与浮标体内侧的检测模块相连,同时浮标体内还设有卫星定位模块、通信模块和电源等配套部件,因此设计中将溢油传感器外挂在浮标体外侧。

4.2 防水设计

为满足海上作业环境,浮标体的防水设计依据国家标准GB 4208—2008外壳防护等级,确定采用IP68等级,采用三级防水插头。

4.3 防腐设计

溢油报警浮标的外壳材料受海水腐蚀，防腐设计中进行了多种材料对比实验，重点考虑了材料对于信号屏蔽的副作用，确定采用玻璃钢作为溢油报警浮标的备选外壳材料。

4.4 防爆设计

浮标终端电源采用进口防爆锂电池组，内置的电路系统和电子元器件中不设任何可能引起电弧的开关部件，同时采用小电流(mA 级)、小电压(12V 或 24V)设计，同时电路、电源内置，整个浮标体采用全密闭防水等级 IP68 制造，设备使用时投放在水上，因此可实现安全防爆。

4.5 电源设计

为适应海上作业环境和浮标设计功能，浮标体采用浮标体内置电源设计，采用高容量锂电池组作为浮标的供电电源。

经过浮标结构设计、防水设计、防腐设计、防爆设计、内置电源设计、内置信号传输设备的集成等方面的研究和试验，完成了溢油报警浮标的一体化设计和研制。图 2 为溢油报警浮标外部构件图，图 3 为报警浮标紧急报警软件界面。

图 2　溢油报警浮标外部构件图

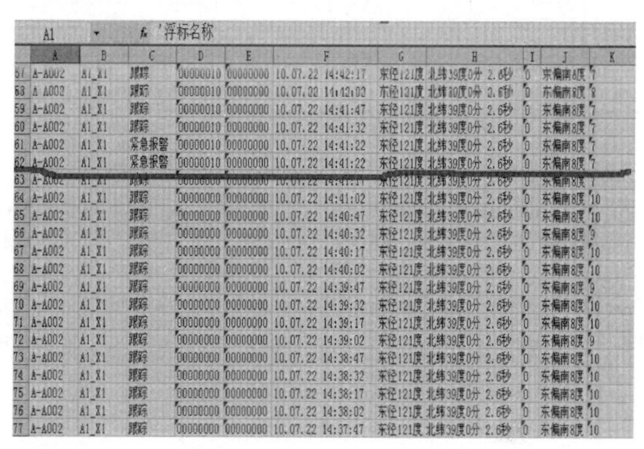

图 3　报警浮标紧急报警软件界面

5　接触式溢油报警浮标的主要技术指标

溢油报警浮标用于码头、钻井平台等场所，通过系留绳固定，遇到溢油发出报警，监控终端及时收到报警信息。特别是对于码头等固定场所的溢油监控，可以采取到船投放，船走取回，充电后重复使用，可在监控中心的监控终端实时监控，也可使用手提电脑遥控监控，具有结构简单、重量轻、报警精度高、监测距离远、安全可靠等特点，并经过专业机构的防水、防腐、防撞、防振、防爆检测检验，性能检测结果正常。其主要技术经济指标见表 1。

表 1　溢油报警浮标主要技术指标

指　　标	要　　求
定位单元	GPS
通信单元	GPRS
检测对象	水面溢油

续上表

指　　标	要　　求
适应范围	汽油、原油、柴油等
传感器使用频次	清洗后可重复使用
浮标外径	<400mm
浮标重量	<15kg
内置电源电压	12V DC(可充电)
浮标功耗	平均2W,最大4W
单次充电使用时间	5~7d
防水等级	IP68
溢油报警精度	汽油、柴油、原油:油膜厚度最小分别为26μm、26μm、52μm,最短报警时间分别为3s、9s、30s,报警成功率大于99%
适应环境条件	气温:-30~+50℃
	水温:-20~+40℃
	风:0~50kt(海里/小时)
	浪:0~30ft(英尺)

6　结语

该接触式溢油报警浮标具有适应性强、操作简便、可全天候工作、重量轻、报警精度高、监测距离远、安全可靠等特点,并具有防水、防腐、防撞、防振、防爆功能,在广东海事局、中石化曹妃甸原油码头、大连“7.16”溢油应急救援中得到了较好运用,填补了国内外空白,为我国溢油监控提供了安全可靠的技术手段。

海上溢油浮标跟踪定位及动态监控技术研究

鲍金玲　赵　平　李　涛　俞　沅

1　概述

海上溢油属突发性海洋污染事故,需要人们进行快速应急反应,调用方方面面的应急技术装备及资源,尽可能对事故予以控制、减少所造成的环境污染等各种损害和不良影响。

国内外支持溢油应急快速反应行动的相关技术主要用于以下方面:对海上溢油漂移的动态进行空中监视、浮标跟踪和模拟预测;对受威胁敏感资源发出污染预警,并采取必要措施加以保护;通过应急决策支持系统和溢油清污系统对海上溢油实施有效控制,采用适宜的回收设备进行清污。

2　国内外技术研究现状分析

我国海上溢油事故快速反应能力呈现相对不足的态势,尤其是在溢油跟踪等方面的软硬件设备落后,整体技术水平与发达国家有较大差距。本研究对溢油跟踪浮标的国内外技术研究现状进行分析和比较。

2004 年 4 月,国家 863 项目成果“小型多参数海洋环境监测浮标”在青岛近海海域进行海上布放和试验,该浮标在海上成功布放 2h 后,数据中心收到了浮标经卫星发回的第一批数据,标志着浮标的性能通过了考验,试验取得圆满成功。但该浮标属于锚碇类浮标,体积很大,主要用于海洋环境参数的定点监测,不适用于海上溢油的跟踪。

我国海事系统,如广东海事局、深圳海事局以及中石化集团等港口企业都提出了有关这方面的需求,同时此需求也引起了一些有关学者的注意,并陆续发表了两篇有探索性的论文(如《溢油追踪报警器可行性研究》)。有关学者认为目前中国对海面溢油的实时追踪和监测手段十分缺乏,现场肉眼观察由于受到距离和天气条件的限制,卫星遥感虽可以用于探测海面溢油,但受到卫星经过时间和天气的制约比较大、反应滞后、实时性不强,同时雷达探测和航空遥感等也容易受到气候因素的影响,相关仪器也十分昂贵,因此急需一种准确、实时,并能对海面溢油进行全天候和全程监测的手段,供溢油指挥决策使用。

目前国外浮标[1-2]产品技术种类较多,尤其集中于加拿大和美国, 如目前技术比较先进的 ARGO 剖面浮标,是用于建立全球海洋实时观测网的一种专用测量设备,是一项新的海洋高新观测技术。PALACE、APEX、PROVOR 和 SOLO 型的剖面浮标是各国在实施 ARGO 计划中应用较为广泛的 4 种颇具代表性的 ARGO 浮标,以 APEX 和 PROVOR 型浮标投放数量最多,并被国际 ARGO 科学组推荐各国使用。这种浮标投放在海洋中的某个区域后,它会潜入 2 000m 深处的等密度层上,随深层海流保持中性漂浮,到达预定时间(约 10d)后,它又会根据需要上浮,并在上升过程中利用自身携带的各种传感器进行连续剖面测量。当浮标到达海面后,通过卫星定位与数据传输系统将测量数据传送到指定的卫星地面接收站,经信号转换处理后发送给浮标投放者。

尽管国外海上浮标的技术产品种类较多,但只有少数几个国家(美国、法国和加拿大)有能力生产 ARGO 浮标,并且,国外浮标产品主要集中在加拿大和美国用于建立全球海洋实时观测网的一种专用测量设备[3-4],用于溢油跟踪的浮标也很少。

直接与溢油有关的浮标技术产品以加拿大为例,曾用于夜间对水上溢油跟踪的实验浮标,当溢油事故发生时,在白天一般可用可见光观测,但到夜间事故发生时可借助此种浮标来进行辅助观测。原理是将此浮标投放在溢油的水域,通过浮标上的无线电发送装置,将信号传送回控制中心,其作用距离在 7mi 以内,此种装置是早期跟踪溢油轨迹研究实验的辅助设备[5-6],其跟踪溢油的准确性和信号传输的可靠性较低,处于研究实验阶段,也没有正式产品。经对比国外文献,未见关于海事卫星、铱星等卫星通信技术在溢油跟踪浮标系统上的应用研究等文献报道。

3 系统开发

3.1 系统组成

整个系统主要由监控平台、数据链、浮标终端三大部分组成,每个部分又可分别作为一个子系统,系统构成见图 1 所示。

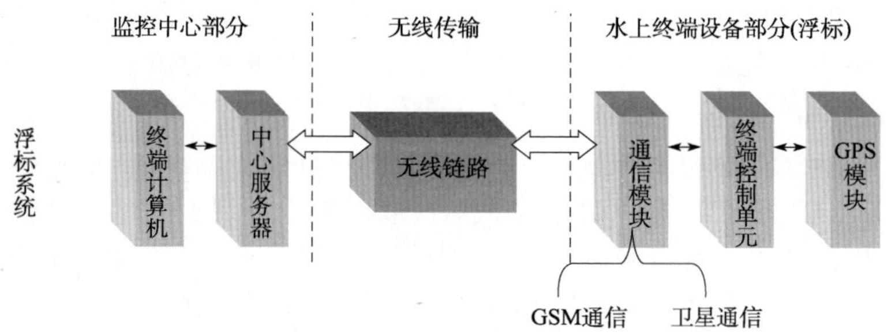

图 1 浮标系统组成

(1)水上终端部分

浮标终端是直接投放到水上的设备,它主要包括内置的卫星定位模块、通信模块、检测模块、控制模块、传感设备和配套的附件系统组成[7]。

在终端控制单元的控制下,溢油检测信息、GPS 卫星定位信息等相关数据,将通过通信模块传输至浮标外。定位接收模块采用 GPS,因为该系统是全免费的实时定位系统,精度较高、稳定性好,商业化程度高、技术较为成熟,可以选择的组件范围广。

(2)无线传输部分(通信系统)

采用卫星和 GPRS 网络[8]两种通信模式。两种无线传输模式各有优劣,互为补充。浮标终端接收 GPS 微型的定位信号,并将解析过的实时位置信息(位置、速度、时间等)通过无线通信系统(卫星网络或 GSM 网络[9])传送至监控平台。

(3)监控中心部分

监控中心设置相应的协议,通过无线通信系统(卫星网络或 GSM 网络)接受浮标信息。监控中心建立强大的数据处理及网络服务器功能,对数据进行处理,并将处理后的数据通过互联网传输到终端用户[10]。

浮标终端和服务器之间的信号传输是双向的。终端用户可以在计算机上对浮标的响应时间进行设置,并对浮标进行定位跟踪,还可以在计算机上对历史数据进行调用和分析。

监控软件可以在电子海图上直观地显示浮标。可分析浮标速度、方位并回放漂移轨迹。监控终端软件可对受控浮标实时的发送定位、更新、改变传输时间间隔等指令。监控终端软件可修改电子海图,并可设置敏感资源、超范围报警区域、应急资源分布等内容。

监控终端包括终端计算机,计算机上显示的监控软件界面友好,全部采用图标、按钮及下拉菜单选择,操作方便。整个界面分为五个窗口:浮标管理窗口、鹰眼窗口、通信信息窗口、浮标信息窗口、监控窗口(制图窗口可以单独调出),见图2。

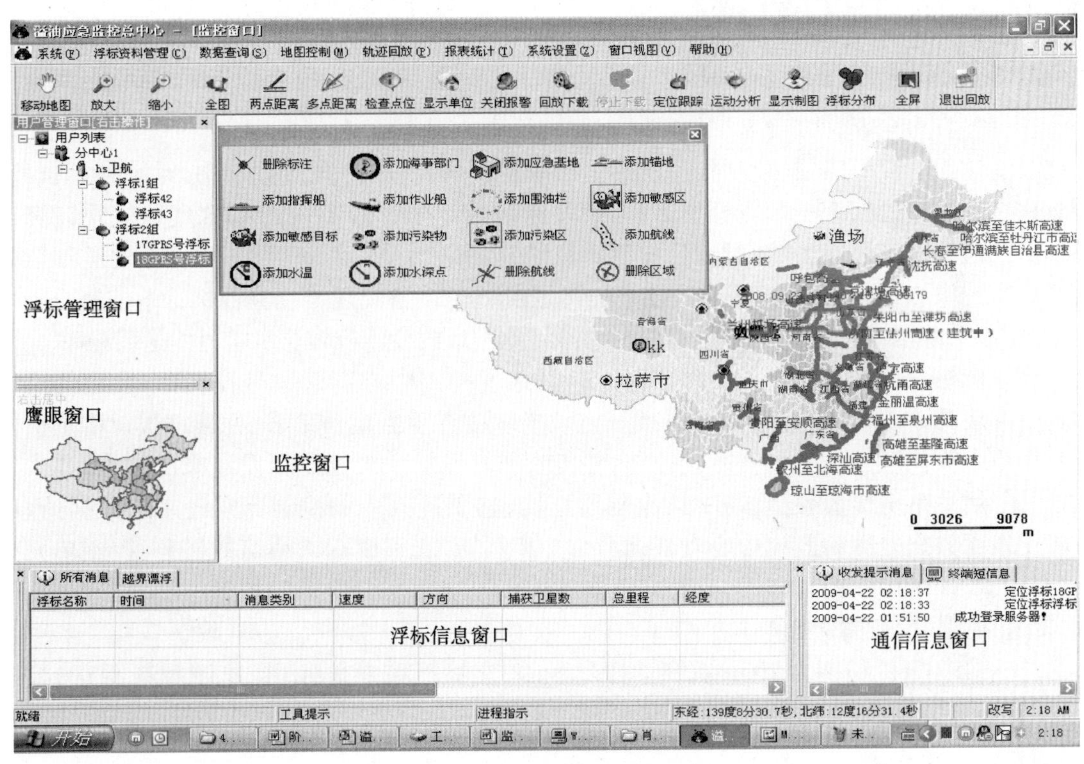

图2 终端软件

整个系统作业时,浮标终端接收GPS卫星定位信号、溢油检测数据信号,通过无线通信系统(卫星网络或GSM网络)传送至监控平台。监控中心建立数据处理及网络服务器功能,对数据进行处理,并将处理后的数据通过互联网传输到终端用户的计算机。

3.2 水上终端部分

水上终端部分主要指浮标体(即浮标终端),本文中浮标体为溢油跟踪浮标,溢油跟踪浮标子系统由监控平台、数据链、浮标终端三大部分组成。

溢油跟踪浮标终端是直接投放至水面上的溢油跟踪定位设备——溢油跟踪浮标,它主要由内置的卫星定位模块、通信模块、终端控制模块和配套辅助系统(包括壳体和供电设备等)组成,溢油跟踪浮标外观见图3。

溢油跟踪浮标内部由设备组件和磁控开关组成;该设备组件由通信控制定位装置、集成板、电源、通信天线、定位天线组成,见图4。

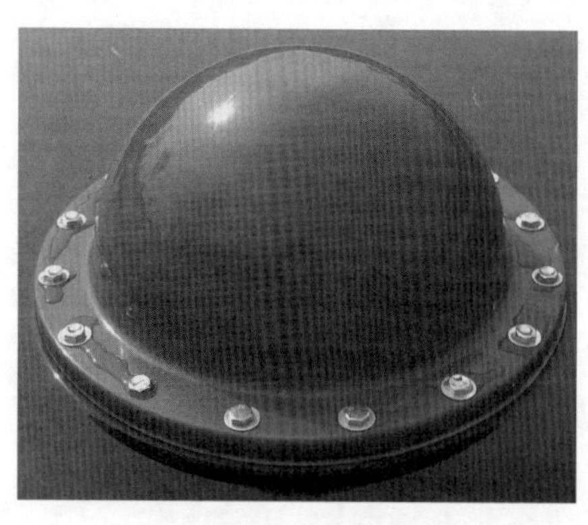

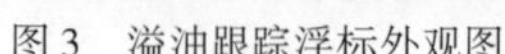
图3 溢油跟踪浮标外观图

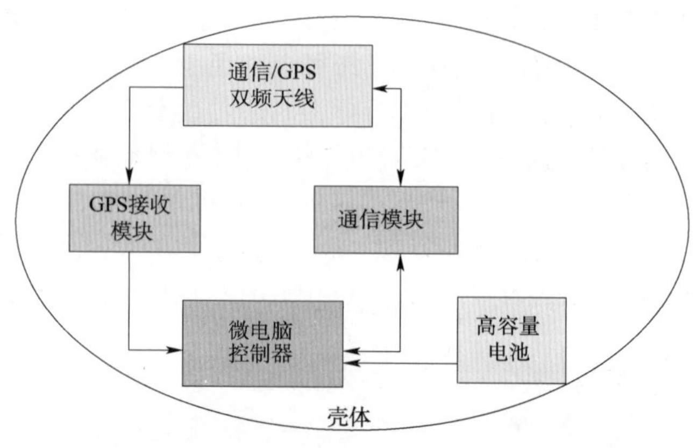

图4 浮标构架

当溢油跟踪浮标需要工作时,将浮标上的磁控开关打开,并投放到水中,系统开始自检,浮标内部的通信控制定位装置开始工作,通过通信控制定位装置内的GPS定位模块计算出浮标所在位置的经纬度,并通过通信控制定位装置的通信模块(海事卫星通信)发送到数据处理和监控中心,同时数据处理和监控中心可通过通信设备发送指令到浮标,如:控制浮标发送信息的时间间隔等,浮标内的通信模块接收该指令,以改变浮标定位等信号发送的频率。

当浮标被投放在水面上后,系统开始自检,地面控制中心启动信号控制命令,通信模块和定位模块开始工作,内置浮标中的GPS定位模块接受卫星定位信号,并通过接口将定位数据发送给中央控制器的数据存储区存储,并接收和转发从中央控制器发送来的数据;其中通信单元采用海事卫星模块,它与中央控制器连接,它既接收中央控制器发送来的数据信息,也接受地面数据处理和监控中心发来的命令并相互转发,完成双向通信的任务;控制单元中的控制模块采用集中控制模式,一个高性能的中央控制器作为设备的控制中心,完成数据读取,发送和人机交互等控制功能。

浮标GPS定位精度为10m,系统运行过程中,在终端控制单元(微电脑控制器)的控制下,GPS模块接受GPS卫星信号并计算浮标位置,再将信息通过通信模块传输至浮标外。

3.3 通信系统

通信系统属于浮标终端的重要组成部分,负责浮标系统的监测数据、定位数据、控制指令等信号的发送与接收。

通信系统负责浮标终端和服务器之间的双向信号传输。终端用户可以在计算机上对浮标的响应时间进行设置,并对浮标进行定位跟踪,还可以在计算机上对历史数据进行调用和分析。

浮标运行过程中,在终端控制单元(微电脑控制器)的控制下,GPS模块接受GPS卫星定位信号和溢油检测信号,都要通过通信模块传输至浮标外;同时通信模块接收控制中心信息并传送至终端控制单元,由其做出响应。

本研究拟采用卫星通信(海事卫星或铱星)和GSM网络(GPRS通信)两种通信模式作为无线传输数据的模式[11-12]。两种无线传输模式各有优劣,互为补充。

通过调研内容分析来看,主要通信系统[13]可以分为两大类,卫星通信类和 GSM 网络(包括 CDMA 及 3G 网络)等无线公共运营通信类。对这两类的对比、选取依据主要集中在使用费用和稳定性上。

(1)卫星通信类和 GSM 网络的通信费用相比较,一般卫星通信类的使用费远远大于 GSM 网络传输的费用。GSM 网络传输的费用相对较为低廉。不过应急行动为非常规性行动,使用周期相对集中,并且时间较短,卫星通信产生的费用在应急行动中并不突出,同时跟踪浮标运动范围广,海域辽阔,故跟踪浮标使用卫星通信较为合适。

(2)在通信信号的稳定性上,两类有所区别在于,GSM 网络依靠基站传输数据,在大多是陆域和近海区域信号较好,但在外海信号质量下降较快;卫星信号(以海事卫星为例)由于是通过卫星传输通信信息,信号覆盖范围广,能实现全球覆盖,但抗干扰性较差,适合于海洋和沙漠等开阔区域,在港区内的信号强度较弱。

故综合比较,见图 5,本研究中的溢油跟踪浮标采用海事卫星通信模块。

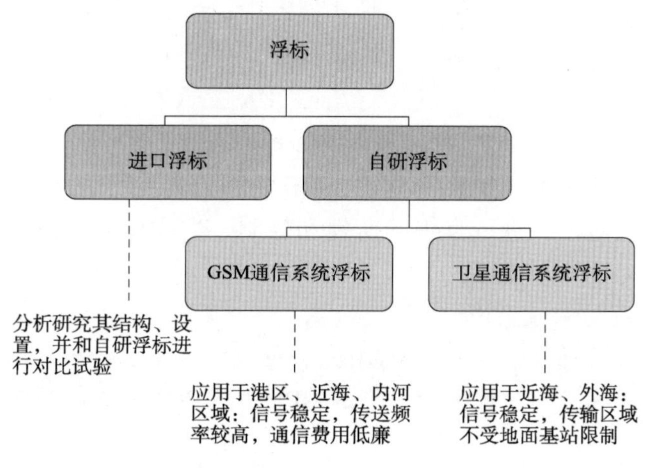

图 5　通信系统分析

3.4　监控软件

系统的软件由主控程序调用各功能模块,完成包括浮标定位处理、地图显示、地图维护、指令信息与报位信息处理、超范围自动报警、历史轨迹管理与回放等功能。

软件系统的组成模块如图 6 所示。

(1)主控功能

主控功能是对接收用户从鼠标、键盘输入的命令,按照不同的命令要求调度各个功能模块完成相应的功能。

(2)导航定位处理模块

①对定位单元进行控制,包括对定位单元进行初始化,接收定位数据等。

②定位数据和其他信息的处理。

③实时记录 GPS 定位数据,保存轨迹。

(3)地图显示功能模块

根据定位数据或用户的要求,显示相应地区的数字地图,并做到对数字地图进行放大、缩小、漫游显示。当浮标移动位置发生变化时,相应的地图显示也能够自动切换或漫游。地图漫游功能、地图分层显示、地图的放大缩小、鹰眼功能、量算功能、超范围报警和溢油探测报警模块。

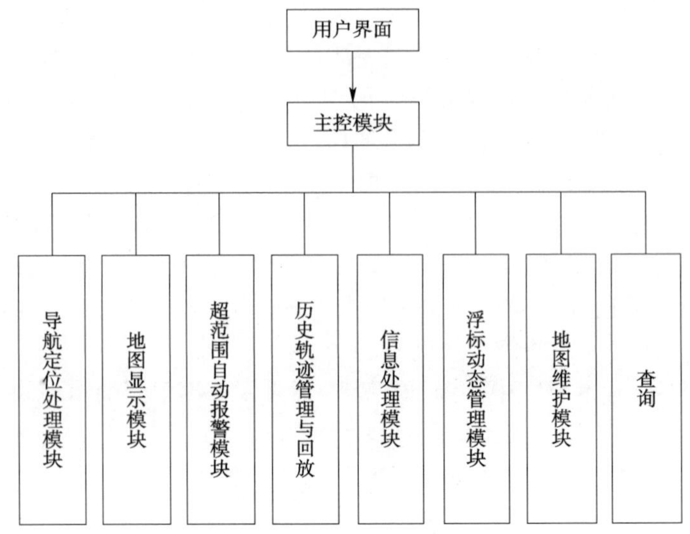

图6 软件系统的组成模块

跟踪浮标:可以在地图上设置报警范围,对于报警区域及性质进行控制,通过在地图上显示报警区域的形状,对报警进行直观的监视和控制。当浮标移除该范围监控终端软件即报警。

(4)历史轨迹管理与回放模块

支持对多条轨迹的存储、管理和回放功能,方便地作为事后分析之用。

①轨迹存储,将浮标漂移过程中接收到的 GPS 信号转变为软件系统可以识别的文件格式进行存储。

②轨迹管理,通过友好的菜单界面对轨迹进行分析处理。

③轨迹仿真,轨迹仿真即为轨迹重放,将存储的轨迹数据进行仿真处理,将以前的轨迹,进行重新播放。

(5)信息处理模块

信息处理模块使用户能够对浮标进行实时监控和管理。配合通信网路可以进行浮标定位、浮标跟踪和轨迹显示。在主控制窗口的底部,有一状态栏,该栏可以标识浮标的各种常用的状态。可以标识目标浮标的经度、纬度、速度和方向等参数,可以精确地了解浮标的基本漂移状态。

①浮标定位:由监控中心向浮标发出定位要求,在收到中心的定位要求后,浮标通过通信网路向中心报位一次。

②连续报位:由监控中心向浮标发出跟踪浮标要求,在收到中心的报位要求后,通过通信网路向中心报位,每隔一定的时间报位一次。

③发送信息:浮标与中心之间可以利用发送信息来进行交互。

(6)浮标动态管理

该模块主要完成对浮标的跟踪和管理,对已经储存的轨迹数据进行分析。可分析浮标速度、方位并回放漂移轨迹，对浮标未来走向进行大致判断。

(7)地图维护模块

地图维护模块的主要功能是针对地图进行如添加、删除、设置报警显示等操作，并将操作修改的结果予以保存。由于这些操作均涉及对“层”中“对象”的进行修改。如果要修改必须调出相应的层。因此，地图维护模块还涉及地图“层”的维护。

4 系统实验测试

2010 年 3 月 22 ~ 23 日，广东海事局对我国自行研发的海上溢油浮标产品进行了海上投放及回收试验。

4.1 测试条件

时间：2010 年 3 月 23 日上午至 24 日下午

地点：珠江口高栏岛附近海域

气象条件：晴朗、风力 1.8 ~ 3.6m/s，风向 S

投放当时气象条件：水温：22.1℃，气温 25℃，湿度 85%

试验浮标：T008 号浮标，跟踪测试浮标，进口浮标

浮标对照物：泡沫漂流板

试验设备设施：海巡船、激光测距望远镜、风速仪、气温计、湿度计、笔记本、无线网卡、摄像机

4.2 测试过程

2010 年 3 月 23 日上午 10：30 时。使用海事巡逻艇运送人员及试验设备设施，从高栏岛海事应急基地出发。向珠江口海域 ES 方向行驶。到达高栏东侧海域的试验地点（东经 113 度 16 分 9.0 秒、北纬 21 度 51 分 41.0 秒海域）。船关闭发动机，抛锚等待实验进行。上午 11：15 试验开始。将浮标和泡沫浮板同时从甲板抛出入海中。共投放了 2 个自研溢油跟踪浮标和 1 个进口浮标。投放完成后，试验人员通过无线网络及溢油浮标系统技术中的监控软件平台，在计算机上对投放的自研浮标（由于进口浮标的当日信息只能第二天才能收到，因此进口浮标信息处于失效状态）进行运动轨迹的实时跟踪监视、调整软件设置使浮标定时反馈采集的数据信息。设置自研浮标数据反馈频率为 3 分钟/次。

试验开始后的 1h，自研浮标、进口浮标依次投入海面间隔在 20m 左右，均向 EES 方向漂移，速度为 4 ~ 6km/h。12：20 海巡船返航，并调整浮标数据反馈频率为 15 分钟/次。

测试试验开始后第二日（2010 年 3 月 24 日）下午进行浮标打捞作业。定位浮标在上川岛附近海域。在上川岛附近租船进行回收作业。24 日 16：59，于东经 112°53′ 41″、北纬 21° 47′23.6″海域将浮标打捞上船。关闭浮标电源，乘船返航，试验结束。试验照片和浮标轨迹见图 7 所示。

4.3 测试结果

在 28h 44min 的试验时间内，浮标完成了漂移距离 49.1km，平均漂移速率为 1.7km/h。在珠江海域，自研制浮标的网络通信效果良好，定位准确，软件使用正常，能准确方便的进行浮标回收作业。

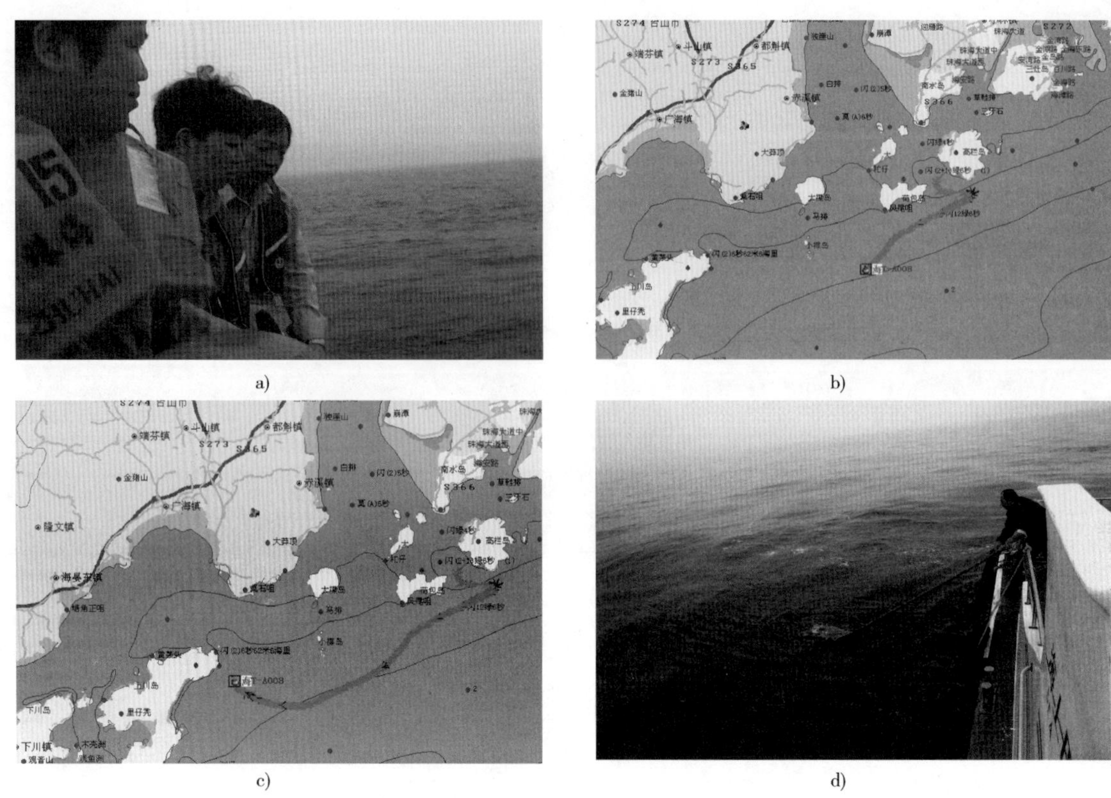

图7　试验照片和浮标轨迹

a)浮标投放;b)浮标向西南海域移动(23日21:45);c)试验结束时的浮标轨迹;d)打捞浮标

浮标结构合理,防水性能、通信控制性能等软硬件基础性能良好。浮标电池电力充足,维持时间能够满足海事应急要求。

经过约30h,40km的浮标漂移实验,浮标打捞时,进口浮标与自研浮标间隔20～30m,说明进口浮标与自研浮标的方向、漂移速度等完全相同,但自研浮标得信息监控功能远远高于进口浮标。整体来看,跟踪浮标在准确性、稳定性和可操作性等方面达到了系统设计的要求。

5　结语

本文通过对国内外溢油应急技术的分析研究,开发了我国海上溢油浮标跟踪定位技术,研制出溢油跟踪浮标及溢油监控软件组成的溢油浮标系统。浮标系统具有全天候实时动态海上溢油跟踪定位功能,能够监控溢油的扩散范围和动态漂移的实时情况,及时、准确掌握溢油事故发生的时间和地点,为有关部门迅速采取应急和救援措施提供可靠依据,提高了我国溢油应急能力水平。

在我国国内首次创新性的研究开发出了"溢油浮标监控系统软件",具有浮标定位及动态管理等功能,首次将海图和沿海陆域地图转换成同一格式,应用于同一软件系统中。该浮标技术及设备的研发与应用对促进我国海上溢油事故预测预警及应急能力的提升起到了积极的推动作用,为《防治船舶污染海洋环境管理条例》的实施及防治船舶污染海洋环境的国际公约的履行提供了有力的技术支持。

参考文献

[1] Drift buoy . Inventor: Miyazaki Yasuyoshi; Yamagishi Mitsuyosh. Applicant: TOYO COMMUN EQUIP CO LTD. Application No. : 10-208606 [JP 98208606]. Filed: July 08, 1998 (19980708).

[2] Drift buoy. Publication No. JP 4183803 B2 (Update 200902 E). Publication Date: 20081119. Assignee: KENWOOD CORP; JP (TRIR). Application: JP1998208606 A 19980708.

[3] Walpert J N, Guinasso N L, Lamonte K. A new generation of TABS II buoy for the Texas Automated Buoy System. OCEANS 2005, VOLS 1-32716-2721, 2005. Conference Title Oceans 2005 Conference, Washington, DC, SEP 17-23, 2005.

[4] Assignee(s) Bailey D F; Baxter J F. Inventor(s) Baxter J F; Bailey D F. Tracking buoy for monitoring and indicating direction and speed of water contaminants | has tracking buoy retainer/release mechanism operatively disposed to its selectively retain and release . with elongated vertically disposed element contg first retainer. Patent Number(s) US5654692-A, 1997.

[5] Goodman, Ron H. 1, Simecek-Beatty, Debra2, Hodgins, Don3. Tracking buoys for oil spills. 2005 International Oil Spill Conference, IOSC 2005: 8523-8534.

[6] Aamo OM, Jensen H. Operational use of ocean surface drifters for tracking spilled oil. Proceedings of the Twentieth Arctic and Marine Oilspill Program (Amop) Technical Seminar, 1997(1):1023-1030.

[7] 溢油跟踪定位浮标装置. 申请号: 200820123906.2. 申请日: 2008.11.25. 申请(专利权)人: 赵平. 发明(设计)人: 赵平,俞沅, 乔冰, 李涛, 肖峰.

[8] 汪渝,熊德琪. 基于 GPRS/GPS 的海上溢油远程无线监测系统. 大连海事大学环境科学与工程学院. 信息与电子工程,2007,5(2):1-8.

[9] 金永福,熊德琪,严世强. GPS/GSM/GIS 海上溢油跟踪监测系统的研究. 交通环保, 2003,24(6):6-8.

[10] Assignee(s) KOREA OCEAN RES & DEV INST. Inventor(s) Lee M J, Lee H J, Kang C G. Spilled oil detection apparatus and system using buoy for transmitting alarm message in various ways when spilled oil is detected. Patent Number(s) KR756926-B1, 2008.

[11] 李连健. 珠江口水域溢油信息系统的研究[D]. 大连海事大学, 2002.

[12] 廖国祥. 基于的海上溢油应急信息系统研究[D]. 大连海事大学, 2005.

[13] 姜独祎. 海洋溢油应急信息系统的设计与实现[D]. 同济大学软件学院, 2007.

低碳经济范式下的环境保护评价指标体系研究

于　音

摘　要　环保指标作为衡量各级领导工作效率的重要标准，具有十分重要的作用。其中，又以环境统计工作为主。本文详细阐述了环境保护评价指标的现状，并针对低碳经济环境保护评价指标体系的构建加以分析，提出了在低碳经济范式下构建和完善环境保护评价指标体系的几点建议。

关键词　低碳经济　环境保护　评价指标　措施

环境保护作为我国实现可持续发展的先决条件，具有十分重要的作用和意义，而各级政府作为环境保护的执行者，应充分发挥自身的杠杆作用，把环境保护工作落到实处，建立健全环境保护评价指标体系，以便于及时评估和改进环境保护问题。因此，深入对低碳经济范式下的环境保护评价指标体系进行研究早已迫在眉睫，具有划时代的重要意义。

1　环境保护评价指标的现状

环境保护评价指标体系是各企业污染防治情况的直接反映。首先，环境保护评价指标体系包括重工业污染物的排放与治理，主要包括农业和工业在环境保护方面的基本情况、企业排放三大废弃物，整理污染物与三废处理设备、环境污染的程度；其次，针对外部环境的保护，主要包括与环境保护相关的法律法规和标准、排污费用的收取、环境保护的科学研究、环境保护知识的宣传教育等；再次，生态环境保护，包括农业生态试点和生态环境保护区保护等；最后是环境保护自身建设整体情况[1]。基于我国国情，已投入实行的环境评价指标还存在或多或少的问题，阻碍了环境保护工作的顺利开展。首先，我国环境保护的相关资料不齐全，检测技术不高，准确度和可靠性低，缺乏时效性；其次，现有的环境评价指标体系与环境实际状况脱节，指标体系无法及时反映环境状况，仅通过年终调查总结来发现。与此同时，由于生活污染物和工业污染物的交叉排放，导致农村环境污染问题加剧，逐渐成为我国经济可持续发展的一大缺陷；再次，环境保护是低碳经济发展的重要基础，需从源头做起，降低污染物的排放总量，我国尚未建成完善、合理的环境评价指标体系，具有一定的局限性和片面性。

2　低碳经济环境保护评价指标体系的构建

2.1　构建低碳经济环境保护评价指标体系的基础条件

2.1.1　科学性

科学性基础作为环境评价结果质量高低的判断标准，要求环保评价指标体系着力于科学层面进行设计和规划，顺应低碳经济的发展方向，全方位把握低碳经济的特点，着重强调低碳经济环境保护评价指标体系的科学性和合理性。在设计过程中,一方面应确保环境数据的准确性和可靠性,选用科学的评估方法,确保各项环境指标能客观地反映出社会低碳经济发展的基本要求;另一方面,需明确低碳经济的主要目标,将资源可利用率的提高、环境破坏程度的降低、节能减排等视为重中之重,努力实现我国社会经济的可持续发展。由此可知,低碳经济环境保护评价指标体系的完善应在以节能减排和资源的循环利用为重要基础。

2.1.2 可操作性

在设计环境保护评价指标体系过程中,应将这一指标灵活运用到实际工作中,着重强调各项指标含义的准确性和各类计算方式的可操作性,进而更好地监督和指导环境保护工作。

2.1.3 稳定与动态结合的基础

低碳经济的发展是一项动态过程,其根据环境保护评价指标体系内容不同,指标设置也不尽相同,相关工作人员应进行及时调整和细化。一般情况下,为了全面掌握低碳经济发展中的各项数据,从而确定其未来的发展方向,低碳经济环境保护评价指标体系中的各项内容不能一直处于动态情况下,应保持相对稳定性,即为稳定与动态相结合,其也是构建低碳经济环境保护评价指标体系的基础条件之一,有助于全面了解我国低碳经济的发展方向。

2.1.4 政策性

在设计低碳经济环境保护评价指标体系过程中,应综合掌握国内外各项形势,构建更具适用性和可行性的环境保护评价指标体系。因此,工作人员还应结合国家相关政策和国际公约[2],统筹规划和设计符合国内外低碳经济发展的环境评价指标体系。

2.2 低碳经济环境保护评价指标的设计

2.2.1 指标的择取

低碳型环境保护主要由低碳经济和环境保护两方面组成,是一项由社会、环境、科技、资源、经济等构成的复合系统,须从不同层面、不同侧面进行描述,进而构建一级指标、二级指标、三级指标多个层次的评价体系,便于对环境保护情况做出综合评价。其中,一级指标为低碳环保指数;二级指标为社会经济发展指标;三级指标为反映国家或地区在低碳经济发展中的一系列基础性指标。

2.2.2 评价指标

结合社会经济发展的实际情况来看[3],低碳型环境保护要求在发展经济的过程中,最大限度保护环境,有效降低二氧化碳排放量,将二氧化碳减排与经济发展有机融合,即为经济发展指标;低碳发展指标,其是衡量节能降耗和社会化低碳落实程度的重要标准;社会发展指标,主要是指采用恩格尔系数来评判一个国家或地区的经济发展指数,其也是低碳环境保护中的重要标准;环境指标,绿地覆盖率是绿化植物垂直投影面积和整个区域面积的百分比,覆盖率越高,植物吸附二氧化碳的总量也就越高,环保效率也随之增高;政策指标,低碳经济社会的构建必须从地区经济发展实际情况入手,明确低碳经济的发展趋势,优化产业结构,转变传统的消费模式,而国家的战略政策直接决定了碳排放监测体系、统计体系等的建立,是低碳经济环境保护评价指标设计中的重要内容。

2.3 低碳经济环境保护评价指标体系的完善

在低碳经济发展的过程中,环境保护作为一项核心内容,各级政府工作的开展情况直接关系到社会低碳经济的发展方向和进程。环境保护评价指标体系作为衡量广大群众生产生活能否达到低碳要求的重要标准,是能否有效保护环境的重要准则,涵盖了社会经济发展中的治污力度、环境保护的资金投入、技能减排等内容。低碳经济环境保护评价指标包括生活垃圾分类处理率、工业废水处理达标率、空气污染降低率、污染物排放削减率、环境污染治理投资占全国GDP比重率等,包括社会、环境、经济、科技、资源等,各角度、各层次都受到了低碳经济环境保护评价指标体系的制约,以使我国环境保护工作全面展开。

3 结语

综上所述,结合我国已投入实施的环境保护评价指标体系来看,还存在诸多问题,具有一定的局限性,这就要求各级政府部门加强对其的重视,实时跟踪和保护外界环境,及时纠正环境保护中存在的问题,充分掌握低碳经济的各项特征,不断总结和完善低碳经济范式下的环境保护评价指标体系,为提高我国低碳型环境保护程度夯实基础。

参考文献

[1] 李乃江.低碳经济模式下的环境保护评价指标体系研究[J].环境与生活,2014(16):93-95.
[2] 许力飞.我国城市生态文明建设评价指标体系研究[D].中国地质大学,2014:102-107.
[3] 刘雪丽.低碳经济发展评价指标体系研究[D].南京邮电大学,2013:95-99.